Gian Antonio Stella

L'ORDA
quando gli albanesi eravamo noi

Edizione aggiornata

BUR

Biblioteca Universale Rizzoli

Proprietà letteraria riservata
© 2002 RCS Libri S.p.A., Milano

ISBN 88-17-10807-3

Prima edizione BUR Saggi: settembre 2003

www.rcs.it/rcslibri/rizzoli/stella

L'orda

*A mio nonno Toni «Cajo»
che mangiò pane e disprezzo
in Prussia e in Ungheria
e sarebbe schifato dagli smemorati
che sputano oggi su quelli come lui*

INTRODUZIONE

BEL PAESE, BRUTTA GENTE

La rimozione di una storia di luci, ombre, vergogne

La feccia del pianeta, questo eravamo. Meglio: così eravamo visti. Non eravamo considerati di razza bianca nei tribunali dell'Alabama. Ci era vietato l'accesso alle sale d'aspetto di terza classe alla stazione di Basilea. Venivamo martellati da campagne di stampa indecenti che ci dipingevano come «una maledetta razza di assassini». Cercavamo casa schiacciati dalla fama d'essere «sporchi come maiali». Dovevamo tenere nascosti i bambini come Anna Frank in una Svizzera dove ci era proibito portarceli dietro. Eravamo emarginati dai preti dei paesi d'adozione come cattolici primitivi e un po' pagani. Finivamo appesi nei pubblici linciaggi con l'accusa di fare i crumiri o semplicemente di essere «tutti siciliani».

«Bel paese, brutta gente.» Ce lo siamo tirati dietro per un pezzo, questo modo di dire diffuso in tutta l'Europa e scelto dallo scrittore Claus Gatterer come titolo di un romanzo in cui racconta la diffidenza e l'ostilità dei sudtirolesi verso gli italiani. Oggi raccontiamo a noi stessi, con patriottica ipocrisia, che eravamo «poveri ma belli», che i nostri nonni erano molto diversi dai curdi o dai cingalesi che sbarcano sulle nostre coste, che ci insediavamo senza creare problemi, che nei paesi di immigrazione eravamo ben accolti o ci guadagnavamo comunque subito la stima, il rispetto, l'affetto delle popolazioni locali. Ma non è così.

Certo, la nostra storia collettiva di emigranti – cominciata in tempi lontani se è vero che un proverbio del '400 dice che «passeri e fiorentini son per tutto il mondo» e che Vasco da Gama incontrava veneziani in quasi tutti i porti dell'India – è nel complesso positiva. Molto, molto,

molto positiva. Abbiamo dato alla Francia pittori come Paul Cézanne il cui vero cognome era Cesana, statisti come Léon Gambetta che restituì l'orgoglio al suo paese dopo la sconfitta di Sedan o scrittori come Émile Zola, autore de *I misteri di Marsiglia, Thérèse Raquin* e del ciclo di romanzi naturalisti noti come *I Rougon-Macquart*, ma ricordato anche per l'invettiva *J'accuse* che, pubblicata da *L'Aurore*, gli procurò una condanna a un anno di carcere e l'esilio a Londra, ma riuscì a riaprire il caso di Alfred Dreyfus, l'ufficiale ebreo degradato e condannato per alto tradimento e destinato a essere riabilitato dopo una durissima polemica.

Abbiamo dato all'Argentina patrioti quali Manuel Belgrano che era figlio di un genovese ed è ricordato non solo come l'ideatore della bandiera nazionale bianca e azzurra ma anche come uno dei padri dell'indipendenza dalla Spagna, al punto che la sua data di nascita è diventata una festa nazionale: la Giornata dell'Emigrante Italiano. E poi scrittori come Ernesto Sabato, grandi musicisti del tango come Astor Piazzolla, calciatori come Antonio Valentin Angelillo, mitici piloti automobilistici come Juan Manuel Fangio, industriali come Agostino Rocca.

Abbiamo dato all'Australia personaggi mitici come Raffaello Carboni, un garibaldino che in seguito al tracollo della Repubblica Romana del 1849 finì dopo mille avventure nel Victoria a fare il cercatore d'oro e guidò nel 1854 a Ballarat la rivolta dei minatori passata alla storia come l'atto di nascita della democrazia moderna nel nuovissimo continente e raccontata da Carboni in *Eureka Stockade*, libro che gli guadagnò l'ingresso tra i grandi scrittori australiani. Per non parlare dei produttori vinicoli come Dino «Dean» De Bortoli o dei politici come il governatore del Victoria James Gobbo o il sindaco di Sydney Frank Sartor.

E poi abbiamo dato all'Ungheria eroi nazionali come quel Filippo Scolari che viene lì ricordato come Pippo Spano. Al Venezuela *libertadores* come quel Simón Bolívar che, racconta Incisa di Camerana ne *Il grande esodo*, aveva tra gli avi un Ponte che veniva da Genova e un Graterol arrivato da Venezia. All'Inghilterra drammaturghi come Nicola Grimaldi, adottato nel sedicesimo secolo come Nicholas Grimald. Alla Russia decine e decine di operai specializzati, finiti come il friulano Domenico Indri addirittura in Cina a costruire la Transiberiana. E poi mercanti a tutta l'area del Mar Nero, al punto che ancora nel 1915 i cartelli stradali di Odessa erano in italiano. E un'intera classe dirigente all'Egitto di Abbas el Said, a metà Ottocento, quando l'italiano era così diffuso che veniva usato dal Cairo come lingua diplomatica.

Per non dire dell'America. Senza contare gli esploratori Cristoforo Colombo o Giovanni Caboto, le abbiamo dato alcuni degli uomini di spicco della sua storia. Come il toscano Filippo Mazzei, che finì nelle allora colonie inglesi dopo essere stato cacciato da Firenze per avervi portato di contrabbando una botte piena di libri illuministi e si guadagnò gran fama scrivendo sulla *Virginia Gazette*, su pressione di Thomas Jefferson, articoli fiammeggianti (firmati «Il Furioso») che teorizzavano il distacco da Londra e martellavano sull'idea che «tutti gli uomini sono per natura egualmente liberi e indipendenti», definizione che sarebbe entrata quale concetto-base della dichiarazione d'indipendenza americana.

E come non ricordare Lorenzo Da Ponte, che dopo aver scritto per Mozart i libretti delle *Nozze di Figaro*, del *Don Giovanni* e di *Così fan tutte*, finì a New York dove nel 1819, già vecchio, fondò la cattedra di letteratura italiana al Columbia College, destinato a diventare la Columbia University? Per non dire di Edoardo Ferraro, che durante la guerra civile fu l'unico generale a comandare una divisione composta interamente da neri liberati. O padre Carlo Mazzucchelli, che nel 1833 predicava tra i pellerossa e per primo mise per iscritto, con un libro di preghiere, la lingua sioux. O Antonio Meucci, che inventò il telefono (come ha decretato la Camera americana nel 2002 dandogli ragione dopo 113 anni in cui l'invenzione era stata attribuita a Bell) allestendo nella sua casa a Staten Island «un collegamento permanente tra il laboratorio nello scantinato e la stanza della moglie, che soffriva di un'artrite deformante, al secondo piano». O ancora Fiorello La Guardia che, dopo essersi fatto la scorza dura in Arizona (ricordò per tutta la vita l'insulto di un razzista che deridendo gli ambulanti italiani che giravano con l'organetto gli aveva gridato: «Ehi, Fiorello, dov'è la scimmia?»), diventò il più popolare dei sindaci di New York.

Non c'è paese che non si sia arricchito, economicamente e culturalmente, con l'apporto degli italiani.

In 27 milioni se ne andarono, nel secolo del grande esodo dal 1876 al 1976. E tantissimi fecero davvero fortuna. Come Amedeo Obici, che partì da Le Havre a undici anni e sgobbando come un matto diventò il re delle noccioline americane: «Mister Peanuts». O Giovanni Giol, che dopo aver fatto un sacco di soldi col vino in Argentina rientrò e comprò chilometri di buona terra nel Veneto dando all'immensa azienda agricola il nome di «Mendoza». O Geremia Lunardelli che, come racconta Ulderico Bernardi in *Addio Patria*, arrivò in Brasile senza una lira e finì per affermarsi in pochi anni come il re del caffè carioca, quindi mondiale.

Quelli sì li ricordiamo, noi italiani. Quelli che ci hanno dato lustro, che ci hanno inorgoglito, che grazie alla serenità guadagnata col raggiungimento del benessere non ci hanno fatto pesare l'ottuso e indecente silenzio dal quale sono sempre stati accompagnati. Gli altri no. Quelli che non ce l'hanno fatta e sopravvivono oggi tra mille difficoltà nelle periferie di San Paolo, Buenos Aires, New York o Melbourne fatichiamo a ricordarli. Abbiamo perduto 27 milioni di padri e di fratelli eppure quasi non ne trovi traccia nei libri di scuola. Erano partiti, fine. Erano la testimonianza di una storica sconfitta, fine. Erano una piaga da nascondere, fine. Soprattutto nell'Italia della retorica risorgimentale, savoiarda e fascista.

Un esempio per tutti, il titolo del 27 ottobre 1927 del *Corriere della Sera* sull'affondamento a 90 miglia da Rio de Janeiro di quella che era stata la nave ammiraglia della nostra flotta mercantile, colata a picco col suo carico di poveretti diretti in Sud America. Tre colonne (su nove!) di spalla: «Il *Principessa Mafalda* naufragato al largo del Brasile. Sette navi accorse all'appello – 1200 salvati – Poche decine le vittime». Erano 314, i morti. Ma il numero finì tre giorni dopo in un titolino in neretto corpo 7. A una colonna. E il commento del giornale, che invece di pubblicare il nome delle vittime riportava quello rassicurante dei sopravvissuti (!) tra i quali c'era il futuro «papà» del pandoro Ruggero Bauli, era tutto intonato al maschio eroismo del comandante Simone Gulì, inabissatosi con la sua nave: «Onore navale».

Se ne fotteva, l'Italia, di quei suoi figli di terza classe. Basta estrarre dai cassetti i rapporti consolari, che avevano come unica preoccupazione la brutta figura che ci facevano fare i nostri nonni, i nostri padri, le nostre sorelle perché mendicavano o erano sporchi o facevano chiasso o andavano alla deriva verso i lupanari e la delinquenza. Ricordare il tira e molla interminabile, e concluso solo pochi anni fa, della legge per il voto agli emigrati. Sfogliare le lettere amarissime raccolte in *Merica! Merica!* da Emilio Franzina, come quella di Francesco Sartori: «Non posso mangiare il pane che è duro come un pezzo di ferro e non si bagna. Sono 14 giorni che siamo in Marsiglia: 4 giorni siamo vissuti a nostre spese, 4 giorni ci han passato un franco al giorno. Sono 6 giorni che ci fanno le spese a bordo che vuol dire sul bastimento. Io di questi ho mangiato tre giorni perché non ho denari da mangiare fuori. Si mangia da bestie». O rileggere il reportage *Sull'Oceano* e le poesie di Edmondo De Amicis: «Ammonticchiati là come giumenti / sulla gelida prua mossa dai venti / migrano a terre ignote e lontane / laceri e macilenti / varcano i mari per cercar del pane. / Traditi da un mercante menzognero / vanno, oggetto di scherno, allo straniero / bestie da soma, dispregiati iloti / carne da cimitero / vanno a campar d'angoscia in lidi ignoti».

Di tutta la storia della nostra emigrazione abbiamo tenuto solo qualche pezzo. La straordinaria dimostrazione di forza, di bravura e di resistenza dei nostri contadini in Brasile o in Argentina. Le curiosità di città come Nova Milano o Nova Trento, sparse qua e là ma soprattutto negli Usa dove si contano due Napoli, quattro Venezia e Palermo, cinque Roma. Le lacrime per i minatori mandati in Belgio in cambio di 200 chili l'uno di carbone al giorno e morti in tragedie come quella di Marcinelle, dove i nostri poveretti vivevano nelle baracche di quello che era stato un lager nazista. I successi di manager alla Lee Jacocca, di politici alla Mario Cuomo, di uno stuolo di attori da Rodolfo Valentino a Robert De Niro, da Ann Bancroft (all'anagrafe Anna Maria Italiano) a Leonardo Di Caprio. La generosità delle rimesse dei veneti e dei friulani che hanno dato il via al miracolo del Nordest. La stima conquistata alla Volkswagen dai capireparto siciliani o calabresi. E su questi pezzi di storia abbiamo costruito l'idea che noi eravamo diversi. Di più: eravamo migliori.

Non è così. Non c'è stereotipo rinfacciato agli immigrati di oggi che non sia già stato rinfacciato, un secolo o solo pochi anni fa, a noi. «Loro» sono clandestini? Lo siamo stati anche noi: a milioni, tanto che i consolati ci raccomandavano di pattugliare meglio i valichi alpini e le coste non per gli arrivi ma per le partenze. «Loro» si accalcano in osceni tuguri in condizioni igieniche rivoltanti? L'abbiamo fatto anche noi, al punto che a New York il prete irlandese Bernard Lynch teorizzava che «gli italiani riescono a stare in uno spazio minore di qualsiasi altro popolo, se si eccettuano, forse, i cinesi». «Loro» vendono le donne? Ce le siamo vendute anche noi, perfino ai bordelli di Porto Said o del Maghreb. Sfruttano i bambini? Noi abbiamo trafficato per decenni coi nostri, cedendoli agli sfruttatori più infami o mettendoli all'asta nei mercati d'oltralpe. Rubano il lavoro ai nostri disoccupati? Noi siamo stati massacrati, con l'accusa di rubare il lavoro agli altri. Importano criminalità? Noi ne abbiamo esportata dappertutto. Fanno troppi figli rispetto alla media italiana mettendo a rischio i nostri equilibri demografici? Noi spaventavamo allo stesso modo gli altri.

Basti leggere i reportage sugli Usa della giornalista Amy Bernardy, i libri sull'Australia di Tito Cecilia o *Brasile per sempre* di Francesca Massarotto. La quale racconta che i nostri emigrati facevano in media 8,25 figli a coppia ma che nel Rio Grande do Sul «ne mettevano al mondo fino a 10, 12 e anche 15 così com'era nelle campagne del Veneto, del Friuli e del Trentino». Tanto è vero che, come ricorda Edoardo Pittalis nel suo saggio *Dalle Tre Venezie al Nordest*, Benito Mussolini arrivò un giorno a salutare una parata «di 93 madri con complessivi 1310 figli, una media di 14 a testa».

Perfino l'accusa più nuova dopo l'11 settembre, cioè che tra gli immigrati ci sono «un sacco di terroristi», è per noi vecchissima: a seminare il terrore nel mondo, per un paio di decenni, furono i nostri anarchici. Come Mario Buda, un fanatico romagnolo che si faceva chiamare Mike Boda e che il 16 settembre 1920 fece saltare per aria Wall Street fermando il respiro di New York ottant'anni prima di Osama Bin Laden.

Mancava poco a mezzogiorno, la strada davanti allo Stock Exchange, la borsa newyorkese, era piena di gente. Si arrestò un carretto tirato da un cavallo. L'uomo legò le redini a un palo davanti alla banca Morgan & Stanley che nel 2001 sarebbe stata nuovamente colpita dall'attacco alle Torri Gemelle, si sistemò il cappello e s'allontanò senza mostrare fretta. Pochi minuti e Wall Street fu squassata da un'esplosione spaventosa. Quando la polvere si posò e vennero finalmente spenti gli incendi che avevano aggredito tutti gli edifici intorno, furono contati 33 morti, oltre 200 feriti e danni per due milioni di dollari dell'epoca. Il più sanguinoso attentato di tutti i tempi, e lo sarebbe rimasto fino alla strage di Oklahoma City, nella storia degli Stati Uniti.

Rientrato in Italia subito dopo la strage, arrestato e mandato al confino a Lipari, ha raccontato Chiara Milanesi su *Diario*, Mario Buda negò fino alla morte di essere stato lui l'uomo «dal forte accento italiano» che aveva lasciato lì quel carretto carico di dinamite. Come negò che fosse italiana la «firma» di tutte le bombe (decine: la più devastante nella sede della polizia di Milwaukee, 10 agenti uccisi) fatte scoppiare in quella violenta stagione americana. Bombe piazzate prima come «risposta preventiva» alle leggi restrizionistiche che stavano per essere varate contro gli stranieri e in particolare le «teste calde», poi come protesta contro il processo a Sacco e Vanzetti. Gli americani al contrario, come dimostra la didascalia alla foto del romagnolo («Mario Buda, l'uomo che fece saltare Wall Street») esposta alla mostra del 1999 *The Italians of New York*, non hanno mai avuto dubbi: ad accendere le micce furono gli anarchici italiani.

E in questa doppia versione dei fatti può essere riassunta tutta la storia dell'emigrazione italiana. Una storia carica di verità e di bugie. In cui non sempre puoi dire chi avesse ragione e chi torto. Eravamo sporchi? Certo, ma furono infami molti ritratti dipinti su di noi. Era vergognoso accusarci di essere tutti mafiosi? Certo, ma non possiamo negare d'avere importato noi negli States la mafia e la camorra. La verità è fatta di più facce. Sfumature. Ambiguità. E se andiamo a ricostruire l'altra metà della nostra storia, si vedrà che l'unica vera e sostanziale differenza tra «noi» allora e gli immigrati in Europa oggi, fatta eccezione per l'esportazione della violenza religiosa, un fenomeno che riguarda una minoranza del mondo islamico ma non ha mai toccato gli italiani (a parte il contributo al terrorismo irlandese e cattolico dell'Ira da parte di Angelo Fusco e altri figli di emigrati a Belfast e dintorni), è quasi sempre lo stacco temporale. Noi abbiamo vissuto l'esperienza prima, loro dopo. Punto.

Detto questo, per carità: alla larga dal buonismo, dall'apertura totale delle frontiere, dall'esaltazione scriteriata del *melting pot*, dal rispetto politicamente corretto ma a volte suicida di tutte le culture. Ma alla larga più ancora dal razzismo. Dal fetore insopportabile di xenofobia che monta, monta, monta in una società che ha rimosso una parte del suo passato. Certo, un paese è di chi lo abita, lo ha costruito, lo ha modellato su misura della sua storia, dei suoi costumi, delle sue convinzioni politiche e religiose. Di più: ogni popolo ha il diritto, in linea di principio ed entro certi limiti, di essere padrone in casa propria. E dunque di decidere, per mantenere l'equilibrio a suo parere corretto, se far entrare nuovi ospiti e quanti. Di più ancora: in nome di questo equilibrio e di tanti valori condivisi (la democrazia, il rispetto della donna, la laicità dello stato, l'uguaglianza di tutti gli uomini...) può arrivare perfino a decidere una politica delle quote che privilegi (laicamente) questa o quella componente. In un mondo di diffusa illegalità come il nostro, possono essere invocate anche le impronte digitali, i registri degli arrivi, la sorveglianza assidua delle minoranze a rischio, l'espulsione dei delinquenti, la mano pesante con chi sbaglia.

La xenofobia, però, è un'altra cosa. «Ma perché questa parola deve avere un significato negativo?», ha sbuffato testualmente in televisione il presidente del consiglio Silvio Berlusconi nel maggio 2002. La risposta al vocabolario *Treccani*: «Xenofobia: sentimento di avversione per gli stranieri e per ciò che è straniero, che si manifesta in atteggiamenti razzistici e azioni di insofferenza e ostilità verso le usanze, la cultura e gli abitanti stessi di altri paesi». Più sbrigativo ancora il significato di xenofobo: «Chi nutre odio o avversione indiscriminata verso tutti gli stranieri».

Nessuna confusione. Una cosa è la legittima scelta di un paese di mantenere la propria dimensione, le proprie regole, i propri equilibri, un'altra giocare sporco sui sentimenti sporchi dicendo come il leader leghista Umberto Bossi che «nei prossimi dieci anni porteranno in Padania 13 o 15 milioni di immigrati, per tenere nella colonia romano-congolese questa maledetta razza padana, razza pura, razza eletta». Una cosa è sbattere fuori quei musulmani fanatici che puntano al rovesciamento violento della nostra società, un'altra spargere piscio di maiale sui terreni dove dovrebbe sorgere una moschea. Una cosa irrigidire i controlli sugli albanesi che in certi anni hanno rappresentato un detenuto su tre fra gli stranieri rinchiusi nelle carceri italiane, un altro dire che tutti gli albanesi sono ladri o papponi.

Vale per tutti, dall'Australia alla Patagonia. Ma più ancora, dopo decenni di violenze e stereotipi visti dall'altra parte, dovrebbe valere per noi. Che dovremmo ricordare sempre come l'arrivo dei nostri emigrati coi loro fagotti e le donne e i bambini venisse accolto dai razzisti locali: con lo stesso urlo che oggi viene cavalcato dagli xenofobi italiani, per motivi elettorali, contro gli immigrati. Lo stesso urlo, le stesse parole. Quelle che prendono alla pancia rievocando i secoli bui, la grande paura, i barbari, Attila, gli unni con la carne macerata sotto la sella: arriva l'orda!

CAPITOLO UNO

CORDA E SAPONE: «DAGLI AL *DAGO*!»
Il linciaggio di Tallulah e i pogrom anti-italiani nel mondo

La capra di Francesco «Ciccio» Di Fatta non aveva nessunissimo rispetto per l'Autorità. «Ciccio» le aveva spaccato la schiena a bastonate, ma lei non se ne dava intesa. Appena il padrone girava l'occhio, si infilava in un buco della recinzione che non c'era verso d'aggiustare e se ne andava a brucare nel giardino del vicino di casa, l'eccellentissimo dottor J. Fore Lodge, uno dei personaggi di spicco di Tallulah.

Il dottore era un uomo con un'alta opinione di sé. Tallulah, che nella lingua dei pellerossa significava qualcosa tipo «acqua che si getta nel vuoto», era un paese della Louisiana a metà strada tra Jackson e Monroe, quasi ai confini con lo stato del Mississippi, a nord di New Orleans, aveva poche centinaia di abitanti, viveva sul cotone e sugli scambi commerciali coi battelli a pale che risalivano il grande fiume cantato da Mark Twain nelle *Avventure di Tom Sawyer*. Un borgo di campagna come tanti nel profondo Sud americano dove J. Fore Lodge era il medico condotto, il *coroner* (una via di mezzo tra il medico legale e il pubblico ministero) e insomma l'uomo più rappresentativo.

Già l'essersi ritrovato come vicino di casa uno di quei maledetti italiani, al dottore, non piaceva per niente. A tutta la brava gente di Tallulah non piaceva, la piccola colonia di siciliani. Si abbassavano a fare i lavori che erano stati dei negri ai tempi belli dello schiavismo, erano sporchi, facevano baccano, pregavano le immaginette di santa Rosalia, trattavano con troppa gentilezza i *blacks* arrivando ad accettarli perfino come clienti nelle loro botteghe. Col risultato che poi quelli si montavano la testa e pensavano di poter entrare nelle botteghe di tutti. Brutta razza, gli italiani. Mica per altro, lì in Louisiana, non potevano spesso mandare i figli alla scuola dei bianchi. Erano, come si diceva allora con quella ipocrisia che solo gli anglosassoni a volte riescono ad avere, «non palesemente negri».

Insomma: il dottor J. Fore Lodge aveva i suoi buoni motivi per essere di cattivo umore. Potete dunque capire che la mancanza di rispetto da parte di quella capra e del suo padrone, col quale si era già lagnato degli sconfinamenti, gli era insopportabile. Non bastasse, avrebbe scritto dopo la tragedia *Il Vesuvio*, un giornale per gli immigrati che si presentava come «*the oldest & most influential paper in Pennsylvania*» (il più vecchio e influente giornale della Pennsylvania), girava voce in paese che il dottore covasse il suo odio anche «per questione di gonnella».

Fatto sta che un giorno, il 19 luglio 1899, prese il fucile e fece secca la capra. Quando lo scoprì, la mattina del giorno dopo, Francesco Di Fatta piombò nello studio del *coroner*. Era furente. L'uccisione dell'animale era solo l'ultima di tante piccole angherie quotidiane. Si lagnò, strepitò, gesticolò. Il dottore, che era bello robusto, lo prese per il bavero e lo buttò fuori. «Ciccio» se ne andò brontolando: «Mi avete ucciso la capra, adesso dovrete uccidere anche me».

Non era tipo, per quanto se ne sa, da vendette di sangue. Aveva venticinque anni ed era venuto in America seguendo i due fratelli maggiori Giacomo, di trentotto anni, e Carlo, di cinquantuno. Erano arrivati da Cefalù, si erano portati dietro mogli e figli, avevano una devozione grande per il Santissimo Salvatore della Trasfigurazione, stavano facendo finalmente qualche dollaro vendendo frutta e verdura e girando la campagna con prodotti di merceria. Come fossero finiti là lungo il Mississippi non si sa. Pare avessero seguito il flusso di altri cefaludesi.

Stando alla ricostruzione della *Tribuna* di Roma, la sera di quel 20 luglio, una sera di caldo soffocante, il dottor J. Fore Lodge volle mostrare che se ne fotteva, lui, delle lagne dei siciliani. E passò apposta davanti alla bottega di Carlo «ostentando un contegno sprezzante e provocatore». Francesco «irritato scese sulla via per chiedergli ragione del suo procedere. Di qui un alterco e una colluttazione durante la quale il dottore estrasse il revolver e cominciò a fare fuoco». «Se non riuscì a colpirlo», spiega *Il Vesuvio*, «ciò devasi alla sua imperizia, anzi che alla sua volontà.»

A quel punto, continua il giornale italoamericano, «temendo per la vita di colui che aveva succhiato il suo medesimo latte», il terzo fratello, Giacomo, corse dentro il negozio, afferrò un fucile da caccia, lo caricò a pallini e sparò al medico-giudice ferendolo alle mani e al ventre. Ferite gravi ma non troppo, se è vero che il dottore se la sarebbe cavata con poche settimane di degenza. Quanto alle responsabilità, era fuori discussione che il primo a sparare su una persona disarmata era stato lui. La reazione della gente, però, fu istantanea e furibonda. Pochi minuti e i due fratelli erano circondati da una folla «minacciosa e tumultuante».

Andò tutto come nei film western. Loro si asserragliarono in casa armandosi di fucili con due amici (Salvatore Fiduccia e Giovanni Cipriano) del tutto estranei ai fatti, colpevoli solo di venire da Cefalù e di essere passati di là in quel momento, gli altri circondarono l'edificio urlando e minacciando di incendiarlo con le torce, lo sceriffo Lucas diede l'assalto e fece irruzione, Giacomo e Carlo riuscirono a sgattaiolare via trovandosi un nascondiglio sul retro, «Ciccio» e i due amici si arresero e furono trascinati in prigione.

Poi fece tutto l'alcol, l'odio contro i *black dagoes* («dago negri»: così gli americani razzisti chiamavano gli italiani accentuando lo sprezzante nomignolo che veniva affibbiato a ogni latino e suonava come «pugnalatore») e l'abitudine di risolvere le cose con spiccia brutalità. La cronaca vecchio stile del *Vesuvio* è straordinaria: «Suonava mezzanotte ai vari orologi del paese e la popolazione tutta non era immersa nel sonno, ma 300 individui, armati di fucili, revolver e bastoni, si recarono alle carceri, illuminando la via con le fiaccole, che alcuni tenevano nella sinistra mano, mentre nella destra brillava di fosca luce l'arma destinata alla carneficina». Trecento belve, su poche centinaia di abitanti.

Buttarono giù le porte del carcere, tirarono fuori i tre poveretti, li trascinarono all'aperto. «Ben si accorsero gl'infelici del triste fato loro riserbato e piansero, a calde lacrime, piansero e scongiurarono i loro carnefici di risparmiarli da una morte immeritata, ingiusta, crudele. Ma a nulla valsero le parole "Pietà" e "Misericordia", ché la folla ebbra, ubriaca di sangue, appese i tre disgraziati connazionali crivellandone i corpi dondolanti nel vuoto, con ripetute scariche delle loro armi micidiali.»

Ma «quei forsennati non erano ancora sazi, simili alle fiere, tigri, jene e sciacalli che, assaporato con gioia felina il sangue della vittima, più ferocemente incrudeliscono contro vittime nuove». Si lanciarono quindi «come muta di cani sulle piste della selvaggina», alla ricerca di Giacomo e di Carlo. Finché li scovarono, li strapparono terrorizzati al loro nascondiglio, li appesero con gli altri e ricominciarono il tiro a segno sui corpi, che sussultavano a ogni pallottola.

Non si sa se di quella notte restino delle foto e se qualche fotografo di Tallulah ne abbia tratto qualche cartolina. Si sa però che di queste cartoline era piena l'America. «I figli [le] spedivano alle madri, gli amici ad altri amici, annotando sul retro frasi di orgoglio per avere partecipato a quella "festa" e il desiderio di condividere con il destinatario lo "spasso" di quei momenti "di un gradevole pomeriggio del Sud"», scrive la studiosa Alessandra Lorini nel saggio *Cartoline dall'inferno* pubblicato dalla rivista *Passato e presente*. Sono istantanee che «mostrano bambini sorridenti che hanno appena partecipato a un evento festivo nel quale un essere umano è stato torturato, impiccato e infine ridotto a brandelli distribuiti agli astanti come souvenir spesso alla presenza delle autorità locali, sceriffi e poliziotti col piglio soddisfatto di chi compie il proprio dovere».

Qualche anno fa, da quelle foto, negli States hanno tratto una mostra: *Without Sanctuary: Lynching Photo-*

graphy in America. Tra le altre c'era la foto di un nero ammazzato e sistemato in posa su una sedia a dondolo, la testa fissata da uno spago, la faccia e i capelli coperti da fiocchi bianchi di cotone appiccicati, nella posa del buon vecchio schiavo negro paziente e remissivo de *La capanna dello zio Tom*. E quella di un altro *colored* che a Fort Lauderdale, Florida, nel 1939, penzola da un albero davanti a una ragazzina caruccia e pulitina, vestita e pettinata come Liz Taylor in *Torna a casa, Lassie!* Una ragazzina che probabilmente avrà brindato al capodanno Duemila come ogni brava nonna attorniata dai nipotini.

Come ha dimostrato la storica Jacquelyn Dowd Hall, spiega la Lorini, «il linciaggio non era uno sport praticato da rozzi contadini razzisti per ignoranza, ma un vero e proprio dramma di comunità che serviva a cementare l'intero ordine sociale del Sud. Era uno spettacolo tragico nel quale ogni membro della comunità, uomo o donna, bianco o nero, adulto o bambino, imparava a recitare il suo ruolo all'interno di una rigida gerarchia sociale. Il *lynching* come forma di violenza collettiva, rito pubblico di sfoggio di odio razziale per cementare una comunità [...]. Uomini e donne "normali" potevano partecipare a questi eventi e difendere le loro azioni in nome della civiltà bianca. Questi individui erano perfettamente consapevoli delle loro azioni mentre torturavano, smembravano e uccidevano e continuavano a pensare di essere perfettamente normali. Anzi, erano convinti di essere più umani delle loro vittime, poiché convinti di agire per preservare le loro tradizioni. Si trattava di gente comune di tutte le classi sociali, che andava regolarmente in chiesa».

Furono tantissimi, i linciati in America: dal 1880 al 1930 almeno 3943. Nella stragrande maggioranza (3220) si trattava di neri, assassinati spesso per i motivi più futili. Dei bianchi (723) buona parte erano immigrati. E come scrisse *La tribuna* subito dopo la strage, «se la legge di Lynch viene applicata contro stranieri, su cento casi novanta sono italiani». Come i due poveretti che penzolavano in mezzo a un gruppo di brave persone in camicia e paglietta alla

Mary Poppins in una foto scattata il 20 settembre 1910 a Tampa, in Florida.

Il primo, piccolo piccolo, si chiamava Costanzo Ficarotta ed era un siciliano noto come un poco di buono. Il secondo, Angelo Albano, che veniva come molti dei 7000 italiani della città dalla zona di Piana degli Albanesi, era un tipo a posto che non aveva mai dato problemi di alcun genere. Erano accusati, come ha ricostruito la studiosa Patrizia Salvetti in *Corda e sapone*, di avere partecipato a un attentato contro J.F. Easterling, il contabile della fabbrica di sigari «Bustillo Bros. & Diaz». In realtà, secondo l'addetto consolare Gerolamo Moroni, i due non c'entravano per niente. E la loro impiccagione senza processo venne decisa per dare una lezione alla nostra comunità, colpevole di due cose. La prima: una serie di «gravi delitti commessi dai nostri, specialmente durante il periodo dal 1908 al 1910, rimasti impuniti per mancanza di testimonianze». La seconda: la massiccia partecipazione allo «sciopero dei sigarai, sciopero che da tre mesi circa danneggia gravemente gli interessi della città». Conclusione del nostro diplomatico: «Il primo motivo servì da pretesto per annientare la protesta». Protesta che, dovuta alle paghe da fame e all'«altissima nocività dell'ambiente di lavoro» che portava gli operai a essere «spesso vittime della tubercolosi» contratta «nei grandi locali riscaldati e pregni di nicotina», era stata contrastata da J.F. Easterling, il bersaglio dell'attentato, a modo suo: sparando in aria un po' di pistolettate per impedire l'inizio dell'agitazione e arruolando crumiri.

«Nell'archivio storico del ministero degli Esteri», scrive in *Petrosino* Arrigo Petacco, «sono ancora conservati centinaia di fascicoli relativi a linciaggi di italiani negli Stati Uniti.» Il gruppo etnico più numeroso dopo i neri. Tre, colpevoli solo di essere stati tra i protagonisti di uno sciopero contro le condizioni spaventose in cui si lavorava nelle miniere di carbone, furono assassinati a Eureka, nel Nevada, nel 1879. Uno a Vicksburg, nel Mississippi, nel giugno 1886, con l'accusa (pare falsa) di aver molestato una bambina. Tre ad Hahnville, in Louisiana, nel

1890. Sei nel 1895 a Walsenburg, in Colorado, dopo l'uccisione del padrone di un saloon. Due a Erwin, nel Mississippi, nel maggio 1903. Centinaia.

È furente, l'*Araldo* di New York, dopo quest'ultimo episodio che ha visto la morte di Giovanni Serio e di suo figlio Vincenzo, due fruttivendoli ammazzati perché rei di avere avuto un cavallo che sconfinava nel terreno di un prepotente. Scrive che i linciati «dal sepolcro reclamano vendetta e gridano vergogna agl'imbelli e ai codardi», accusa «il selvaggiume della popolazione americana che non rinunzierà alla voluttà di assassinare gli italiani», ma se la prende anche con la mollezza del nostro governo che ha commesso «l'infamia di accettare per la vita di tre connazionali la miseria di cinquemila dollari» mentre «i tribunali americani distribuiscono indennità di cento e cinquanta e trentamila dollari ai disgraziati che capitano a restare uccisi sotto un treno o per un'esplosione imprevedata».

Pagava quasi sempre un risarcimento, il governo Usa. Un po' perché si sentiva in imbarazzo («Ogni tanto nel nostro paese, a vergogna del nostro popolo, hanno luogo linciaggi barbari e crudeli» ammise Theodore Roosevelt) per il ripetersi di queste violenze collettive. Un po' perché non sapeva come risolvere un problema: di qua un trattato con l'Italia impegnava i due paesi a proteggere l'uno i cittadini dell'altro, di là la gelosia dei singoli stati confederati per la propria autonomia non permetteva a Washington di intervenire contro questa o quella autorità locale neppure quando gli assassini venivano lasciati in libertà da incredibili sentenze di Giurì che dicevano, come nel caso del massacro di Erwin, che i linciati erano morti «per volontà di Dio».

Era chiamato, quell'umiliante risarcimento, «il prezzo del sangue». E fu pagato, talora tra le proteste dell'opposizione o di certi giornali che si lagnavano per come erano spesi «i soldi dei contribuenti», quasi sempre: dopo il linciaggio di New Orleans, quello di Tallulah in Louisiana, quello di Walsenburg in Colorado... Quanto valessero, quei 2000 dollari che secondo la Salvetti venivano in genere rimborsati alle famiglie per ognuno dei nostri ammazzato, lo dice una vignetta amarissima pubblicata da un giornale italo-americano: il Segretario di Stato americano porgeva una borsa all'ambasciatore d'Italia e commentava: «Costano tanto poco questi italiani che vale la pena di linciarli tutti quanti».

Quale fosse la considerazione che gli americani avevano di noi, del resto, lo dicono brutalmente altre due vignette (riportate in appendice) pubblicate dal *Philadelphia Enquirer* il 12 aprile 1891, dopo che l'Italia, prima e unica volta, aveva duramente reagito al massacro di New Orleans rompendo le relazioni diplomatiche. Nella prima il presidente del consiglio Antonio di Rudinì è un mendicante con l'organetto, l'ambasciatore a New York, il barone Francesco Saverio Fava, è una scimmietta e re Umberto vende nocciuline. Nella seconda re Umberto e Rudinì, «considerandosi offesi» (così dice la didascalia), affilano lo stiletto, l'arma di tutti gli italiani violenti e mafiosi. Per terra, uno schioppo da briganti. Un po' più in là, assai poco minaccioso, un cannone piccolo piccolo: solo un giocattolo in mano a un paese ridicolo. Impossibilitato a far davvero la voce grossa anche davanti a decine e decine di linciaggi non meno umilianti delle inchieste che a essi erano seguite.

Sempre, senza alcuna eccezione conosciuta, finì come finì a Tallulah. Con un'indagine evaporata nel nulla, nonostante gli assassini sapessero così bene d'aver la coscienza sporca che come prima cosa avevano mandato un gruppetto armato a occupare l'ufficio del telegrafo perché non fosse trasmessa la notizia. Il 21 luglio 1899, il giorno dopo la notte del linciaggio, l'inchiesta era già chiusa: «Noi Gran Giurì della Contea di Madison, essendo stati incaricati di investigare [...] dopo accurata inchiesta...». Il solerte signor G.M. Giordan, capo del Gran Giurì, spiegava che dopo il ferimento del dottore «la notizia dell'accaduto si sparse per la contrada e durante la notte un forte gruppo di sconosciuti entrarono in città, ridussero all'impotenza lo sceriffo, gli tolsero le chiavi della prigione e linciarono i cinque siciliani. [...] È evidente, dai fatti arrecati a nostra cognizione, che gli uomini linciati avevano formato un complotto per uccidere il dottor Lodge, e la folla, conoscendo i fatti, prese la giustizia nelle proprie mani».

Conclusione: «Dopo diligente inchiesta noi siamo stati incapaci di saper i nomi o stabilire l'identità di alcuno degli individui componenti la folla». Diligente inchiesta... Il giorno dopo, avrebbe raccontato *Il Vesuvio*, il *marshall* Lucas rifiniva l'opera: «Lo sceriffo ha imposto a tutti gli italiani qui residenti di sgomberare da questa località nel più breve tempo possibile, sotto pena di venire linciati».

Perfino il governatore si indignò. Mandò a chiedere allo sceriffo se fosse pazzo a dare un ordine del genere e gli impose di revocarlo. L'Italia fece atto di indignarsi e di fingere un qualche interessamento. Il segretario di Stato americano mandò l'ambasciatore a fare le sue scuse. *Il Vesuvio* eruttò il suo rancore contro l'America traditrice: «E ora, spiega pure ai venti, o Uncle Sam, il tuo stellato vessillo [...]. Su quel lembo di tela, le fulgide stelle hanno perduto il loro colore, la loro luce...». Un poeta minore, Antonio Corso, compose dei versi: «Canto per quei linciati / che laboriosi, onesti / perché italian nomati / non fu pietà per questi». Rime accorate: «Tradotti alla foresta / son tutti cinque appesi / Di colpi una tempesta / Atrocità palesi / Grida di gioia? Infamia! Orror! / Ahimè! Che sento mancarmi il cuor!».

Circa mezzo secolo dopo, dall'altra parte del pianeta, se lo sentono mancare, il cuore, anche gli immigrati italiani di Kalgoorlie, un paesotto minerario nell'Australia occidentale, a 600 chilometri circa da Perth. Oggi ha poche centinaia di abitanti, è una tappa obbligata per quegli automobilisti che una volta nella vita vogliono attraversare il continente da un capo all'altro *on the road* e accoglie qualche turista curioso di vedere la più celebre città fantasma australe. Ma è stata a lungo la più famosa di tutte le *gold towns*.

La sua fama dilagò improvvisamente da un capo all'altro della terra nel giugno 1883, quando tre avventurieri irlandesi che si erano spinti nell'interno desertico trovarono nel letto di un torrente asciutto un favoloso giacimento d'oro. Così ricco che in soli tre giorni riuscirono a raccogliere, senza usare né il piccone né il badile, 200 once (5 chili e mezzo abbondanti) di pepite. Per un valore attuale di 63.000 dollari americani. Erano le prime pepite di un tesoro che si sarebbe rivelato immenso: 34 milioni di once d'oro, pari a quasi 11 miliardi di dollari.

La corsa all'oro fu immediata e tumultuosa. E dopo qualche anno, lì in mezzo al deserto, sorgeva un paesotto di 20.000 anime tra le quali c'era di tutto: cercatori, baristi, puttane, famigliole, ladri, preti veri, preti spretati, bari, banchieri, maestrine e biscazzieri. Tutti accalcati lungo la strada d'un paio di chilometri che univa Kalgoorlie all'altro insediamento, Boulder, e che veniva chiamata «il miglio d'oro». Quando nel secondo dopoguerra ci arrivò Amedeo Sala, un triestino che ha raccontato la sua storia su un sito internet di emigranti, la pacchia era però finita: «*No ghe iera lavor. Un ribaso dela Borsa gaveva portà el prezo del'oro a un livel cussì basso che no convegniva sfrutar le miniere de poca resa, quele che pò impiegava più operai. A complicar le dificoltà ghe iera la polizia a blocar el trafico del'oro robà e con questo l'economia dela zità*».

Lo avevano rubato tutti, l'oro: «*El furto nele miniere no iera considerà roba disonesta, fora che dei azionisti inglesi e dela polizia. Per la zente de Kalgoorlie iera solo una forma de contrabando.* [...] *El punto de vista dei ladri iera che "quel che se trova se tien". El trafico del oro iutava molti a gaver una vita agiada. Non ghe iera persona in zità che no fussi coinvolta in quel trafico.* [...] *La polizia iera sempre in aguato, e obligava i ladri a esser sempre più inzegnosi. Apena le pepite vegniva trovade se le scondeva in loghi segnadi in modo che fussi riconossudi solo de chi doveva ciorle a note avanzada servindose dela tenue fiama de sicureza che i minadori porta sul'elmeto.* [...] *La gente comunque preferiva i ladri ai azionisti inglesi, proprietari de quasi tute le miniere. Se se la godeva, infati, a robarghe a "quei bastardi con bombeta e ombrel che no i sa cossa che xe el sudor dela fronte!"*».

Siamo nel 1934. Dietro una apparente tranquillità, la xenofobia degli australiani verso i *dings*, gli italiani chiamati con un nome che si richiama al dingo, il cane selvatico, divampa.

«Anche in questa parte del continente», spiega Flavio Lucchesi in *Cammina per me, Elsie* citando *Fremantle's Italy* dello studioso australiano Richard Bosworth, «si andava sviluppando quel problema razziale che portò alcuni commentatori dell'epoca a dire che "l'Africa cominciava da qualche parte nella penisola italiana", che l'Italia era "l'ultima delle grandi potenze perché razzialmente imperfetta" e che gli italiani appartenendo alla razza mediterranea erano "per definizione inferiori ai nordici e agli alpini".» Indimenticabile l'ultima definizione tratta dagli studi sulla xenofobia di Bosworth: gli italiani sono «a metà strada tra gli aborigeni e i cinesi».

Sono tanti, i nostri, a Kalgoorlie. Sono venuti per la maggior parte dal Piemonte, dal Friuli, dal Veneto. Hanno messo su ristoranti, alberghi, caffè. Hanno fatto i soldi. Nonostante le petizioni per buttar fuori «gli stranieri che rubano il lavoro». Nonostante gli insulti urlati dalla rivista *Smith's Weekly* contro «questa lurida ondata di feccia mediterranea venuta a degradare e insozzare l'Australia». E nonostante il pogrom che già il 12 agosto 1919 è stato scatenato dopo una banale rissa contro i *dagoes*, pogrom concluso con un bilancio pesante: decine di italiani pestati a sangue, decine di edifici devastati o incendiati.

È il 28 gennaio 1934. Domenica. Celebrazione dell'Australia Day. Un certo Edward Jordan, che in paese è molto popolare perché gioca a football nella squadra locale e soprattutto è il capo dei pompieri, offesissimo perché la sera prima gli hanno rifiutato l'ultimo goccio visto che era già ubriaco, torna ad attaccar briga al Giannetti's Bar del Home from Home Hotel. Claudio Mattaboni, il barista che già l'ha buttato fuori sabato lo liquida: «Se sei tornato per ubriacarti a credito, sparisci». «Dammi da bere!» «Va' a casa che è meglio.» L'australiano salta al collo del nostro ma si schianta su un pugno in faccia, cade all'indietro, batte la testa sul marciapiede e ci resta secco. Un incidente. Una tragedia stupida e involontaria, tanto è vero che il nostro, al processo, sarà assolto. Ma è un cerino in una polveriera. Un'ora e le strade sono invase da una folla sovreccitata dal whisky e dall'odio.

Come scriverà il londinese *Daily Mirror*, «migliaia di minatori australiani armati di fucile usciti dalle miniere e dagli accampamenti per una battaglia campale» danno l'assalto inferociti a tutti gli alberghi, i caffè, i negozi, le case dei circa 500 italiani (e dei «loro amici slavi») che vivono a Kalgoorlie e a Boulder. I nostri, terrorizzati, scappano nel deserto e cercano rifugio nella vicina selva dove «per giorni e giorni», racconterà lo storico italo-australiano Gianfranco Cresciani, la polizia e l'esercito di salvezza li cercheranno per convincerli che il pogrom è finito e possono tornare in paese.

Il bilancio finale è pesantissimo: 3 morti e decine di feriti, alcuni dei quali gravemente. Più 5 hotel, 4 club, 2 pensioni, 8 caffè, 45 case e 68 baracche saccheggiati, incendiati, distrutti. E tutto, a parte le scuse formali del governo per i ritardi abissali con cui le forze dell'ordine sono intervenute, nel silenzio. La più grave esplosione di xenofobia (a parte il massacro degli aborigeni, s'intende) mai vista nell'emisfero australe, infatti, sarà totalmente rimossa dalla storiografia locale. Al punto da non esser citata manco nella monumentale *A History of Australia* di Manning Clark, che pure dedica un voluminoso tomo (il sesto della sua ciclopica e sciovinista fatica) agli anni dal 1916 al 1935.

Una rimozione toccata, a migliaia di chilometri di distanza, a un'altra strage che vide coinvolti i nostri emigrati. Una strage dai contorni ancora oggi oscuri. Siamo nel 1872. Dopo i pionieri, l'Argentina ha cominciato ad accogliere la prima ondata di immigrati italiani, in gran parte partiti dalla fascia prealpina e dalla pianura padana. Nella pampa intorno a Buenos Aires, che in quegli anni sta passando dagli 85.000 abitanti del 1852 al mezzo milione del 1889, i *gauchos* (cioè i mandriani e in genere la manovalanza agraria in parte india o meticcia) cominciano a capire che gli immigrati chiamati a popolare le immense aree disabitate non solo non portano al superamento del latifondo, ma progressivamente rischiano, come accadrà, di emarginare loro. Una guerra tra poveri. Una delle tante. Scatenata da un avventuriero che pare uscito dalla penna di Osvaldo Soriano.

Si chiamava Geronimo G. de Solané, era stato partigiano di un *caudillo* federalista (Ricardo Lopez Jordán) in una sommossa a Santa Fe e, costretto a cambiare aria dopo la sua disfatta, si era riciclato come santone. Prima ad Azul, da dove le autorità locali lo avevano convinto a sgomberare, poi a Tandil, un paese di 5000 abitanti nella pampa a poche centinaia di chilometri a sud della capitale che aveva visto via via l'arrivo di immigrati (soprattutto spagnoli, francesi e italiani) ormai saliti al 15% della popolazione.

Spiritato, immaginifico, spregiudicato, dotato di un carisma popolano che accecava i miserabili e gli analfabeti, Geronimo si era costruito la fama d'essere un guaritore miracoloso fornito di poteri magici. Per i suoi fedeli, che via via gli si erano stretti intorno formando una specie di setta cristiana, era un messia: «Tata Dios». Un messia che, in nome di Pio IX e della Sacra Romana Chiesa interpretati a modo suo, si scagliava con inaudita violenza contro «i francomassoni». Categoria nella quale ficcava tutti gli stranieri. Portatori di quei maledetti valori moderni che avrebbero snaturato il mondo e la buona religiosità primitiva. Poco alla volta, come spiega la studiosa Clara E. Lida in un saggio della *Revista de Indias*, la sua teoria arrivò a perfezionarsi: «Lo sterminio degli immigrati avrebbe causato un cataclisma, Tandil sarebbe sprofondata nella terra e al suo posto sarebbe sorta una nuova città in cui gli eletti, cioè i *gauchos* che avrebbero sparso il sangue degli stranieri nemici della religione, sarebbero stati colmati di ricchezze e felicità».

La mattanza cominciò all'alba del 1° gennaio 1872, quando una cinquantina di rivoltosi partì al galoppo alla conquista del *mundo nuevo*. Erano armati con lance, fucili e coltellacci. Gridavano: «*Viva la religión! Viva la República! Mueran los gringos y masones!*». Attaccarono le fattorie, fecero irruzione nei caffè, piombarono nei negozi dove ogni giorno dovevano elemosinare una proroga di pagamento. L'episodio più terribile ebbe luogo nella bottega d'un immigrato basco che si chiamava Jean Chapar, dove bruciarono i quaderni della contabilità su cui erano annotati i loro debiti e sgozzarono tutti, uomini, donne, bambini per un totale di 18 persone. Finché la sera, dopo avere ammazzato 36 poveretti, tra i quali un po' di italiani, si accamparono senza essere disturbati sulle terre di Ramón Santamarina, uno dei grandi latifondisti della zona che proprio quel giorno (guarda caso) era assente.

La mattina dopo un piccolo esercito improvvisato li attaccò, uccise alcuni dei responsabili della strage e arrestò quasi tutti gli altri. Compreso Geronimo G. de Solané. E qui accadde la seconda cosa strana. «Tata Dios» disse che non avrebbe fatto alcuna dichiarazione senza parlare prima col giudice di pace Juan De Figueroa, un altro latifondista che la gente del posto considerava il grande protettore del messia dei *gauchos* e che temendo alla lunga una riforma agraria si era già apertamente schierato contro l'arrivo di nuovi immigrati. L'incontro, però, non avvenne mai: la notte prima dell'arrivo del magistrato mandato da Buenos Aires, il santone veniva assassinato nella sua cella da «sconosciuti». Un decesso provvidenziale, per i latifondisti, per quei politici che avevano ammiccato al movimento rivoltoso, per tutti coloro che avevano usato i *gauchos* in funzione xenofoba. Non una riga uscì, allora, sui quotidiani italiani. Così come, un anno prima, solo un paio di giornalini locali si erano occupati di un massacro ancora più spaventoso subito dai nostri emigrati. Quello di cui rimase vittima un gruppo di famiglie trentine che, accogliendo l'invito della Francia che voleva colonizzare i suoi possedimenti in Africa con il massiccio trapianto di contadini europei, avevano accettato di trasferirsi sulle alture del Benn-Hanni. Un'avventura finita nel sangue.

«Dopo una faticosa marcia senza interruzione di sette ore, dal fiume Faudouch, arrivai con la mia colonna a Palestro. Oh, vista orribile! Il villaggio distrutto, le case saccheggiate e abbruciate, e 46 cadaveri sparsi qua e là fuori del villaggio, tutti uomini sul fiore dell'età, però nessuna donna e nessun fanciullo, e non si conosce ancora la sorte toccata a questi ultimi, in ogni modo sembra che siano istati fatti prigionieri e condotti in schiavitù ove non possono aspettarsi che un luttuoso avvenire.»

«Oh, vista orribile!» Basta quella esclamazione di dolore e raccapriccio, così insolita e umana in un rapporto militare, a dar l'idea di ciò che trovò il colonnello Fourchault, nel pomeriggio del 23 aprile 1871, entrando in quello che era stato il paesino fondato da un gruppo di emigranti italiani a 77 chilometri da Algeri sulla strada che porta a Costantina, nel nord dell'Algeria. «Non fu possibile di riconoscere la maggior parte delle vittime, rese non conoscibili dalle acquistate ferite e mutilazioni» proseguiva la relazione del comandante della disperata e inutile spedizione di soccorso. «Si crede però di aver riconosciuto il curato e un capitano, che trovarono la morte nel presbiterio. Io feci seppellire i morti insieme in una tomba vicino alla chiesa.»

Tutto era cominciato il 30 maggio 1859 a Palestro, nella campagna pavese, quando le forze piemontesi e francesi avevano sconfitto gli austriaci. C'era allora, tra le file alleate, un giovane di nome Domenico «Nico» Bassetti. Veniva da Lasino, un povero borgo nella valle del Sarca appartenente allora al Tirolo italiano, sotto l'Austria. Un tipo tosto. Che finita la seconda guerra d'Indipendenza aveva deciso di arruolarsi nella Legione Straniera finendo in Algeria, dove aveva sposato una berbera dalla quale, racconta Renzo Grosselli in *L'emigrazione dal Trentino*, aveva avuto due figlie. Lui si era innamorato dell'Algeria, lui si era informato sulla possibilità di avere a buon prezzo della buona terra dal governo di Parigi, lui aveva convinto diverse famiglie di compaesani, soprattutto di Lasino ma anche della vicina Val di Non, a trasferirsi in Africa.

L'area prescelta era stata quella abitata dai berberi

che «Nico» aveva conosciuto proprio a Palestro, dove tra i francesi avevano combattuto appunto gli *Zouaves*, le truppe scelte così chiamate francesizzando il nome *Zwawa* con cui gli arabi indicavano la tribù cabila degli *Igauauen*. Comprate 273.000 pertiche di terreno (546 ettari), i trentini si erano insediati insieme con un altro gruppo di italiani (più alcuni spagnoli, svizzeri e francesi) per un totale di 56 famiglie, sul fiume Ossler, ai margini occidentali della Cabilia, sui primi contrafforti dell'Atlante che in qualche modo richiamavano le valli natie.

Qui, avrebbe raccontato molti anni dopo Giobatta Trentini in un manoscritto del 1892 ripubblicato qualche anno fa da Renzo Gubert, Aldo Gorfer e Umberto Beccaluva in *Emigrazione italiana*, avevano lavorato e costruito «le loro case sullo stesso sistema e nel medesimo modo come in Trentino» con «nel mezzo una magnifica Chiesetta amministrata da un curato italiano». Data forma al borgo, lo avevano inaugurato ufficialmente il 18 novembre 1867 col nome di quella battaglia risorgimentale dov'era cominciato tutto: Palestro. Un nome che ancora oggi, dopo tanto tempo, viene usato talvolta dalla stessa gente del posto in luogo del toponimo arabo attuale: Lakhdaria. Insieme con il nome avevano scelto il *maire*, il sindaco: Domenico Bassetti.

La svolta arrivò quando, sotto la guida di Mohammed el-Hadj el-Moqrani, un capo tribù della zona di Costantina, alcuni nuclei di ribelli che si appoggiavano sulla Rahmaniya, una confraternita musulmana, incendiarono nella primavera del 1871 la Cabilia tentando una rivolta contro la Francia e seminando la morte nei villaggi dei *pieds noirs*. Racconta il curato di Lasino sulla *Voce cattolica* un mese dopo i fatti, spiegando di aver avuto le notizie dal *Messager Journal de Alger* del 2 maggio e da un compaesano miracolosamente sopravvissuto e rientrato al paese: «In tutti quei villaggi erano già all'erta, e in particolare a Palestro, dove già da più di un mese e mezzo dovevano montare la guardia tutte le notti, per il pericolo di essere assaliti dagli arabi».

Le prime notizie dell'avvicinarsi dei ribelli arrivarono nel pomeriggio del 18 aprile dal *maire* di Bodavò, a una quarantina di chilometri. Poi fu la volta del paesetto di Igisier, messo a ferro e fuoco. A quel punto Bassetti, preoccupatissimo, affidò la moglie e le figlie a Pietro Chisté perché le portasse ad Algeri, gli ordinò di lanciare l'allarme per avere una spedizione di soccorso e si preparò al peggio.

I cabili piombarono nel villaggio il 21 aprile 1871. I nostri si rifugiarono in canonica e nella sede della società addetta alla costruzione dei ponti e delle strade. «Gli uomini validi e ben armati erano nel Presbiterio; nell'altra casa erano le donne, i fanciulli e pochi uomini» scrive il 4 maggio il giornale *Il Buonsenso* ripreso da *La Voce Cattolica*. «Si combatté per un'intera giornata, uccidendo un gran numero di arabi. Verso sera costoro vennero a fare proposte di capitolazione. Essi offrirono di condurre tutti fino all'Alma, restituendo le armi e le munizioni a due chilometri da questo villaggio. Queste proposte fatte a voce furono subito accettate dagli assediati, a capo dei quali stavano la squadra della Gendarmeria e il sindaco Bassetti [...]

«Fu aperta una porta; ma allora fu invasa, e cominciò il macello. Gli sventurati traditi lottarono fino all'estremità. Bassetti, uomo energico e dotato di forza erculea, uccise cinque assalitori a colpi di pugnale; un gendarme ne uccise tre. Ma alla fine soccombettero al numero, e caddero gli uni dopo gli altri. Allora cominciò una scena orribile. Furono spogliate le vittime, furono profanati i cadaveri, ed a quelli ch'erano ancora in vita furono inferte mille torture prima di ucciderli. L'altra casa, in cui stavano dieci uomini e trenta donne e fanciulli, sostenne un assedio di una notte e due giorni, senza acqua e senza viveri. Facevano sempre fuoco, e gli arabi cadevano ma non si ritiravano. Alla fine questi misero il fuoco alla casa e coloro che vi erano rinchiusi si aresero a mercede. Non si sa precisamente per quale miracolo essi non abbiano subito la stessa sorte degli altri. Si suppone che il Caid dei Bani Kalfaun abbia salvati costoro per avere poi migliori patti dai francesi.» Tutti rapiti. E spariti.

Quando il colonnello Fourchault arrivò il giorno dopo con la sua divisione di cavalleria, avrebbe scritto il *Moniteur* di Algeri ripreso da Giobatta Trentini nel suo manoscritto, «in tutto il villaggio non trovò che un solo vivente, e questo era un cabilo intento ancora a saccheggiare. I soldati gli diedero il meritato castigo all'istante».

Della piccola colonia di emigrati italiani e della loro tragedia, oggi, non resta niente. Onorato con il titolo di «Eroe nazionale francese», Domenico Bassetti venne ricordato dal governo parigino con l'erezione a Palestro di un monumento, abbattuto dopo l'indipendenza algerina per costruire una moschea. Ci resta una foto. «Nico», l'aria impavida e la camicia lacerata, impugna la baionetta nell'ultima difesa. Alle sue gambe, terrorizzati, si aggrappano due bambini.

E ancora bambini sarebbero stati, tre decenni dopo, le vittime di un'altra tragedia dovuta alla xenofobia. Quella che, alla vigilia del Natale del 1913, avrebbe fermato il respiro a un'America vorticosamente tesa verso l'arricchimento, la sfida tecnologica, l'affermazione del ruolo di grande potenza che di lì avrebbe trovato conferma nella prima guerra mondiale.

Jenny Giacometto e Teresa Rinaldi si erano messe il loro vestitino più bello e un fiocco nei capelli, per quella festa di Natale. E all'ora esatta in cui le porte della Società di Mutua Beneficienza Italiana si aprirono, sciamarono festose nel grande salone centrale insieme a centinaia di altri bambini. Erano tutti figli di minatori, che lavoravano per una paga da fame nelle miniere di rame di Calumet, un paesotto sulla penisola di Keweenaw che si protende nel Lake Superior ai confini tra il Michigan e il Canada. Erano immigrati da tutto il mondo, per estrarre il rame in quello che era allora uno dei centri più importanti del pianeta per l'estrazione e il commercio del metallo. C'erano finlandesi e sloveni, croati e svedesi. E italiani. Tanti italiani che avevano tirato su, coi loro risparmi, quell'edificio di mattoni bruniti della società di beneficienza che al piano terra aveva un caffè e sul pennone vedeva svettare le bandiere americana e italiana.

Italiani erano anche, come spesso succedeva in quegli Stati Uniti dove l'accusa ai nostri di essere dei crumiri rinunciatari faceva il paio con quella di essere dei sobillatori, molti degli organizzatori dello sciopero dei minatori. Uno sciopero duro, com'erano duri gli scontri di classe di allora. Era cominciato a luglio, andava avanti da quasi sei mesi ed era guidato da una *pasionaria* dal cuore grande almeno quanto la taglia: Anna Clemenc, ribattezzata dagli amici «Big Annie».

Meno di un dollaro al giorno guadagnavano, quei minatori. Una paga miserabile per un lavoro pesantissimo, pericoloso e segnato da ritmi bestiali. E certo non potevano aver messo da parte i soldi sufficienti per sostenere uno sciopero così lungo, defaticante, drammatico. Larga parte della cittadina, che aveva avuto in pochi anni uno sviluppo impetuoso arrivando a contare 60.000 abitanti, si era tuttavia compattata intorno ai *miners* con una commovente solidarietà d'altri tempi. La stessa che a dicembre, dopo quel braccio di ferro che aveva rosicchiato loro i pochi risparmi, spinse i lavoratori in lotta a organizzare comunque per la vigilia di Natale una grande festa. Una cosa povera per gente povera. Ma loro sapevano che i figlioletti si sarebbero accontentati di poco: l'albero con qualche luce, un po' di nastrini colorati, della musica suonata da un'orchestrina alla buona.

Sono dannatamente lunghi gli inverni, lassù nel Michigan. Capita che fiocchino, talvolta, anche due metri di neve. E faceva un gran freddo, quella sera. I bambini raccolti nella sede della Società di Mutua Beneficienza, che tutti in città chiamavano *Italian Hall*, erano moltissimi. Giocavano tra loro, ballavano goffi con la mamma o il papà, mangiavano le torte fatte in casa che ogni famiglia aveva portato per contribuire alla festa. Ed erano felici.

Fu in quel momento di serenità, mentre una ragazzina seduta al pianoforte vicino alle luci dell'albero natalizio intonava una canzoncina, che le squadracce al soldo dei padroni delle miniere, come avrebbe cantato moltissimi anni dopo il leggendario Woody Guthrie, autore di una canzone chiamata appunto *Il massacro del 1913*, misero a segno uno scherzo criminale: «Gli scagnozzi del boss del rame ficcarono le teste nella porta / e uno di loro urlò: "C'è un incendio!" / Una donna gridò: "Non c'è niente del genere! / Continuate la festa, non c'è niente del genere!"».

Tutto inutile: presi dal panico, gli orchestrali lasciarono gli strumenti, i genitori afferrarono i figli per precipitarsi fuori, i bambini si misero a urlare e piangere terrorizzati. Appena i primi arrivarono a raggiungere le uscite, trovarono le porte sbarrate dal di fuori. Nel salone si scatenò l'inferno. «È solo uno scherzo! È solo uno stupido scherzo!» tentava di spiegare urlando a squarciagola chi aveva capito cosa stava succedendo. Niente da fare. «Gli energumeni ridevano per il loro scherzo criminale», continua la canzone, «mentre i bambini venivano calpestati a morte sulle scale.»

Fu una strage. Quando finalmente il grande terrore della folla si placò e le porte furono spalancate e la gente accecata dall'angoscia fu fuori, sudata e intirizzita in mezzo alla neve, cominciò la conta dei morti. Una conta interminabile, con le mamme e i papà che risalivano le scale urlando disperati i nomi del figlio o della figlia e cercando i loro corpi tra mucchi di cadaveri. Settantatré furono, le vittime. In larghissima parte bambini. Alcuni dei quali italiani, come appunto Jenny Giacometto e Teresa Rinaldi. «Non ho mai veduto una cosa così terribile» conclude la ballata. «Portammo i nostri piccoli su / accanto al loro albero di Natale / I poco di buono di fuori ancora ridevano...» Lo strazio incredulo di tutta una città era «rischiarato da una fredda luna di Natale / I genitori piangevano / ed i minatori gemevano / "Guardate cosa ha provocato / la vostra avidità di denaro"».

Quasi un secolo dopo, di quella strage resta poco o niente. La canzone d'ira e di dolore di Woody Guthrie, un paio di libri e un'opera teatrale mai tradotti in Italia, qualche racconto sempre più confuso passato di padre in figlio in una Calumet che, finita l'era del rame, si è ridotta a un paesino dieci volte più piccolo di quello che era. L'*Italian Hall* è stata abbattuta nel 1984: si era aperta una gran crepa nella facciata, l'enorme bullone messo per contenere il danno mostrava di non tenere e una colletta, tentata per restaurare l'edificio e salvarlo, fallì. Restano le foto. Terribili. Come quella di nove bambini morti stesi su un tavolaccio e coperti da un lenzuolo.

Cinque stragi diversissime, in continenti diversi, in epoche diverse. Le troppe vittime italiane, però, non sono l'unico denominatore comune. Ce ne sono almeno altri due. Il primo, come dimostra l'assoluta mancanza di qualsiasi articolo sui fatti perfino nel migliore dei nostri archivi giornalistici, quello del *Corriere della Sera* (salvo un generico pezzetto di poche righe su Kalgoorlie intitolato «Disordini xenofobi in Australia»), è la rimozione: abbiamo voluto dimenticare tutto, cancellare tutto, ignorare tutto. Il secondo è che tutti e cinque i massacri, ai quali vanno aggiunti quelli spaventosi di Aigues-Mortes e New Orleans che vedremo più avanti, hanno lo stesso movente: l'odio. Un odio contro i nostri emigrati diffuso, in larghe sacche, su tutti i continenti. E generato sempre dalle stesse fobie.

CAPITOLO DUE

«ALLARME: C'INVADE L'ORDA OLIVA!»
Incubi, xenofobie e leggi restrittive dall'America all'Australia

Non colpevole. Quello in cui venne assolto in appello dalla gravissima accusa di *miscegenation* (mescolanza di razze) per avere avuto rapporti sessuali con una donna bianca, fu per Jim Rollins, un nero dell'Alabama, un giorno davvero speciale. Ma non solo per lui. Il verdetto di assoluzione fu emesso infatti, come ricorda la studiosa Bénédicte Deschamps nel suo saggio sul razzismo anti-italiano negli Stati Uniti, perché secondo la corte il procuratore «non aveva potuto fornire la prova che la femmina in questione, Edith Labue, fosse bianca». Cambiare nome e cognome, come in quegli anni di accesa xenofobia fecero decine di migliaia di nostri connazionali assetati di assimilazione, non le era bastato: Edith Labue (chissà come si chiamava davvero: Rosaria, Giuditta, Carmela...) era una immigrata siciliana. Dunque, decisero i giudici del processo «Rollins versus Alabama» passando una pelosa pennellata garantista sul loro razzismo, «non si poteva assolutamente dedurre che ella fosse bianca, né che fosse lei stessa negra o discendente da un negro».

Era il 1922. L'anno in cui a Roma prendevano il potere gli squadristi di Benito Mussolini. Che tre lustri dopo, nel famigerato Manifesto degli Intellettuali Fascisti, avrebbero teorizzato: «La popolazione dell'Italia attuale è di origine ariana e la sua civiltà ariana. [...] È tempo che gli Italiani si proclamino francamente razzisti. Tutta l'opera che finora ha fatto il Regime in Italia è in fondo del razzismo. Frequentissimo è stato sempre nei discorsi del Capo il richiamo ai concetti di razza». Concetto ribadito nei manuali scolastici del 1941: «Il popolo italiano saluta con tutto il suo animo i battaglioni della Patria fascista che partono per l'Africa orientale. [...] La missione assegnata ad essi è di portare in mezzo a quelle razze nere, false e viziose, orgogliose e crudeli, feroci coi deboli e coi vinti, umili, vili e striscianti davanti ai forti, il verbo della civiltà latina e la giustizia della scure fascista».

Scherzi della storia. Al di là dell'Atlantico, spiega la Deschamps, antropologhi ed eugenisti dell'epoca «erano infatti d'accordo nel confermare la teoria secondo cui colava nelle vene dell'italiano la famosa "goccia di sangue nero" che i sudisti bianchi temevano tanto di vedere riapparire nella loro progenitura». Una tesi che secondo il giornale *Harper's Weekly*, a commento del linciaggio di Tallulah, aveva fatto guadagnare ai nostri emigrati l'immagine di *bats*: «Quando i primi italiani giunsero a Madison pochi anni fa, essi costituirono un problema per la popolazione bianca della zona. Come il pipistrello, erano difficili da classificare e ciò fu reso ancora più difficile dal fatto che essi trattavano principalmente coi negri e socializzavano con loro quasi in termini di uguaglianza. Quindi loro potevano difficilmente essere classificati come "bianchi" e tuttavia non erano negri. Come rapportarsi a loro fu un problema difficile».

E da chi avevano preso questa idea i «bravi padri di famiglia» che la sera giravano per le campagne a piantare croci fiammeggianti del Ku Klux Klan e bruciare afroamericani? Ecco la beffa, sostiene la studiosa francese: dagli etnologi italiani, a partire da Giuseppe Sergi e Luigi Pigorini. Che pur essendo profondamente divisi su molti punti, su uno erano d'accordo. E cioè che l'Italia era stata colonizzata in tempi antichissimi da una popolazione africana, probabilmente abissina. Un fatto che oggi (almeno dopo la scoperta di «Lucy» e delle prime tracce di vita umana ad Hadar lungo il fiume Awash, in Etiopia) diamo per assodato. Ma che allora fu letto dai razzisti americani come una conferma ai loro pregiudizi. Tanto più che il messinese Sergi ci aveva ricamato sopra una catalogazione «scientifica».

Sulla base della morfologia del cranio, scrive ne *Le due civiltà* Claudia Petraccone, Sergi «sosteneva che l'Europa attuale era abitata da due specie differenti, la euroafricana e la eurasica. Una frazione della specie eurafricana era costituita dalla stirpe mediterranea che, "dai caratteri fisici dominanti, esterni e interni, dimostrava che era come una zona di transizione tra l'africana al sud delle nazioni mediterranee, e l'europea al nord delle nazioni mediterranee d'Europa"».

Tra le due razze, affermava lo studioso in *Arii e italici*, c'era un abisso: «Lombardi e Piemontesi sono più "attivi, solerti, intraprendenti" dei Romani e delle altre popolazioni a sud di Roma. Un'altra differenza è data dal diverso modo di tenere i borghi e le città, dal diverso ordine e dalla diversa pulizia delle abitazioni. Le produzioni geniali dell'arte, della letteratura, della scienza intervengono invece nella stirpe che ha più forte il sentimento individuale. La genialità individuale, presente nelle popolazioni meridionali, non è adatta, però, alle società moderne che si basano sull'organizzazione e lo spirito di socialità».

Né si trattava, spiega Vito Teti ne *La razza maledetta*, di una posizione isolata. In quel crepuscolo dell'Ottocento in cui esponeva la sua teoria al Congresso d'Antropologia di Mosca, Giuseppe Sergi era in buona compagnia. Diceva più o meno le stesse cose Cesare Lombroso. Le diceva Guglielmo Ferrero, che sul *Secolo XIX* paragonò all'Abissinia le montagne del Nuorese poiché «vive lassù una popolazione di pastori, selvatica, ignorante, violenta, che non ama altro lavoro che il vagabondaggio solitario in compagnia delle greggi e che non ha altra passione che quella delle rapine, delle battaglie e delle risse. Vere tribù barbare [con] costumi da tribù arabe anteriori a Maometto». Le diceva parlando di Matera Arcangelo Ghisleri, amico di Filippo Turati: «Oh Africa italiana, vera Italia irredenta...». Le diceva perfino la Giunta parlamentare d'inchiesta sulla Sicilia, concludendo nella relazione finale del 1876 che «la Sicilia s'avvicina forse più che qualunque altra parte d'Europa alle infuocate arene della Nubia; in Sicilia vi è sangue caldo, volontà imperiosa, commozione d'animo rapida e violenta».

Ma le diceva soprattutto il celebre Alfredo Niceforo, teorizzando ne *Le due Italie* che «nei più lontani tempi preistorici una stirpe proveniente dall'Africa, dal cranio lungo, elegante, a forme ovoidali, ellissoidi, pentagonali, invase il bacino del Mediterraneo e tutta l'Italia. Le palafitte, le abitazioni lacustri, appartengono a questa stirpe. L'Europa del Sud, compresa l'Italia, popolata da questa stirpe, che il Sergi chiama mediterranea, era all'alba della civiltà dei metalli, quando da Oriente si avanzarono genti di un tipo fisico tutto nuovo, munite di armi di bronzo e in parte selvagge e feroci.

«Queste genti invasero l'Europa in ogni direzione: avevano un cranio tozzo, corto, sferoidale, platicefalo, voluminoso, pesante, faccia larga, mandibola pesante; erano esse quelle popolazioni che noi chiamiamo coi nomi di celti, germani, slavi e che formano un unico tipo perfettamente opposto al tipo mediterraneo. Formano costoro la stirpe aria. Nell'epoca neolitica essi scesero in Italia (proto-celti); e vi invasero la valle del Po, cacciandone le tribù mediterranee; in epoca più tardiva, una seconda invasione di questa nuova stirpe (proto-slavi) penetrò dalle Alpi orientali, occupò le Alpi, la regione veneta e la bolognese, collocandosi accanto ai fratelli invasori della valle del Po. [...] Oggi l'Italia è pur sempre divisa in quelle stesse due zone abitate dalle due razze diverse, gli arii al Nord e fino alla Toscana (celti e slavi), i mediterranei al Sud».

L'America razzista non chiedeva di meglio: come si poteva dubitare dell'analisi di un grande studioso siciliano che ammetteva l'africanità del Mezzogiorno italiano? Cavalcarono la teoria Henry Cabot Lodge e i suoi amici della Immigration Restriction League, nonostante il senatore del Massachusetts, il più assatanato dei nostri nemici, come scrive in *Addio Patria* Ulderico Bernardi, avesse il cognome inglesizzato dei Caboto, i navigatori veneziani che per conto di sua maestà britannica avevano esplorato per primi la costa canadese. La cavalcarono i «nativisti» che intendevano proteggere la razza di chi in America era nato, meno s'intende i pellerossa. La cavalcarono i demagoghi come l'avvocato George Custerman, di Philadelphia, che barriva: «Via questi orribili latini che contagiano la nostra razza, indeboliscono il nostro sangue, fanno diventare fioca ogni luce». La cavalcarono la Commissione per l'Immigrazione presieduta da William A. Dillingham e il *Times-Democrat* che arrivò a difendere il linciaggio di New Orleans come «l'unica maniera possibile per render sicura la supremazia dei bianchi» e ancora certi giornali locali come quello citato da Thomas A. Guglielmo nel suo *White on Arrival* [Bianchi all'arrivo]: «Quando parliamo del governo dei bianchi, gli italiani sono neri come i neri più neri». Fino al *Current Opinion* dell'aprile 1923, che in un articolo intitolato «*Keep the America white!*» [Conserviamo l'America bianca!] intimava: «Se non vogliamo che l'americano bianco, alto, robusto, con gli occhi blu e all'antica venga estinto completamente da popoli piccoli e scuri, lo zio Sam non deve semplicemente persistere nella legge quota temporaneamente in vigore, ma deve rendere più stringenti i suoi provvedimenti».

Certo, lo stesso Guglielmo e lo studioso toscano Stefano Luconi in *From Paesani to White Ethnics* [Da paesani a etnia bianca] sostengono che in realtà questi stereotipi erano solo forzature, mai prese sul serio dal Congresso, usate in chiave xenofoba contro i nostri connazionali. E dicono che mai l'accusa di «negritudine», cavalcata anche dai padroni delle piantagioni di canna da zucchero della Louisiana che chiamavano i siciliani *niggers,* mise davvero in discussione l'appartenenza dell'italiano alla razza bianca. Di più: teorizzano che, in particolare negli stati del Sud, questa rivendicazione di appartenenza alla razza bianca avrebbe alla lunga contribuito a rafforzare negli italiani il loro senso d'identità. Insomma, sostiene Guglielmo, fu proprio e solo arrivando in America che gli italiani «divennero bianchi e cominciarono a comportarsi da bianchi».

Resta il fatto che allora, dentro la pancia di un'America profondamente razzista, il sentimento dominante era quello espresso da uno dei protagonisti di *Babbitt,* lo straordinario romanzo pubblicato da Sinclair Lewis nel 1922: «Un'altra cosa che dobbiamo fare [...] è tenere questi dannati stranieri fuori dal paese. Grazie a Dio stiamo mettendo un limite all'immigrazione. Questi *dagoes* e questi *hunkies* devono imparare che questo è il paese dell'uomo bianco e che non sono desiderati qui». Il «paese dell'uomo bianco», ecco come l'americano medio vede gli States: cosa c'entravano i *dagoes* e gli *hunkies*, vale a dire gli immigrati dell'Europa centrale? E poi: non era forse un'ulteriore prova della «negritudine» degli italiani il culto delle Madonne nere come quella di Loreto, dei Cristi neri come quello di Siculiana o dei santi neri come quel san Calogero venerato in tutta la Sicilia occidentale? Chi altri, se non dei «negri», potevano chiedere la protezione a un monaco negro africano come san Calogero?

Certi italiani settentrionali cercarono, come dicono varie lettere di dissociazione ai giornali statunitensi, di sottolineare loro stessi questa «diversità di razza» rispetto ai connazionali del Sud. Diversità certificata a Ellis Island nella registrazione dei nuovi arrivati in due diversi libri (mediterranei di qua, nordici di là), compiuta neppure in base ai documenti ma così, «a occhio», seguendo i consigli dell'autore del celebre *Melting Pot Mistake* [L'errore del melting pot] Henry Pratt Fairchild, il quale aveva notato «la differenza di colore razziale tra il Nord e il Sud del Regno d'Italia». Ma questi razzisti intestini furono in qualche modo puniti. Il rapporto della Commissione sull'immigrazione, nel *Dictionary of Races and Peoples*, stabilì infatti con demente «scientificità» che «tutti gli abitanti della penisola propriamente detta così come le isole della Sicilia e della Sardegna [...] sono italiani del Sud. Anche Genova fa parte dell'Italia del Sud». La frontiera tra i due mondi, per quegli xenofobi più invasati che grazie a Dio non trovarono un Hitler o un Mussolini yankee pronto a cavalcare i loro deliri, era il 45° parallelo nord, che sta esattamente a metà strada tra il Polo Nord e l'Equatore e solca tutta la Pianura padana. Poteva l'americano medio, a quel punto, distinguere fra i «terroni» di Alessandria, Voghera, Parma o Ferrara e gli «arii» di Pavia, Cremona, Mantova o Verona? Per non parlare di Torino, che il parallelo «spartiacque» (ricordato dall'obelisco con l'astrolabio in piazza Statuto) taglia a metà: aria o negroide?

Il razzismo colpì tutti. E fece degli italiani, come scrisse nel 1924 il rapporto di Herman Feldman sui fattori razziali nell'industria, «probabilmente i più maltrattati di tutti gli stranieri». Gli ultimi degli ultimi. Disprezzati perfino dagli irlandesi che, come spiega la Deschamps, «sottolineando la "negritudine" degli italiani marcavano innanzitutto la loro differenza. [...] Privati della loro identità "bianca", gli italiani si trovavano relegati al rango di entità ininfluente. Nei cantieri, per esempio, questi *wops* non meritavano di avere la stessa paga dei bianchi e se uno di loro spariva non ci si faceva poi molto caso. Alla fine della costruzione del Canale d'Erie, un capomastro interrogato sul bilancio umano dei lavori si congratulava che "nessuno è rimasto ucciso, ad eccezione di alcuni *wops*. [...] Solo dei *wops*"». *Wop* come *without passport*, senza passaporto. Un nomignolo xenofobo che ebbe fortuna perché suonava foneticamente *uàp*. Guappo.

«Italiani e cinesi non sono considerati appartenenti alla razza bianca. Gli italiani vivono in residenze separate da quelle dei bianchi» scrive *The Seattle Press-Times* il 17 giugno 1892 dopo un tentato linciaggio. «Una sorta di equiparazione tra italiani e neri nel Sud», scrive Patrizia Salvetti in *Corda e sapone*, «sembrerebbe confermata da L. Scala, relatore al secondo congresso degli italiani all'estero, tenutosi a Roma nel 1911, che la addebita alla familiarità che l'italiano mostra nei confronti dei neri: "Ponete il caso che sia barbitonsore, egli farà la barba con uguale disinvoltura ai bianchi e ai negri, perché non sente verso di costoro quella ripugnanza che è innata nell'americano di questi Stati del Sud. Questi non va in quel locale e la clientela del nostro figaro si comporrà tutta di negri e amici italiani; nessun altro abitante del villaggio, di qualunque altra razza sia, si farà servire da lui. L'italiano, non avendo verso il negro quegli stessi sentimenti quasi ostili dell'americano di queste regioni, nel quale la repulsione per la gente di colore, *colored people*, si tramanda per tradizione storica, tratta il negro con maggior familiarità che l'indigeno non faccia; anzi egli vive qualche volta coniugalmente e talora pubblicamente con una donna negra il che, essendo un insulto alla razza bianca, finisce col procurargli minacce alla vita; intimazioni di abbandonare il villaggio".»

Codificare questo razzismo in leggi contro gli italiani, i cinesi, i giapponesi o i polacchi, per una nazione che aveva fatto una guerra civile in nome (formalmente) della pari dignità fra tutti gli uomini, non era però semplice. Occorreva una grande idea ipocrita che facesse da setaccio senza poter essere accusata di xenofobia. Quest'idea, oscenamente geniale, l'ebbe Cabot Lodge: visto che nuovi immigrati erano necessari, ma gli unici desiderabili erano quelli che venivano dai paesi del Nord Europa dove l'istruzione scolastica funzionava molto meglio, bastava proibire l'ingresso agli analfabeti. Certo, era razzismo: ma culturale, non etnico.

Come fosse messa l'Italia, su questo versante, è presto detto. Prendiamo lo studio sulle liste passeggeri dei transatlantici di Ira A. Glazier e Robert Kleiner. Su due navi a caso arrivate negli Usa nel 1910, gli immigrati analfabeti sbarcati dall'italiana *Madonna* erano il 71%, quelli russi scesi dalla *Lithuania* il 49%: 22 punti in meno. Quanto ai lavoratori specializzati, i nostri erano 7 su 100, i russi 40. E lasciamo stare il confronto, di cui parleremo più avanti, con gli inglesi o i tedeschi: l'inferiorità era per noi umiliante.

Per tre volte una legge restrittiva con dentro il Literacy Act, racconta Anna Maria Martellone ne *La questione dell'immigrazione negli Stati Uniti*, riuscì a passare, nonostante l'opposizione delle compagnie di navigazione e delle lobby industriali. E per tre volte i presidenti degli Stati Uniti misero il veto. Ma la pressione, dalla fine dell'Ottocento ai primi decenni del secolo scorso, montò fino a diventare così aggressiva da sfiorare le immonde paranoie hitleriane. Dillingham arruolava un «esperto di eugenetica», Harry H. Laughlin, perché deponesse in Commissione (come scrive John Higham nel saggio *Strangers in the Land* [Stranieri nel paese]) «sulla cattiva qualità genetica di chi entrava nel paese alterandone le innate caratteristiche nazionali». Calvin Coolidge declamava nel 1921 dalla Casa Bianca, dove era entrato come vice destinato a diventare poi presidente, che «le leggi biologiche ci indicano che i nordici si degradano quando si mescolano ad altre razze». Jeff Trully, per diventare governatore del Mississippi, cercava il voto dei fanatici nativisti sparando contro la nostra comunità: «Sono una razza inferiore. L'immigrazione italiana non risolve il problema del lavoro: gli italiani sono una minaccia e un pericolo per la nostra supremazia razziale, industriale e commerciale».

Finché, subito dopo la prima guerra mondiale (che contrapponendo Inghilterra e Germania aveva seminato diffidenze e messo in crisi la fiducia nelle capacità dell'America «crogiolo di Dio dove tutte le razze d'Europa si fondono e si ricreano» come teorizzato da Israel Zangwill nella commedia *The Melting Pot*), nel 1921 la legge entrò finalmente in vigore. Una legge piccola piccola, che sospendeva i nuovi ingressi per un anno. Ma che via via sarebbe stata prorogata e perfezionata fino a chiudere di fatto la grande immigrazione agli italiani e agli indesiderati, nel 1924, con un trucchetto «all'italiana»: per mantenere l'equilibrio della *Felix America* sarebbe stato da allora in poi permesso l'arrivo d'una quota di nuovi immigrati rapportata alla quota registrata al censimento. Ma non l'ultimo: quello del 1890, cioè di 34 anni prima. Col risultato che italiani, spagnoli, turchi, portoghesi o greci che avrebbero avuto dopo l'ultima conta un pacchetto del 44% dei nuovi immigrati (fissati in 154.000 l'anno), se lo videro ridurre al 15. Mentre britannici e tedeschi, i due popoli che più pesavano demograficamente e politicamente negli States, se ne accaparravano da soli il 60.

Per i razzisti che, secondo la studiosa Maddalena Tirabassi della Fondazione Agnelli, videro proprio quell'anno il Ku Klux Klan toccare l'apogeo «con quattro o cinque milioni di aderenti, una presenza in quasi tutti gli stati, il controllo di diverse assemblee legislative» prima di sfasciarsi in mille scandali, fu il trionfo. Per milioni di italiani la fine d'un sogno. Per molti, respinti allo sbarco, una tragedia. Come quella di Francesco Fazio, un poveraccio tradito da tutte e due le sue patrie, fotografato da Emilio Franzina ne *La chiusura degli sbocchi migratori*.

Fazio era uno dei 358.569 italiani, per lo più meridionali come lui e come lui partiti da Napoli, che arrivarono negli Stati Uniti nel 1906. Come se la fosse cavata non si sa. Se seguì come probabile il calvario di tutti, finì «bordante» (cioè ospite a pagamento) nella topaia di qualche italiano sbarcato prima di lui, il quale gli succhiò una parte dei soldi trattenendo per sé una percentuale della prima paga che gli aveva fatto guadagnare affidandolo a qualche «padrone», e gliene succhiò un'altra dandogli vitto e alloggio. Fatto sta che cinque interminabili anni dopo, il nostro aveva comunque messo da parte un gruzzoletto per tornare finalmente a casa. Una sosta di pochi mesi. Baci, lacrime e ripartì.

Altri tre anni di stenti, fatiche, umiliazioni, e nel 1915 il nostro si trovò davanti a un dilemma: doveva o non doveva tornare per rispondere alla chiamata dell'Italia in guerra? Tornò. Fidandosi del debito d'onore con cui Roma si impegnava a pagargli il viaggio per tornare lì, a New York, dove aveva cominciato a ritagliarsi il suo pezzetto di sogno americano. Un patriottico ma irrimediabile errore.

Quattro anni ci mise l'Italia, finita la guerra, a mantener la promessa fatta a quel piccolo eroe che per amor di patria aveva interrotto il suo cammino di riscatto sulla miseria: quattro anni, c'è da giurarci, di carte bollate, promesse, rinvii, preghiere, code agli sportelli. Così, quando Francesco Fazio riuscì finalmente a rivedere la Statua della Libertà era già il 1922. Forse si commosse, mentre entrava in porto, ricordando i versi di Emma Lazarus incisi alla base del colossale simbolo dell'America: «Datemi le vostre stanche, povere / accalcate masse anelanti d'un libero respiro / i miseri rifiuti delle vostre sponde brulicanti. / Mandateli a me i senzatetto, sballottati dalle tempeste. / Io levo la fiaccola presso la soglia d'oro». Sul molo, però, gli spiegarono che no, anche se aveva già vissuto in America comportandosi bene, anche se ora se la cavava con l'inglese, anche se aveva combattuto in guerra al fianco delle truppe americane, lì non poteva entrare più perché erano cambiate le leggi. Espulso. Via, sparire, a casa, *go home*: era analfabeta.

E non gli restò neppure, dopo questo ignobile trattamento che tra parentesi lo costringeva a tornare in un paese appena finito sotto gli stivali di Mussolini e delle sue squadracce fasciste, un'alternativa. Proprio in quegli anni infatti un po' tutti i paesi tradizionalmente scelti dai nostri emigrati avevano chiuso o stavano chiudendo le frontiere. Dal Canada all'Argentina, dalla Nuova Zelanda al Brasile, dalla Francia alla Germania e al Sud Africa, dove per primi avevano adottato nel 1897 il sistema del dettato: chiunque non riuscisse a scrivere 50 parole almeno nella propria lingua non aveva diritto a rimanere. E quasi sempre, dietro ogni legge, c'era un'ondata di xenofobia.

Una xenofobia volta per volta coltivata, eccitata, cavalcata da questo o quel movimento demagogico. E basata, da un secolo all'altro, da un decennio all'altro, da un paese all'altro, sugli stessi stereotipi. Le stesse paure. Le stesse parole. Che riuscivano a far presa perfino su futuri statisti come Winston Churchill il quale, in attesa di prendere una cotta di cui poi si vergognerà per il Duce, sprezzantemente chiamava gli italiani «suonatori d'organetto» e l'Italia «la puttana d'Europa». Un giudizio pressoché analogo a quello di Franklin Delano Roosevelt il quale, alla vigilia dell'entrata in guerra dell'America, valutava i rischi rappresentati dai tedeschi («Potrebbero essere pericolosi») e da noi: «Non mi preoccupo molto per gli italiani. Sono solo un mucchio di cantanti d'opera». I due, del resto, non facevano che riproporre un'opinione che, come vedremo, era largamente diffusa nel mondo anglosassone.

Un esempio? Prendiamo l'Australia, che alla cerimonia di apertura delle Olimpiadi di Sydney ha cercato di riscrivere la storia in tinte pastello con la bambinuccia dai capelli rossi che abbraccia il buon selvaggio aborigeno e idealmente tutti gli immigrati. «Mi rincresce di dover dare l'allarme», ironizza nel luglio del 1925, sul *Corriere della Sera*, Filippo Sacchi, ma «l'Italia sta preparandosi a invadere l'Australia. Lo so, nessuno da noi ne aveva mai avuto sentore. Eppure è un fatto ormai denunziato e incontestabile. Vengono i brividi a pensare che milioni di italiani si alzano tutte le mattine, si fanno la barba, prendono il caffellatte ed escono per i loro affari, senza nemmeno immaginare che il loro paese è sul punto nientemeno di occupare un continente.»

Spiega, il grande inviato nel Queensland, che i giornali locali sono pieni di titoli sull'«invasione italiana» e che al «congresso dell'Australian Native Association», così forte da avere 50.000 mila «aderenti d'ogni ceto, specie industriale, commerciale e professionale», il presidente, mister Ginn, ha tuonato: «Che cosa è questo improvviso intensificarsi del fiotto immigratorio? C'è forse qualche influenza in gioco? Qualche piano organizzato di penetrazione pacifica? Australiani, all'erta. Badate che la vostra apatia non prepari un terribile risveglio per i vostri figli. Noi non vogliamo che le condizioni sociali ed economiche dell'Australia siano minate da un inevitabile incrocio con gli stranieri, incapaci di sentire le nostre tradizioni, di rispettare la nostra bandiera». Dopo di che l'assise si è chiusa «con un ordine del giorno che invoca il divieto d'immigrazione in Australia per le razze non affini e non confacentesi». Cioè la nostra.

Ma «perché tutto questo accanimento contro gli italiani? Ve lo spiego io: per mantenere l'Australia "bianca"», ride amaro Sacchi. «*Keep the Australia white*, è la vera parola d'ordine di questa crociata. Infatti noi non sia-

mo bianchi, siamo "oliva". *Olive-skinned influx*, diciamo.»
E racconta che un grande quotidiano di Melbourne ha titolato proprio così l'annuncio di un'inchiesta del governo del Queensland sulla nostra immigrazione: «L'invasione delle pelli-oliva». E che al congresso delle donne «un'oratrice autorevole, nell'esortare le massaie australiane a non comperare frutta dai negozi italiani, anche se questi praticano prezzi più moderati, lamenta che dopo aver tanto fatto per difendere l'Australia "bianca" dalla minaccia degli asiatici, "emigranti oliva continuano a stabilirsi nel paese"». E si trattava in larghissima maggioranza, sia detto per la memoria corta dei razzisti nostrani, di lombardi, piemontesi, veneti...

«Siamo tanto una razza degradata che si esortano le donne australiane a non sposare i nostri emigranti», prosegue l'inviato del *Corriere*. E racconta che all'assemblea di Victoria della «Rssila», l'associazione dei combattenti, è stato detto: "I matrimoni delle nostre donne con questi forestieri fanno un'impressione disgustosa." Bravi camerati! Il nostro sangue sporca, imbratta, adultera il loro sangue australiano. *Pollute, polluted* è l'espressione più concisa e brutale di questo concetto. Ma anche quelli che parlano per eufemismi si spiegano ugualmente chiaro». E cita sir John McWhae, «rappresentante ufficiale a Londra di uno dei più importanti stati dell'Australia», contrario all'ipotesi che i connazionali «diluiscano» il «puro sangue britannico col sangue di stranieri che non [...] si confanno».

Era per metà divertito e per metà fuori della grazia di Dio, Filippo Sacchi, nello scrivere quello e altri articoli del suo reportage durato alcuni mesi. E raccontò schifato di un ricco uomo d'affari di Melbourne che aveva scritto: «Noi abbiamo una vaga disistima di cotesti stranieri dalla pelle scura, spesso di statura al disotto della normale, gesticolanti e irruenti». Di un giornale che tuonava: «Vogliamo popolare il nostro territorio con nordici o con latini?». E di un razzismo così incolto che due o tre persone «vedendo un libro o un giornale nostro, esprimono la loro gradevole sorpresa nel constatare che abbiamo le stesse lettere dell'alfabeto e gli stessi caratteri dei loro».

L'incubo dell'«orda color oliva» era tale, denunciò il giornalista, che si avvertivano dappertutto discorsi così: «Andate a Ingham, a Innisfail [...] e mettetevi alla prima cantonata. Sopra cento parole che vi arrivano all'orecchio, è molto se venti sono inglesi. Adesso cominciano a comparire anche insegne in italiano. Se andiamo avanti così, tra qualche anno nel Queensland vedremo i policemen con un cappello da carabiniere e le gondole nel Johnson River».

Sempre le stesse fobie, sempre le stesse parole: «Sono realmente convinti che l'Italia sta rovesciando sull'Australia tutto il soprappiù della sua popolazione troppo prolifica». Ma quanti erano stati i nostri immigrati arrivati in Australia in quel 1924? Risponde in *Non siamo arrivati ieri* Tito Cecilia, un prete autore di più libri sull'Australia, citando il presidente Stanley Bruce: «Sino alla fine di settembre erano giunti in Australia 41.545 emigranti inglesi, 1407 italiani, 514 greci, 93 maltesi...».

Eppure molti vivevano la cosa come un'ossessione. Il presidente della famigerata British Preference League di Innisfail riteneva che il livello di vita degli italiani fosse «una provocazione per la nostra razza e, a meno che l'ondata non venga arrestata, le condizioni superiori che gli australiani hanno raggiunto dovranno finire in distruzione». E il giornale *Australian Star* arrivò a dedicare ai nostri il titolo: «I cinesi d'Europa». Niente di nuovo: gli autori dell'Immigration Restriction Act avevano infatti elaborato nel 1901 la loro schifezza legislativa (che includeva la prova del dettato) «con la convinzione che l'Australia doveva essere popolata da una sola razza e che l'Onnipotente Dio aveva affidato agli australiani la responsabilità di quest'ultima parte della terra per la moltiplicazione di razze privilegiate chiamate a creare una civiltà superiore».

Pudore nell'uso delle parole? Zero. «La mia obiezione al mischiare i popoli di colore col popolo bianco d'Australia», sentenziava l'allora leader del Labour

Party, John Christian Watson, «sta nella possibilità e probabilità della contaminazione razziale.» E. Wilkinson, del Partito protezionista, rincarava: «È assolutamente necessario preservare l'Australia per il futuro della migliore razza del mondo». Quanto alla massima autorità nazionale, il premier Edmund Barton, era così falco da rassicurare i falchi: mai sarebbero stati accolti sud-europei, «troppo piccoli e troppo scuri di carnagione [...] i quali potevano contaminare la purezza della razza che doveva governare l'Australia». Tesi confermata nel 1903 dal successore, Alfred Deakin: «L'Australia deve avere una razza unita e non può permettersi il lusso di introdurre nel suo territorio migranti che troverebbero difficile sposare australiani o persino pensare come loro».

Accecante, a dimostrazione di come pesasse la xenofobia, è lo scontro negli anni Venti e Trenta nella Riverina, un'area desolata trasformata in un giardino (questo è infatti il titolo di un altro libro di Cecilia: *Un giardino nel deserto*) a poche centinaia di chilometri da Sydney. I reduci locali della grande guerra ai quali erano state distribuite le tenute se le giocarono per incapacità: erano soldati, non contadini. Tutto qui. E gli italiani arrivati come braccianti presero a comperare una *farma* (venetizzazione dell'inglese *farm*) dietro l'altra. Nel 1929 ne avevano già 67 (55 padroni erano veneti, 6 calabresi, 3 abruzzesi, 2 friulani, uno siciliano). Dieci anni dopo erano saliti a 230. Erano più bravi, punto e fine. Ma la reazione degli anglosassoni fu scomposta e violentissima.

«C'era la tendenza ad incolpare gli italiani perfino per l'aumento del prezzo delle tenute», ricorda Cecilia. «Si diceva: questi *bloody dagoes* comprano proprietà povere a prezzi esagerati. Gli italiani venivano anche accusati di essere sporchi e di vivere *on the smell of an oil tag* (annusando uno straccio intinto nell'olio). Il 3 marzo 1934 il giornale locale *Area News* pubblicava: "In certe proprietà tenute da stranieri ci sono degli accampamenti che sono una vergogna per l'Australia... In una proprietà non meno di una dozzina di uomini sono accampati in una baracca dissestata". Il problema fu discusso dall'Amministrazione comunale e dalla Commissione d'irrigazione. Alcuni rappresentanti del comune espressero un certo allarme: "Non è solo che a questi stranieri non è permesso di ammassarsi (*to herd*) assieme come animali, ma che queste costruzioni sono considerate attualmente come delle pensioni, dove si deve pagare per viverci e in certe condizioni che non sarebbero tollerate in nessun'altra parte d'Australia".»

Di più: «Questi tipi di abitazione sono un vivaio di malattie fisiche e sociali». La polizia, però, diede loro torto: «Dopo aver fatto un sopralluogo, dichiarò che la grande maggioranza dei coloni stranieri viveva nelle stesse condizioni in cui vivevano gli australiani e i coloni britannici». Ma non bastò: «Le discussioni sul modo di vivere degli italiani divennero un argomento di eugenetica. Un consigliere comunale affermava che gli italiani dovevano avere delle vergognose inclinazioni nel loro sistema: "Noi non dobbiamo tollerare un modo di vivere così basso"».

Il peggio, però, lo offrì la rivista *Smith's Weekly*, che dava voce alle lagne dei reduci: «L'eredità di 450 soldati-agricoltori [...] è stata strappata via con violenza dagli italiani. Con la schiena contro il muro, i reduci di Griffith stanno combattendo, oggi, non solo per le loro case, le loro mogli e i loro figli, ma anche per la preservazione del loro sacro livello di vita. Membri della sezione dei reduci di Griffith e coloni australiani hanno detto a un corrispondente dello *Smith's Weekly* che è loro ferma convinzione che tra dieci anni non resterà un solo cittadino australiano o britannico da queste parti. Per quel periodo il grande progetto di irrigazione del Murrumbidgee, costato fino a oggi denaro pubblico per 19 milioni di sterline, sarà diventato una colonia di Benito Mussolini... La conquista italiana delle aree della canna da zucchero del Nord Queensland, con il suo seguito di vendetta e violenza, si è ripetuta nel meridione del Nuovo Galles del Sud, e con la sua piacevolissima cittadina di Griffith come suo centro, una nuova Little Italy è stata eretta come una nuova macchia sulla mappa dell'Australia Britannica...».

Da dove veniva tutta questa ostilità così dura, proterva, callosa? Possibile che fosse nata solo con l'arrivo dei nostri emigrati e avesse in pochi decenni infettato, in particolare nei paesi anglosassoni ma non solo, le popolazioni delle terre dove andavamo, per dirla alla veneta, a *catàr fortuna*? No. Le radici, quelle stesse radici che spingevano i londinesi a chiamare il quartiere di Saffron Hill (da dove ogni giorno si sparpagliavano per la città 2500 venditori ambulanti e 1800 organettisti) col nome spregiativo di «*Abissinia*», erano più profonde.

CAPITOLO TRE

«TRIBÙ DI SCHIAVI STUPIDI E VIZZI»
La formazione degli stereotipi nella grande letteratura

Gli uomini? «Possono a stento definirsi tali: sembrano una tribù di schiavi stupidi e vizzi, e non penso di aver visto un solo barlume di intelligenza nel loro volto, da quando ho attraversato le Alpi.» Le donne? «Forse le più spregevoli fra tutte quelle che si trovano sotto la luna; le più ignoranti, le più disgustose, le più bigotte, le più sporche.» Percy B. Shelley, autore dei due verdetti infamanti appena citati, non è proprio adatto a essere piazzato nei depliant turistici italiani, che usano Ernest Hemingway per cantare la laguna di Caorle o Norman Douglas per dipingere una Capri che non esiste più.

Eppure, quello che è considerato uno dei più grandi poeti inglesi non è neppure il più feroce e sprezzante, nei suoi giudizi sugli italiani. John Ruskin, che in Italia si sentiva «un automa su ruote dal quale tutti volevano spillare quattrini», ha lasciato impresse parole di disprezzo: «Se restasse qualche traccia dei costumi locali, o la gente serbasse un barlume di carattere, se guizzasse un lampo di intelligenza sulle facce melense delle classi alte, non mi lagnerei. Dell'antico volto fiorentino neppure l'ombra. Non si scoprono altro che barbe alla francese, pupille fisse e sigari che penzolano dalle bocche aduse soltanto all'esercizio di mangiare e sputare». Conclusione: «Questi italiani... Che schifo... Sono il teschio di Yorick pullulante di vermi... Della natura umana non resta che il fetore».

Lo riporta Attilio Brilli in *Un paese di romantici briganti*, commentando che in realtà già nel 1824 Charles Victor Bonstetten aveva notato «che i viaggiatori in Italia si comportavano come le oche di Sancho Panza, sempre disposti a seguire le medesime strade e farsi derubare dagli stessi furfanti». Oche altezzose che qualche volta, secondo Charles Lever, autore di *The Dodd Family Abroad* [La famiglia Dodd all'estero], se l'andavano un po' a cercare dato che «appena messo piede in Italia gli inglesi pretendono d'incanto atteggiamenti cortesi, obbedienza cieca e deferenza assoluta da quegli stessi indigeni verso i quali non nascondono il loro disprezzo».

Immaginatevi cosa poteva pensare di Ruskin la madre della bambina descritta da quello schizzinoso intellettuale britannico così: «Avant'ieri, a Bologna, ho inciampato in una povera creaturina che giaceva sul selciato, immersa in apparenza nel sonno eterno: forse era sfinita per l'inedia. Mi sono fermato all'istante, non certo mosso da compassione, bensì affascinato dalle pieghe della camicina a brandelli che mal celava il petto smilzo. Se non ho negato l'obolo alla madre non è stato per un atto di carità: mi premeva che scacciasse le mosche mentre eseguivo lo schizzo».

Come spiega Lucio Sponza, un docente veneziano trapiantato a Londra e autore di un raffinato saggio sulla nostra immagine in Gran Bretagna, «per chi faceva il Grand Tour l'Italia era un gran museo rovinato da una folla miserabile e viziosa che lo calpestava rumorosamente, inconsapevole delle glorie passate del posto».

Un paese di puttane, ladri, mendicanti, preti, sozzoni, beghine e accoltellatori. Tutto: dalle Alpi alla Sicilia. Basti leggere quello che, nei diari dei loro viaggi, scrissero di Piacenza, la nostra splendida, civile, colta Piacenza, due grandissimi scrittori quali Sade e Dickens. Il primo: «Piacenza è la prima piazzaforte degli Stati di Parma. [...] I suoi abitanti sono imbroglioni e devoti, come dappertutto in Italia. [...] Il miglior albergo [...] è il San Marco, che è però nelle mani di furfanti matricolati. Tutti, perfino i domestici del luogo offerti agli stranieri per il loro servizio, si accordano con la gente della casa per derubarvi. Il mio consiglio è dunque di evitare questo posto di tagliagole». Il secondo: «Piacenza è una vecchia città decaduta e fosca. Luogo deserto e solitario, erboso, con bastioni in rovina, ha fossati semipieni che offrono un pascolo maleodorante alle magre vacche. [...] I più sudici bambini della terra si trastullano nei più esili rigagnoli con balocchi di fortuna: fango e porcellini; i più magri cani che mai si siano visti passano e ripassano trotterellando sotto i più cupi androni in perpetua ricerca di qualcosa da mangiare che pare non trovino mai».

Donatien-Alphonse-François, marchese de Sade, ci arrivò nel 1772, Charles Dickens settant'anni dopo, nel 1844. Certo: era molto, molto, molto tempo fa. Anche lo stereotipo, però, ha il passo lento. Nasce da un'immagine, si clona in un'altra e poi in un'altra ancora, finisce in un libro e poi in un altro ancora, diventa tema di discussione nei circoli intellettuali, è rilanciato dagli amici, colto a mezza voce dai camerieri, riportato nelle cucine, diffuso nelle case popolari, intuito dai politici, urlato dai demagoghi, cavalcato dai giornali, gonfiato dalle masse...

Ci mettono secoli, i popoli, a farsi un'idea gli uni degli altri. E spesso se la fanno sbagliata. Tanto che ci vogliono poi decenni e decenni perché i pregiudizi siano messi in dubbio, corretti, rimossi. Il nostro paese era già diventato una potenza emergente che ancora si contavano a decine, come spiega in *Italia giudicata* Ernesto Ragionieri, «i libri di viaggi, soprattutto di autori inglesi e tedeschi, pieni di paesaggi, di ruderi, di malavita e di mendicanti: note di colore, in genere, attente unicamente agli aspetti più superficiali e chiassosi del costume».

Né si può dire che tutti i reportage più spietati fossero forzati. «Il Moroni, uno scrittore ecclesiastico, registra 10.000 omicidi durante il pontificato di Clemente XII (1758-1769), di cui 4000 solo a Roma!», scrive Bartolomeo Rossetti in *I bulli di Roma*. Facciamo due conti? La città aveva allora 160.000 abitanti ed era infestata in media da 363 omicidi l'anno: uno ogni 441 anime. Né le cose sarebbero poi migliorate molto se Silvio Negro, nel suo libro *Seconda Roma*, dice che dal 1850 al 1852, quando la città papale aveva ancora più o meno la stessa popolazione, si registrarono 247 omicidi in due anni e tutti per arma da taglio e causati, stando ai cronisti di allora citati da Rossetti, «da gelosie di mariti, rivalità in amore, ingiurie, liti di gioco, scommesse alle corse, "bugie" di ubriachi, gare di sorpasso con le carrozze durante le ottobrate o le scampagnate al Divin Amore».

Media di metà Ottocento: un accoppato l'anno ogni 1290 abitanti. Per dare un'idea: nel suo anno più spaventoso (1987: 1691 delitti) New York ne conterà uno ogni 8279. Lo stesso Giacomo Leopardi, che certo antiitaliano non era, raccontando del suo soggiorno nel 1826 a Bologna (Bologna: mica Napoli o Palermo) scriveva al padre e alla sorella Paolina di essere entrato in città «in un tantin di paura» e spiegava: «Ho preso il partito di non andar mai di notte se non per le strade e i luoghi più frequentati. [...] Ho cura di portar sempre denaro addosso perché l'usanza è che se non ti trovano denaro, vi ammazzano senza complimenti». Era dunque così assurdo che molti viaggiatori considerassero l'Italia un paese pericoloso e ci bollassero (Karl Ludwig von Pöllnitz arrivò a descrivere scandalizzato una sfida a coltellate tra due ragazze veneziane in piazza San Marco) come un popolo dal coltello facile? E che questo stereotipo si traducesse decenni dopo in giudizi come quello del *News* di Baltimora, secondo il quale la nostra era una «razza impulsiva e inesorabile» con una «inclinazione all'assassinio»?

Che fosse un'idiozia ignobile e razzista, in un certo senso, è secondario. Così come non importa molto, sotto il profilo della formazione degli stereotipi, riconoscere come tali le forzature. Come ad esempio, per citare un caso a noi estraneo, le storie propagandistiche e antiislamiche che il serbo Konstantin, autore di *Memorie di un giannizzero*, vomita contro l'impero ottomano che l'aveva rapito bambino e cresciuto nel corpo scelto del Sultano. Storie vere? False? Un po' vere e un po' false? Mah...

La domanda, qui, è un'altra: quanto ha pesato e ancora pesa in Occidente il passaggio di bocca in bocca di racconti come i suoi, in cui i turchi non mantenevano mai la parola data e punivano i traditori mettendo loro un uovo sodo tolto dalla brace incandescente nell'incavo del ginocchio piegato fino a renderli zoppi e torturavano i prigionieri versando loro cera bollente negli occhi? E quanto ha pesato e pesa nel mondo islamico, al contrario, il ricordo trasmesso di nonno in padre, di padre in figlio della strage di Ma'arra, dove i cristiani – dopo aver promesso un salvacondotto agli assediati – massacrarono tutti e cucinarono i bambini allo spiedo pentendosi solo più tardi con accorate lettere al papa? Gli stereotipi nascono così.

E così è emersa, si è formata e si è depositata nell'anima e nella pancia degli altri, tra mille episodi veri e mille falsi, la nostra immagine collettiva. Quella che ha dato vita in Gran Bretagna a proverbi come «inglese italianizzato, diavolo incarnato». Quella che ha pesato sull'accoglienza così spesso ostile verso i nostri emigrati. Era un'immagine figlia di un formidabile reportage scritto pezzo dopo pezzo, ironia dopo ironia, veleno dopo veleno, da alcuni dei più grandi scrittori degli ultimi secoli. Una rassegna di fotografie spietate che mettevano a fuoco soprattutto il Centro-Sud, ma non risparmiavano una sola area d'Italia.

Quelli di Rovereto sono per Charles de Secondat, barone di Montesquieu, «insolenti: non c'è nulla di peggio della plebaglia abbandonata a se stessa. Si aggiunga che i furfanti fissano più volentieri la loro residenza ai confini fra due Stati. È sorprendente che in Italia bisogna pagare con esattezza e farsi rendere il resto, fino all'ultimo centesimo, a ogni stazione di posta; ma è una cosa necessaria. La gente del popolo si fida poco: ognuno non pensa che a ingannare gli altri, a mentire, a negare i fatti».

I fiorentini sono per Sade degli ignoranti incapaci di capire il loro stesso passato: «Che cosa aspettarsi da una tal nazione, e che cosa direbbero Dante, Petrarca, Machiavelli, Michelangelo e tanti altri, se tornassero in quest'antica patria delle arti e vedessero lo stato di abiezione e di annichilimento in cui sono ora ridotte?». È già molto se i nobili, denuncia, insegnano ai figli «a leggere e a scrivere». Non bastasse, sono tutti viziosi pervertiti: «Le donne si abbigliano abbastanza volentieri da uomini, e gli uomini da donne». Risultato: «Vigorosamente attaccati sul terreno di questa depravazione dei costumi», nascondono dietro i «muri spessi dei vasti palazzi nobiliari [...] molti orrori. E quante sventurate fanciulle, condotte furtivamente e nottetempo in questi recinti criminali, vi hanno lasciato il loro onore e la loro salute! Poco tempo prima del mio arrivo, un bambino di otto anni aveva perduto la vita quindici giorni dopo aver subito oltraggi forzati in uno di questi palazzi».

Quanto ai laziali, scrive il ginevrino Rodolphe Rey a metà dell'Ottocento, Dio ce ne scampi: essi vivono in «gruppi di capanne in rovina, fetide e selvagge, arrampicate come nidi di avvoltoio sui primi contrafforti appenninici: sono i resti delle città latine, oggi rifugio d'una popolazione misera, selvaggia e dedita al brigantaggio». Nel 1869, alla vista di Civitavecchia, Mark Twain fa la faccia schifata. E scrive nel suo *Innocenti all'estero*: «Civitavecchia è il più orribile covo di sporcizia, di insetti, d'ignoranza in cui ci siamo imbattuti finora, eccezion fatta per la dannata Tangeri, che tanto le assomiglia. Qui la gente vive in vicoli larghi due iarde, dal sentore caratteristico e poco attraente. I vicoli non devono essere più larghi, perché già così sono impregnati di un tanfo al limite della sopportazione e naturalmente, se fossero più ampi, ne conterrebbero di più e la gente morrebbe. Questi budelli di strade sono lastricati di pietre rivestite a mo' di tappeto di gatti morti, stracci, verdura marcia, suole di scarpe vecchie, il tutto infradiciato dalla risciacquatura dei piatti».

La plebe romana, poi! Quella che per Rey è «un popolino presuntuoso, orgoglioso e ignorante», «ribelle alle forme della civiltà moderna», viene descritta negli stessi anni da Edmond About in *Rome contemporaine* come un'accozzaglia di «fanatici nella devozione e nell'odio; facili a commuoversi, difficili a convincersi; più accessibili ai sentimenti che non alle idee; sobri per abitudine, terribili nell'ubriachezza». Gente inaffidabile: «Operai eccellenti quando non posseggono un soldo, impossibili a rintracciare quando hanno in tasca uno scudo; buoni diavoli, famigliari e semplici di cuore, ma convinti della loro superiorità sul resto degli uomini».

Più duro ancora il giudizio tracciato nel suo diario da Paul Desmarie. Un quadro di cloache, pattume e straccioni: «Si contano, a quanto si dice, più di 20.000 mendicanti a Roma; aggiungendovi circa 22.000 religiosi, la maggior parte dei quali appartiene agli ordini mendicanti, si arriva a una cifra di più di 40.000 individui che vivono della carità pubblica, su una popolazione di 110.000 anime. [...] Niente si può paragonare con il cinismo e l'audacia del mendicante romano; non è un favore ch'egli reclama, è un diritto quello che esercita». Valga per tutti l'episodio accaduto a Georges Bizet, l'autore della *Carmen*, a Trinità dei Monti: «Un signore molto mal messo mi si avvicina domandandomi l'elemosina. Gli dò un soldo; egli lo prende, lo guarda con aria di disprezzo, poi lo getta a terra, e, tirando di tasca un elegante portasigari, mi offre un sigaro facendomi osservare che vale un soldo e mezzo. Sono rimasto inebetito».

E Palermo? Goethe, nel suo *Viaggio in Italia*, chiede all'amico bottegaio se non è assurdo che i marciapiedi siano in ordine solo perché «ogni proprietario di magazzino o di officina [li] mantiene puliti a furia di scopare gettando tutta l'immondezza nel mezzo della via», col risultato che questa «diventa sempre più sudicia e finisce col restituirvi, a ogni soffio di vento, il sudiciume che vi avete accumulato». Questi ammette che sì, «quello che noi gettiamo dalle case, imputridisce davanti alle nostre porte. Guardate là; sono mucchi di paglia e di strame, avanzi di cucina e non so che altre sconcezze, che poi si disseccano e infine ritornano a noi sotto forma di polvere». Ma spiega che, secondo alcuni, tutto quel pattume non viene portato via perché l'aristocrazia «ha interesse di mantenere uno strato così morbido alle sue carrozze, per poter fare con tutto il comodo la solita passeggiata sempre su terreno elastico».

Per non parlare di Napoli che, dopo un paio di secoli di reportage di viaggio schifatissimi, vede arricciare perfino il naso, nel 1936, di Jean-Paul Sartre: «La carne delle napoletane aveva un aspetto di bollito sotto il sudiciume; il vicolo aveva consumato le loro guance: queste tenevano ancora, ma si sarebbe potuto staccare dei brandelli tirando con le dita. Vidi con sollievo le labbra baffute di una ragazza: se non altro sembravano crude».

Il filosofo esistenzialista era sceso con Simone de Beauvoir sotto il Vesuvio proprio per quello. Per provare, scriverà Gaetano Afeltra, il massimo «degrado fisico e morale» e ritrovare le atmosfere bollenti, peccaminose, sudaticce di tanti racconti di viaggio: «Mi sentivo immerso in un'enorme esistenza carnivora: in un'esistenza sudicia e rosa». Per quella sua Napoli, l'autore de *La nausea* coniò una definizione ripugnante: «città sifilitica». Sette anni dopo, nel 1943, il censimento del Bureau of Psychological Warfare gli avrebbe dato ragione, calcolando tra occasionali e professioniste 42.000 prostitute.

Un secolo prima, non erano state diverse le motivazioni che avevano spinto a venire in Italia lord Byron. Con la differenza che, se Sartre avrebbe cercato il torbido provando insieme attrazione e ripulsa, il grande poeta inglese aveva vissuto il suo viaggio in Italia, almeno sotto il profilo sessuale, con assoluta euforia. Ne scriveva agli amici quasi tutti i giorni senza far mancare mai i dettagli. Tipo quello di essersi subito accoppiato, appena arrivato a Venezia, nel 1816, con la bella Marianna Segati, moglie del suo padrone di casa alla Frezzeria, vicino a San Marco. O la frequenza amatoria toccata con la cantante d'opera Arpalice Taruscelli: «L'ho scopata due volte al giorno negli ultimi sei [giorni] – oggi è il settimo – ma non sabato perché ci siamo incontrati a mezzanotte dal suo modista».

Convinto lui pure, come diceva il gay vittoriano John Addington Symonds, che «non si capisce la bellezza d'un popolo finché non ci si è stati a letto», lord Byron volle provare insaziabilmente tutto: non solo una quantità incalcolabile di letti femminili («Più donne di quante riuscivo a contarne») ma anche almeno 200 talami omosessuali. Senza che nessuno si scandalizzasse più di tanto:

non era forse la Venezia d'allora una specie di Bangkok di oggi? Non diceva un adagio che «le fiorentine son libertine, le veneziane tutte puttane»? Non sosteneva la famosa guida turistica *The Grand Tour*, pubblicata nel 1749 da Thomas Nugent, che il nome veniva da Venus e che era «la città ideale per passare la notte con una donna sfacciata»?

Spiega Ian Littlewood, autore del saggio *Sultry Climates: Travel and Sex* [Climi roventi: il viaggio e il sesso], dal quale sono tratte un po' delle citazioni, che proprio questo era il Grand Tour per la stragrande maggioranza dei viaggiatori. Una immersione tra monumenti, sapori forti e peccati: «Il Grand Tour era da intendere come un rito di passaggio: il viaggiatore partiva da giovane senza formazione e tornava "gentiluomo completo"». Al punto che donne spiritose come lady Mary Wortley Montagu cinguettavano amabili che i giovani turisti «ricordavano solo dove avevano trovato il vino migliore o le donne più graziose». Con i rischi di contorno segnalati in *Voyage to Italy* da Richard Lessels, secondo cui molti «desiderano andare in Italia solo perché sanno che ci sono le belle cortigiane di Venezia» e «viaggiano un mese intero fino a Venezia per alloggiare di notte con donne impudenti. E così per un falso scopo di educazione all'estero tornano a casa con quelle malattie che li ostacolano nell'educazione in patria». Tesi confermata dall'inglese John Evelyn a proposito delle napoletane: «Alcuni della nostra compagnia hanno pagato a caro prezzo il loro pentimento dopo il loro ritorno».

Non c'è viaggiatore che non abbia lasciato una testimonianza euforica o scandalizzata dei costumi delle nostre nonne e dei nostri nonni. Perfino Goethe, secondo Richard Friedenthal, «trovò solo a Roma e solo a quarant'anni una completa libertà sessuale». «Quest'Italia è un pozzo di peccati», s'indignava Hester Lynch Thrale, una celebre diarista inglese, «e chiunque ci viva a lungo deve essere un po' corrotto.»

Nessun altro paese, spiega Ian Littlewood, è stato «per così a lungo e ripetutamente associato con la libertà sessuale». Dal Rinascimento fino al XX secolo «la sua identità era formata per i viaggiatori britannici dalla reputazione di piacere trasgressivo che risaliva agli imperatori romani». In particolare, scriveva lo scozzese William Lithgow, c'era «l'inclinazione dei nativi verso la sodomia bestiale da cui nessuna città o più piccolo villaggio d'Italia era esente».

Daniel Defoe, l'autore di *Robinson Crusoe* e di *Moll Flanders*, non ci andò leggero nella sua analisi in *The True-born Englishman* [L'autentico inglese]: «La lussuria ha scelto le zone torride d'Italia dove il sangue ribolle in violenze e sodomia». Né fu meno spietato un trattato inglese dal titolo *Ragioni evidenti per la crescita della sodomia in Inghilterra*: «Questa moda fu portata dall'Italia, la madre e balia della sodomia». Di più: «Quanto famosa, o meglio infame, l'Italia è stata in ogni epoca, e ancora continua nell'odiosa pratica della sodomia, non ha bisogno di spiegazioni. Lì è stimata di poco conto e inoltre è un peccato alla moda... Al punto che non c'è cardinale o uomo di chiesa che non abbia il suo Ganimede. Non appena uno straniero in buone condizioni mette piede a Roma, è circondato da una folla di ruffiani che gli chiedono di scegliere una donna o un bambino che gli saranno procurati di conseguenza».

John Addington Symonds, quello che scopriva i popoli andandoci a letto, trovava fantastico questo «pellegrinaggio in tre sensi: culturale, spirituale e sessuale». Dal suo *entresol* veneziano alle Zattere, come avrebbe scritto nelle sue *Memorie*, vedeva un mondo tutto rosa: «Sono appena sopra un ponte sul quale vanno e vengono esseri divini: marinai, soldati, pescatori vestiti di blu, vistosi gondolieri». Manco a dirlo: perse la testa per un gondoliere. Si chiamava Toni Fusato e pare vivesse senza tante fisime morali o psicologiche questa disponibilità agli «extra» che, a leggere le testimonianze raccolte da Littlewood, accomunava un po' tutti i leggendari barcaroli veneziani. Disponibili a servire la clientela sia femminile (offrendo «una piccante combinazione di esotismo, fascino fisico, disponibilità e discrezione») sia maschile almeno «fino alla prima metà del XX secolo», con soddisfazione per ultimi di Cole Porter e Truman Capote.

Per il suo Toni *gondolièr*, Symonds era disposto a tutto. Gli regalò una gondola, gli trovò una casa dove l'amato andasse a vivere con la sua ragazza, gli finanziò il matrimonio e infine lo assunse come gondoliere privato.

Felice della sua vita veneziana come di quella sua siciliana fu il barone Wilhelm von Glöden, un nobile tedesco diventato celebre con le foto scattate a giovani siciliani nudi.

Insomma: mentre in altre parti d'Europa, e in Inghilterra in particolare, gli omosessuali venivano messi alla gogna o addirittura pubblicamente impiccati, l'Italia dei papi, dei preti e dei bigotti offrì a tutti grande libertà accettando tacitamente il turismo sessuale, sostiene l'autore di *Sultry Climates*, come «una valvola di sfogo sociale per più di due secoli». Al punto di incantare Norman Douglas, innamorato di quella Firenze dove i giovani «avevano pantaloni di gabardine confezionati in modo da mettere in mostra i loro genitali». Di attirare a Capri a partire dagli anni Settanta dell'Ottocento una piccola folla di gay talvolta assetati come il conte parigino Jacques d'Adelsward Fersen, «il cui record di pederastia persuase anche i tolleranti capresi a esiliarlo per qualche mese dall'isola». E di far dire molto tempo dopo a Richard Burton che «per anni e anni l'Inghilterra ha mandato i suoi pederasti in Italia, e specialmente a Napoli, dove ebbe origine il termine "il vizio inglese"».

A farla corta: il nostro paese era universalmente visto, al di là di ogni giudizio morale che qui non interessa, come un paradiso del sesso libero. Per tutte le tasche e per tutti i gusti. Colpa della miseria, della fame, della disperazione? A leggere lord Byron, no. Come ricorda Mario Costa Cardol in *Ingovernabili da Torino*, il grande poeta «definiva la sorte degli operai inglesi, intorno al 1820, peggiore di quella dei contadini turchi, che a loro volta non dovevano stare molto meglio dei contadini calabresi». Come mai se quelle terre britanniche erano così miserabili da spingere nel solo 1890 ben 316.000 inglesi a imbarcarsi per gli Stati Uniti, la fama di paese del sesso in vendita era nostra e non loro? Bel tema, per gli xenofobi italiani di oggi: le nostre nonne erano più zoccole delle altre (come le nigeriane o le albanesi, stando agli stereotipi attuali...) o forse in queste materie così controverse è meglio astenersi dai giudizi sommari e soprattutto dalle idiozie razziste?

Bastassero i resoconti degli altri, a definire un popolo, staremmo freschi. L'Italia, dipinta da Tobias Smollett come un posto dove tutti erano «ladri e mendicanti» e attaccabrighe rissosi pronti a baruffe durante le quali «estraevano i loro coltelli e uno pugnalava l'altro senza fallire», era vista come il «bel suol d'amor» per antonomasia. Basti leggere i resoconti di Montesquieu su Roma: «La maestà del popolo romano, di cui parla Tito Livio, è molto degradata. Questo popolo è oggi diviso in due classi: le puttane e i servi o estafieri. [...] Oggi il popolo romano *est gens aeterna, in qua nemo nascitur* tranne qualche bastardo: l'S.P.Q.R. è stato interpretato: Sanno Putare Queste Romane».

E Venezia? Cos'è stata per un paio di secoli, se non quella bollata da Charles Baldwin come «il bordello d'Europa»? Thomas Coryat, che la visitò nel 1608 e ne parlò in un libro dal folle titolo interminabile (*Coryat's Crudities. Hastily gobled up in five months travells in France, Savoy, Italy...*) arrivò a scrivere: «Quanto al numero di queste cortigiane veneziane, si dice che sia grandissimo, perché si crede che ve ne siano, tra la città e gli altri luoghi adiacenti come Murano, Malamocco eccetera, almeno 20.000; e molte hanno la riputazione d'essere così dissolute, che si dice aprano la faretra a ogni dardo».

E come mai c'era tanta «tolleranza per bagasce così licenziose in una città tanto gloriosa» che con tale «laidezza» si sarebbe tirata addosso «la maledizione e la vendetta di Dio» fino a bruciare «nel fuoco e nello zolfo, come accadde nel passato con Sodoma e Gomorra»? Tra le risposte, la più divertente è questa: «Le imposte pagate dalle cortigiane al Senato, in cambio della tolleranza, mantengono una dozzina di galee».

Oltre un secolo dopo, racconta Charles de Brosses nelle sue lettere, tutto era rimasto uguale, tanto che la «Serenissima repubblica aveva fatto una retata di quasi 500 sensali d'amore i quali, abusando del loro ministero pubblico, andavano offrendo a chi capitava, in piena piazza San Marco, la signora procuratessa tal dei tali, o la signora cavaliera tal dei tali altri; di modo che accadeva talora a un marito di sentirsi proporre la propria moglie».

C'è poi da stupirsi se queste testimonianze, per quanto gonfiate, forzate o addirittura falsificate dalla vanità o dalla voglia di stupire dei viaggiatori, avessero dato vita a stereotipi che rappresentavano l'Italia come una specie di Thailandia? L'aria era tale da scandalizzare perfino un signore certo poco bigotto come il marchese de Sade. Il quale raccontava che a Napoli «la sera le strade sono piene di sventurate vittime offerte alla brutalità del primo venuto. Non mento se dico che ho visto [...] bambinette di quattro o cinque anni offrirsi di soddisfare le più orribili brame. [...] E non sarebbe ancora nulla, se tutto finisse qui. Ma questi medesimi orrori vi sono offerti anche dal sesso opposto. A Napoli, entrambi i sessi concorrono sullo stesso piano a sollecitare le passioni. Si arriva a importunarvi perfino in casa vostra. Una madre vi offrirà indifferentemente quello dei suoi figli – il maschio o la femmina – che più stuzzicherà le vostre inclinazioni. Una sorella vi offrirà il fratello, un padre la figlia, un marito la moglie. Si tratta solo di pagare».

Potevano non ficcarsi nella testa della gente messaggi come questi? Per non dire del grande Charles Dickens, che ricavò le sue *Visioni d'Italia* da una serie di reportage scritti, quando già era stato reso celeberrimo dal *Circolo Pickwick* e da *Oliver Twist*, sul *Daily Mirror*. Fu lui il massimo diffusore nel grande pubblico di un'idea perfettamente in linea con quella di tutti i viaggiatori precedenti. E cioè, per citare ancora Sponza, che quella italiana era «una razza ingegnosa ma corrotta, disonesta e dissoluta», che offriva un miscuglio «di fascino e di disgusto».

Non una città, una regione, una comunità sembrano

salvarsi dai verdetti di Dickens. Sensibilissimo verso i poveretti inglesi, feroce fino al razzismo con gli italiani. I genovesi vivono in case sporche «e affatto sprovviste di fogne, se il mio naso merita mai d'esser creduto; ed esalano una fragranza peculiare, simile al puzzo di un pessimo cacio conservato entro panni assai caldi». Le donne «sono di ottimo carattere, tuttavia, cortesi e operose. Ma l'operosità non le ha affrancate dalla sporcizia, perché le loro abitazioni rimangono estremamente sudicie e la loro occupazione abituale della domenica mattina, di bel tempo, è di starsene sedute sull'uscio a cercarsi a vicenda i pidocchi nei capelli. [...] Le contadine, nudi i piedi e le gambe, son sempre a lavar panni alle vasche pubbliche o dovunque si trovi un fosso o un corso d'acqua, tanto che non si può fare a meno di chiedersi, tra cotanta sporcizia, chi mai li indossi quando poi sono puliti».

La gente di Liguria è «squallida e patita». Le vecchie «rinsecchite dai capelli ispidi e grigi raccolti al sommo del capo [...] sono d'una bruttezza così marcata che a vederle qua e là girare sotto anditi semibui col fuso in mano e a sentirle bisbigliare insieme negli angoli del vicinato, appaiono come un popolo di streghe, con la differenza che loro non possono certo essere sospettate di possedere la scopa o qualsiasi altro arnese per la pulizia». Ferrara è «torva» e «la gente che vi si vede passare durante il giorno è così sparuta che davvero ci sarebbe da credere che i suoi cittadini siano piuttosto l'erba che cresce nelle piazze».

E Pisa? «Con la sua torre, è la settima meraviglia del mondo», ma «può pretendere di essere almeno la seconda o la terza per i mendicanti che vi si incontrano. Questi appostano lo sfortunato visitatore a ogni svolta, lo scortano a tutti gli usci dietro i quali si dilegua e giacciono in attesa di lui, con grande stuolo di rincalzo, a ogni porta per dove sanno che dovrà uscire. Il cigolìo dei cardini è segnale a un grido generale; e il momento in cui egli appare, vien circondato e assalito da mucchi di stracci e di corpi deformi.» E va già meglio che a Livorno. La quale, scrive l'autore dei popolari *Racconti di Natale*, è un luogo «prospero, attivo, pratico, dove l'ozio è scacciato dal commercio» ma guastato dalla «cattiva fama di essere un ricettacolo di malandrini, e fino a un certo punto bisogna convenire che la cosa è vera. Non molti anni or sono esisteva in città un'associazione di maniaci sanguinari che non ce l'avevano contro nessuno in particolare, ma uscivano la notte per le strade ad assassinare la gente a pugnalate, persone a loro completamente sconosciute, per il solo piacere e l'emozione del gioco».

Sulla strada verso sud, ecco Radicofani: «Gli abitanti sono tutti mendicanti: appena vedono giungere una carrozza, si levano e calano come uccelli da preda». Un viaggio da incubo: «Attraversiamo i paesi più rovinati e sbrindellati che si possano immaginare. Non c'è una casa in essi che abbia una finestra sana, non un contadino che mostri l'abito senza toppe, non una miserabile bottega in cui si veda qualcosa da mettere sotto i denti. [...] Uomini e bambini si vestono di tutto ciò che trovano. Sporchi e rapaci come cani, i soldati».

La città eterna lo incanta e lo schifa: «La via terminava in uno spiazzo dove si sarebbero visti cumuli d'immondizie, mucchi di terraglie infrante e di rifiuti vegetali, se non fosse che a Roma simile mercanzia si getta dappertutto, senza accordare preferenze ad alcun sito particolare». Una delle cose che più lo colpiscono è l'esecuzione di un condannato, ghigliottinato in piazza: «Le mie tasche vuote furono "saggiate" parecchie volte dai galantuomini che erano lì tra la gente presso il patibolo mentre il cadavere veniva sistemato nella cassa. Fu uno spettacolo orrido, immondo, volgare e rivoltante; una scena che non significò altro che macellazione e non destò che appena un momentaneo interesse per l'unico sventurato attore. [...] I giocatori del lotto, che speculano su tutto, si mettono nei posti più comodi per contare le gocce di sangue che sprizzano di qua e di là; e poi puntano su quel numero».

Via via che scende, il quadro è più fosco: «Prendi nota di Fondi, in nome di tutto quello che è miserabile e sordido. Un immondo canale di fango e di rifiuti serpeg-

69

gia lungo il mezzo della squallida via, alimentato da sconci rivoletti che colano da povere case. Non esiste porta o finestra o imposta in tutto l'abitato; non un tetto, un muro, un palo, un pilastro che non sia rovinato, sgangherato e fradicio. [...] Il fatto poi che i magri cani che si aggirano furtivi per la misera via riescano a rimaner vivi e a non essere divorati dalla gente è davvero uno degli enigmi del mondo. I paesani son facce torve, scavate! Tutti mendicanti. [...] Ti vengono addosso a branchi, facendo ressa e dandosi impedimento a vicenda. Chiedono con insistenza la carità per amor di Dio, per amor della Vergine, per amor di tutti i Santi».

Ma che dire di Napoli, città che quotidianamente «si risveglia di nuovo coi Pulcinella, i borsaioli, i comici e i mendicanti; con gli stracci, le marionette, i fiori, la vivacità, la sporcizia e la universale degradazione»? Come descrivere una città dove vanno tutti pazzi per il lotto? «Certe persone che hanno un particolare talento pei sogni fortunati sono ricercatissime dal prossimo. [...] Mi è stato raccontato di un cavallo imbizzarrito che sbalzò di sella il cavaliere a un angolo della strada riducendolo in fin di vita. Dietro il cavallo correva intanto a incredibile velocità un altro uomo, uno sconosciuto così lesto che si trovò sul posto appena dopo la caduta. Costui si gettò in ginocchio accanto al disgraziato che giaceva moribondo, gli prese la mano con l'espressione del più vivo dolore e disse: "Se ancora sei vivo, dimmi una parola, una sola! Se ancora ti rimane un soffio, dimmi quanti anni hai, fammeli giocare al lotto, per amore del Cielo!"». Insomma: come trovare la sintesi di ciò che sono i napoletani? «Bambini con un naturale amore per lo sporco, l'aglio e l'olio.»

Onestamente: che idea poteva farsi degli italiani, pochi anni prima dell'inizio della Grande Emigrazione, un lettore del *Daily Mirror* pronto a far propria ogni parola del grande Charles Dickens? Ecco: oltre alla sacca coi poveri bagagli fatta col lenzuolo vecchio, i nostri emigrati furono costretti a caricarsi sulle spalle anche questo.

CAPITOLO QUATTRO

«DEFECANO PER TERRA COME I MAIALI»
Miseria e degrado igienico, sanitario, morale

«A New York c'è quasi da vergognarsi di essere italiani. La grande maggioranza dei nostri compatrioti, formata dalla classe più miserabile delle provincie meridionali, abita nel quartiere meno pulito della città, chiamato i Cinque Punti (Five Points). È un agglomeramento di casacce nere e ributtanti, dove la gente vive accatastata peggio delle bestie. In una sola stanza abitano famiglie numerose: uomini, donne, cani, gatti e scimmie mangiano e dormono insieme nello stesso bugigattolo senz'aria e senza luce. In alcune case di Baxter e Mulberry Street, è tanto il sudiciume e così mefitica l'atmosfera da far parere impossibile che ai primi calori dell'estate non si sviluppi ogni anno un colera micidialissimo.»

Forse nessuno come Adolfo Rossi, autore nel 1894 di *Un italiano in America*, è riuscito a descrivere meglio le condizioni in cui vivevano i nostri emigrati nella Grande Mela: «Eppure molta di quella gente, che non si lava mai il viso e che con squallide mogli e con figli cenciosi si condanna a vivere in malsane stamberghe, lavora, guadagna e risparmia. Ai Cinque Punti c'è da essere testimoni di scene vergognosissime. Un giorno, seduta sulla scalinata di una casa fra le più nere, vidi una donna italiana che, col seno scoperto, allattava uno scimmiotto come se fosse stato un bambino. La scimmia era ammalata; e quella femmina, moglie d'un suonatore d'organetto, tentava di ristorarla col proprio latte!».

Racconta Jacob Riis, un immigrato danese che aveva imparato l'inglese così in fretta da diventare in pochi anni un cronista di punta del *New York Tribune* e i cui articoli sono stati ripresi da Erik Amfitheatrof ne *I figli di Colombo*, che «in un solo isolato di caseggiati che totalizzava 132 stanze, vivevano 1324 italiani emigrati, per lo più uomini, operai siciliani che dormivano in letti accastellati a più di dieci persone per camera, per un intero isolato...». In una camera di quattro metri per quattro potevi trovare fino a «cinque famiglie che vi abitavano, cioè venti persone dei due sessi e di tutte le età, con soli due letti, senza pareti divisorie, né paraventi, sedie o tavole».

Un inferno. Soprattutto d'estate. Con la prima notte calda di giugno, spiega Riis, «i rapporti di polizia che parlano di uomini e di donne che si uccidono cadendo dai tetti e dai davanzali delle finestre mentre dormono, annunciano che si avvicina l'epoca delle grandi sofferenze per la povera gente. È nel periodo caldo, quando la vita in casa diventa insopportabile per dover cucinare, dormire e lavorare tutti stipati in una piccola stanza, che gli edifici scoppiano, intolleranti di qualsiasi costrizione. Allora una vita strana e pittoresca si trasferisce sui tetti piatti. [...]

«Nelle soffocanti notti di luglio, quando quei casermoni sono come forni accesi, e i loro muri emanano il caldo assorbito di giorno, gli uomini e le donne si sdraiano in file irrequiete, ansanti, alla ricerca di un po' di sonno, d'un po' d'aria. Allora ogni camion per la strada, ogni scala di sicurezza stipata, diventa una camera da letto, preferibile a qualsiasi altro luogo all'interno della casa. [...] La vita nei caseggiati, in luglio e agosto, vuol dire la morte per un esercito di bambini piccoli che tutta la scienza dei medici è impotente a salvare».

Né la situazione era migliore nel resto degli States, come racconta nel 1913 ne *L'Italia randagia attraverso gli Stati Uniti*, la giornalista Amy Bernardy descrivendo il tipico cortile di un *block*, un isolato, del distretto di St. Louis: un quadro caratterizzato dalla «fila delle latrine, da mucchi di cenere, concime, immondizia, dai cadaveri dei sorci e talpe frequentissimi, da cenci, detriti, rifiuti, penne di polli, vecchi arnesi, avanzi di materassi sporchi ecc., e in mezzo c'è, o ci dovrebbe essere, la pompa o fontana che fornisce acqua a tutto il casamento, e qualche volta, a tutti i casamenti per mezzo *block*. Dico dovrebbe essere, perché spessissimo detta fontana è inaccessibile per il cumulo di sporcizia che la circonda.

«Non mi sarei fermata così a lungo su questo argomento», continua l'autrice del rapporto, «se non che i bambini e le bambine dei nostri immigranti vivono e giuocano in mezzo a questo orribile semenzaio di malattia e di corruzione, di cui febbre, tubercolosi, contagi inconfessabili sono il naturale risultato. [...] Dentro il cortile [...] si trova spesso una stalla, e non è raro il caso che ci abitino un cavallo o due, una capra, uno o più cani, e la famiglia di un fruttivendolo che naturalmente ci tiene anche il deposito della sua merce».

Un secolo dopo i nostri giornali pubblicano reportage inorriditi come quello di Alessandra Stocco sul *Messaggero* del novembre 1998 sulle baraccopoli extracomunitarie del Tevere: «Sfreccia la vita sopra i ponti di Roma; lungo il fiume i fantasmi non se ne curano. Ogni tanto salgono lassù dai vivi per elemosinare, vendere povere mercanzie, scaricare cassette ai mercati generali, imbiancare negozi, procurarsi un po' di cibo. Ma i fantasmi nessuno li vuole vedere. Allora è meglio starsene rintanati nelle città parallele, sotto le arcate dei ponti e sotto gli alberi, nelle baracche di cartone, lamiera e legno, arredate con gli scarti dei vivi: poltrone e materassi sfondati, sedie zoppe, pentole rotte, specchi spezzati, un barometro quasi nuovo. L'abisso si misura in una manciata di gradini. [...] Ogni baracca ha il suo falò, ogni inquilino i suoi affetti: un cane o una famigliola di gatti a cui stringersi quando la notte fa più paura, quando comincia la danza dei topi giganteschi e il fiume romba più forte».

A Padova gli «extra» hanno occupato tutta quella che un tempo era una specie di cittadella di monolocali via via abbandonati dai professionisti single e dagli studenti ricchi. Quando un bel giorno, dopo anni di risse e proteste, arrivarono i camion della nettezza urbana, dai cortili portarono via di tutto: cucine economiche, brande, scheletri di moto, tonnellate di spazzatura nauseabonda, tubi, motori di lavatrici, materassi sfondati, la testa di una capra. Resto di uno dei baccanali organizzati sui falò accesi sotto il porticato. «Una cosa rivoltante», vomitavano schifati quelli della zona. «Zuppe e grigliate e ceci che cuocevano dalla mattina all'alba del giorno dopo rendendo l'aria irrespirabile.» E i rari italiani rimasti, che avevano speso ogni risparmio per comprare il loro quartierino, ti mostravano sconvolti la devastazione: pareti dei corridoi anneriti dal fuoco delle carbonelle, water strappati al pavimento, porte scardinate, appartamenti stracolmi di letti a castello, ascensori murati col cemento, giganteschi sacchi di pattume abbandonati sui pianerottoli, nicchie per il gas bucate sui fianchi con lo scalpello.

A Roma si sono presi via via l'area della stazione Termini e di piazza Vittorio la quale, secondo Marcello Ricci della *Padania*, nella risistemazione non è stata dotata dei servizi igienici, ma questo per gli arabi «non costituisce un problema: si arrangiano come è loro consuetudine». A Mazara del Vallo si sono impossessati delle case diroccate e senza infissi e senza gabinetti e senz'acqua dell'antica casbah araba, dove zaffate profumate di cardamomo riescono ogni tanto ad aver ragione del fetore degli orinatoi.

Ma forse mai come in questo caso, nell'idea dell'igiene, del decoro, del rispetto di se stessi, si può trovare la conferma di quanto tra noi e «loro» la differenza sia solo temporale. Lo prova quanto scriveva in un rapporto del 1914 il regio ispettore dell'Emigrazione Giacomo Pertile: «La verità si è che nella maggior parte dei nostri operai non è per nulla sviluppato il sentimento della pulizia e della decenza, che le loro condizioni di vita all'estero rispecchiano fedelmente le loro condizioni di vita in patria. L'operaio che viene dalla Basilicata o dal Napoletano, dove abita in piccole, poverissime case simili ad alveari, talvolta scavate sotto terra [...]; o dalle campagne venete e lombarde, ove abita in casolari intessuti di fango e vimini; o dalle pendici alpine; [...] l'operaio, dico, che arriva da questi luoghi, ha dei bisogni limitatissimi da soddisfare; egli non sente nessuna necessità di elevarsi un po'. [...] Domandate un po' a questi operai perché vivono così male ed essi vi risponderanno invariabilmente che a casa loro vivevano assai peggio».

Quanto fossero miserabili le abitazioni a metà dell'Ottocento sull'Appennino ligure-emiliano, dal quale partivano i «birbanti» e gli «orsanti», ad esempio, ce lo racconta il cronista Jacopo Virgilio che scriveva di «tane anguste, muri che paiono impeciati, tanto il fumo li ha anneriti, niuna pulitezza, niun riguardo di salubrità; imposte senza vetri, suolo senza lastrico, giacigli orribili [...]». La resa del frumento era pessima («tre volte la semente») e l'alimento di base, per mesi e mesi, era la castagna. Ogni tanto arrivava una carestia. Allora, scrive Giovanni Baroni in una cronaca che si ferma nel 1857 ed è stata riportata (come la testimonianza di Virgilio) da Marco Porcella nel libro *Con arte e con inganno*, «non vi furono faggioli, non vi fu melliga, e non vi furono castagne a segno che chi ne solea raccogliere delle 60 mine appena [ne] ebbe una, onde pochissimi ne seccarono, e le genti perciò non solo davano di bocca e vivevano di patate ma anche di radiche di erbe, ed arivarono (come si è udito à dirsi dagli antenati, che sia stato praticato altre volte) arivarono à macinare la radice secca delle ferecce, detta ferexa, per fare del pane, ed io l'ho assaggiato. Gran calamità, gran fame».

Aveva fame l'Appennino, aveva fame il Veneto. «Un visitatore nordamericano, ad esempio, recandosi nel 1879 nei villaggi disseminati lungo il corso inferiore dell'Adige», racconta Emìlio Franzina citando l'*Avvenire del Polesine* del 4 ottobre 1879, «constatando che "i nostri braccianti [dormivano] in gran parte sotto tuguri di canne aperti all'inclemenza delle stagioni, alcuni posti sotto il livello degli scogli, quando [ebbe conosciuto] che l'acqua di cui essi si dissetavano [era] per lo più putrida e quando li [ebbe] visti cibarsi di sola polenta confezionata con malsana farina [avrebbe esclamato]: gli antichi nostri schiavi negri si trovavano a miglior partito.»

Sette decenni più tardi, la Commissione parlamentare sulla miseria del 1951 accertò che nella Bassa padana la situazione non era poi migliorata molto: «A Porto Tolle vi sono casi di 10 o 11 persone che abitano in uno stesso vano», alla periferia di Rovigo si possono trovare «due famiglie in una sola stanza», a Contarina «in 30 vani abitano 120 persone». Peggio ancora andava a Comacchio: «Il 95% delle abitazioni è senza latrina: tutte le acque di rifiuto scolano nei cortili e ristagnano a poca distanza, i rifiuti vengono gettati nei canali che sono la fogna scoperta della città. [...] Sono rare le famiglie dei braccianti che abbiano più di un vano; per cui la vita domestica si conduce nella più sordida sporcizia e nella promiscuità più scandalosa».

Per non parlare del Sud. La cui povertà, abissale nell'Ottocento, sarebbe arrivata nel secolo scorso perfino ad accentuarsi. Lo dimostra la lettera disperata inviata nel 1928 al piemontese meridionalista Umberto Zanotti Bianco dall'arciprete di Africo: «Vivono in vere tane di circa 8 o 10 metri quadrati di area, albergano e dormono quasi insieme, i genitori, i figli, il maiale, delle pecore, delle galline ed altre bestioline innominabili!... L'igiene, com'è immaginabile, non la conobbero mai. Luridi alla faccia ed alle estremità, nelle vesti o stracci penzolanti sulle carni, non potendo sedersi in casa, priva di sedie e di spazio, si vedono accantucciati per le viuzze del paese, piene di fango».

Venti anni dopo, quando per l'*Europeo* arrivò il grande Tommaso Besozzi, nulla era cambiato: «Ad Africo, per quanto sia in una conca riparata, a soli 500 metri di altitudine, a breve distanza in linea d'aria dalla costa jonica, il grano e la vite non crescono. Non c'è acqua né luce elettrica; non ci sono botteghe né locande; la gente mangia un pane color cioccolata, fatto di farina di lenticchie selvatiche; le abitazioni, tolte pochissime, sono di un locale solo, e la vivono assieme uomini e bestie. Ad Africo esistono solo tre case provviste di latrina e ci sono solo tre persone che posseggono un ombrello. Ma, essendo le strade del paese troppo strette perché ci si possa aprire un ombrello, se ne debbono servire unicamente quando vanno a Bova o a Motticelle. Le mucche, in ogni stagione, vagano libere per la montagna e nessuno le segue, perché non danno latte. I pastori, per accendere il fuoco, battono la pietra sull'acciarino. La maggioranza degli uomini veste di un orbace molto rozzo, tessuto dalle donne nei mesi invernali; portano le brache corte ed usano una sorta di cioce ricavate da vecchi copertoni d'automobile. Non hanno vino, né formaggio, né olio, né ortaggi. La terra non dà frutto. L'anno scorso ci fu uno che dissodò un campo nuovo e provò ancora una volta a seminarci grano: ne seminò 32 chili, ne raccolse 34».

Non bastassero le foto straordinarie scattate allora nel paese calabrese da Tino Petrelli o da Fulvio Roiter nelle miniere di zolfo siciliane, dove i minatori lavoravano nudi sottoterra per 580 lire al giorno (il prezzo di tre etti di salame), l'immagine del Sud emerge con accecante chiarezza dalla citata Commissione sulla miseria del 1951. La quale disse che «viveva nel Mezzogiorno gran parte delle 869.000 famiglie italiane che non consumavano mai né carne, né vino, né zucchero. Il lusso maggiore era la carne: il 38,2% degli italiani non la mangiava mai. Quanto allo zucchero, le famiglie che ne consumavano più di 20 grammi al giorno (due cucchiai) non arrivavano al 49%.

Ma più di ogni altro numero, parlano le statistiche sulla mortalità infantile. Così alta (in certi anni alla fine dell'Ottocento il 48% dei decessi riguardava piccoli con meno di 5 anni) che nei decenni in cui cominciò la grande emigrazione, l'età media in cui gli italiani morivano era sotto i 7 anni. Colpa della fame, che spingeva i genitori delle zone vinicole a integrare la poverissima alimentazione basata sulla polenta con le calorie del vino, col risultato che ai primi del Novecento secondo *La Rivista Veneta di scienze mediche* nella sola provincia di Venezia su 12.000 scolari delle elementari 9000 bevevano regolarmente vino e la metà ne abusava. Colpa delle condizioni igieniche che oggi ci sembrano impossibili.

«I nostri stracci, i nostri costumi di gente senza esigenze, di zingari che si contentano di rosicchiare porco salato, o peggio, formaggio, o peggio ancora, cipolla e pane, che si adattano a cacciarsi di notte in tre, in quattro, in dieci entro la medesima stamberga», diceva l'opuscolo socialista *Raccomandazioni agli italiani che si recano in Isvizzera*, «ci hanno procurato all'estero una triste nomea. Nella Svizzera romanda ci chiamano *macarony*, nella tedesca *cinch*, in Francia ci gridano dietro *crispy*, in ogni paese quando ci vedono passare si stringono nelle spalle e dicono: "*Les italiens*".»

Non era solo miseria. In Germania ad esempio, scrive Pertile, «potrebbero abitare molto meglio i numerosi operai occupati nelle miniere, nelle acciaierie, nelle ferriere della Lorena poiché qui le abitazioni non sono per se stesse né indecenti, né scomode: chi le riduce tante volte a veri porcili sono gli operai italiani». I quali «foggiano la loro vita all'estero su quella ch'essi conducevano in patria. Solamente dopo alcuni anni molti cominciano a sentire l'influenza dell'ambiente che li circonda e divengono migliori».

Oltre alla miseria, il problema era culturale. Nessuno, in assoluto, era ignorante allora quanto l'emigrante italiano. «Dal 1860 ci sono stati 33 ministri della Pubblica Istruzione, ciascuno desideroso di distinguersi rovesciando l'opera del predecessore. Il danaro è stato lesinato; e lo Stato e i Comuni, prodighi in ogni altra cosa, hanno fatta economia nel più fruttifero degl'investimenti nazionali», scrivevano nel 1901 H. Bolton King e Thomas Okey in *L'italia di oggi*. «Il parlamento, che ha profuso milioni in spese militari e in lavori pubblici improduttivi, dà alle scuole la parte loro con mano avara. Ha strozzato le scuole serali, ritirando i suoi sussidi, e ha soppresso le scuole reggimentali, che un tempo insegnavano a leggere e a scrivere quasi a ogni coscritto.»

«Certi Comuni», proseguivano indignati, «possono trovar modo di costruire case comunali, sussidiare teatri, elevare monumenti e spendere per luminarie e fuochi artificiali», eppure «non si vergognano di alloggiare le loro scuole in stalle e lasciano che i maestri attendano il loro meschino stipendio...» Morale: nonostante qualche progresso, «la percentuale della popolazione frequentante scuole di ogni genere era dell'8,2 nel 1895, mentre alla stessa epoca in Inghilterra e nel Galles era del 17,5, in Francia del 16, in Prussia del 15,6 e perfino in Spagna del 10,5. Ammettendo che l'analfabetismo delle reclute sia più basso di quello di ambedue i sessi insieme, fra i due quinti e la metà della popolazione è ancora analfabeta; e nel Mezzogiorno la proporzione passa almeno i tre quarti».

Nessuno stupore. Spiega nel 1906 Ernesto Nathan in *Vent'anni di vita italiana attraverso all'"Annuario"* che agli albori del Novecento la Spagna spendeva per l'istruzione il 4,4 del suo Pil, l'Austria il 4,7, la Prussia il 5,8, la Francia il 6,1, la Baviera il 7,5, la Gran Bretagna il 10,1 e l'Italia il 2,8. Un settimo, a testimonianza di una scelta scellerata da parte dei Savoia e di tutti i governi dell'epoca, di quanto spendeva in cannoni, corazzate e armamenti vari.

Risultato: «Fra gli emigranti italiani negli Stati Uniti la percentuale dell'analfabetismo è del 46, mentre quella dei tedeschi è minore del 3». Un distacco abissale. Che quasi automaticamente impediva ai nostri di rendersi conto fino in fondo delle condizioni di assoluto degrado igienico, sanitario e spesso perfino morale nel quale vivevano. In quella che oggi è l'opulenta campagna di Padova, l'ingegnere capo del municipio stimava nel 1877 che su 3187 case coloniche del circondario (ma nella Bassa la situazione era ancora peggiore) poco meno di un migliaio (942) erano casoni. Cioè capanne dai muri a secco foderati di canne, col pavimento di terra battuta, il tetto di paglia e un focolare (senza camino) in mezzo all'unica stanza. Poteva accorgersi, chi era nato e cresciuto in uno di quei casoni oggi così pittoreschi, di certi abbrutimenti?

Eppure, guardando le cose coi nostri occhi di oggi, lo choc avrebbe dovuto esser tremendo già al porto di Genova. «Non era raro vedere centinaia di famiglie sdraiate promiscuamente sull'umido pavimento, o sui sacchi, o sulle panche, in lunghi stanzoni, in sotterranei, o soffitte miserabili, senz'aria e senza luce, non solo di notte ma anche di giorno. Le derrate vendute a prezzi favolosi non sfamavano mai gli infelici», scrive nella sua *Relazione sull'operato della missione del porto di Genova dal 1894 al 1898 e sui due viaggi al Brasile* padre Pietro Maldotti, che al porto ligure cercava di arginare le angherie inflitte ai poveretti i quali, con la morte nel cuore di chi ha venduto tutto e magari è stato anche truffato sul biglietto o sulle provviste come oggi lo sono dagli scafisti i curdi o i ghanesi, attendevano di salpare.

Quali fossero i numeri ce lo dice il libro *Dalla frontiera alle Little Italies*, di Robert F. Harney: «Tra gli italiani entrati in Canada legalmente nel 1906-1907, più di 3800 su 4400 maschi erano classificati come lavoratori manuali. Solo 34 immigranti erano classificati come impiegati o commercianti. Il rapporto tra i passeggeri di terza classe e gli altri era di 5000 a 17». In prima classe, ricorda Ulderico Bernardi che per il suo *Addio Patria* ha recuperato perfino il menù della *Champagne* (che da Le Havre andava a New York, portando a pieno carico, nel 1889, 614 passeggeri di cui 74 ospiti in prima e seconda e 540 stivati in terza), si mangiava «potage al madera, petite paté aux truffes, salmone in salsa olandese, filetto di bue Renaissance, asparagi bianchi, pommes brioches, sella d'agnello arrosto, tacchino aux cressons, gâteau Madeleine, glace vanille, dessert». In terza avevano un sacco-materasso imbottito di paglia e un orinatoio ogni cento persone.

«Ma chi l'ha detto che in terza classe, / che in terza classe si viaggia male? / Questa cuccetta sembra un letto a due piazze / ci si sta meglio che in ospedale», canta amaro e ironico in *Titanic* Francesco De Gregori. In realtà erano davvero viaggi di «dolore e spavento». Si legga la testimonianza lasciata nel 1908 da T. Rosati in *L'assistenza sanitaria degli emigrati e dei marinai*: «L'emigrante si sdraia vestito e calzato sul letto, ne fa deposito di fagotti e valigie, i bambini vi lasciano orine e feci, i più vi vomitano: tutti, in una maniera o nell'altra, l'hanno ridotto dopo qualche giorno a una cuccia da cane. A viaggio compiuto, quando non lo si cambia, ciò che accade spesso, è lì come fu lasciato, con sudiciume e insetti, pronto a ricevere un nuovo partente». Ogni tanto scoppiava un'epidemia di colera, come quella che colpì nel 1884 la *Matteo Bruzzo*, la quale, all'arrivo in Uruguay dopo che il virus aveva seminato la morte tra 1333 disperati, fu respinta dalle autorità portuali.

Mesi dopo navigazioni da incubo, arrivavano al paese lettere come quella di Bortolo Rosolen pubblicata da Emilio Franzina in *Merica! Merica!*: «Il viaggio è stato molto pesante, tanto che per mio consiglio non incontrerebbe tali tribolazioni neppure il mio cane che ho lasciato in Italia. [...] Piangendo li descriverò che dopo pochi giorni si ammalò tutti i miei figli e anche le donne. Noi che abbiamo condotto undici figli nell'America ora siamo rimasti con cinque, e gli altri li abbiamo perduti. Lascio a lei considerare quale e quanta fu la nostra disperazione che se avessi avuto il potere non sarei fermato in America neppure un'ora».

Solo dopo un'eternità, per esempio, i parenti ebbero notizie dell'arrivo a Sydney, l'8 aprile 1881, a 369 giorni dalla partenza da Barcellona, dei sopravvissuti del tragico viaggio di trevisani che, truffati dal marchese Charles du Breil de Rays, erano stati falcidiati via via dalla morte di gran parte dei vecchi e dei bambini. La cronaca del *Sydney Morning Herald* diceva: «Tra i ponti della nave, che è un rottame, varie donne giacciono moribonde, divorate dalla febbre. Due di esse sono giovanissime, tra i diciotto e i venti anni. Una mi ha mostrato un bimbo in fasce che era un piccolo scheletro vivente, sul punto di irrigidirsi nella morte. [...] La morte falcia ogni giorno questi sventurati. [...] Una donna abbandonata su un giaciglio infestato da cimici e da pulci...».

Né era molto migliore il viaggio di chi raggiungeva la sua nuova patria, spesso ostile, in treno. Ancora Ulderico Bernardi, che ha studiato a fondo l'esodo dal Veneto, spiega che dopo poche ore ogni vagone «s'era trasformato in uno stanzone d'osteria, pieno di fumo di tabacco. [...] Un filò viaggiante, con sentore di carbone dalla vaporiera e odori umani mischiati. L'aria sapeva di salame all'aglio, di polenta abbrustolita, di vino forte, di vestiti impregnati di sudore e di qualche esalazione pesante. Ma questa gente non ci faceva caso, adusata com'era agli afrori dello stallatico, nell'aria spessa delle veglie invernali, stretti per ore e ore intorno al calore animale di mucche, manzette e vitelli».

Gli altri sì, ci facevano caso. Soprattutto gli svizzeri. Scriveva nel 1927 in *Erinnerungen und Erlebnisse* [Avvenimenti e ricordi] Angelica Balabanoff, una socialista russa molto legata al nostro paese, che gli italiani «già nella loro patria vengono caricati come bestiame su vagoni particolarmente sporchi e al confine vengono fatti salire in vagoni che, come gli atri di alcune stazioni, recano la scritta: "Solo per Italiani!". Ciò significa che si vuole fare in modo che nessun altro passeggero viaggi o venga in contatto con i lavoratori italiani».

Dentro questi vagoni, secondo la stampa dell'emigrazione socialista e cattolica, scrive nel suo *Emigrazione italiana a Basilea* lo storico metà svizzero e metà italiano Peter Manz, le condizioni di viaggio erano «più che precarie: "Queste falangi di poveri compaesani", "affastellati nei vagoni" come "in gabbia", si sarebbero spostate in vetture caratterizzate da "un putiferio del diavolo", da "un parapiglia di valigie e di sacchi", come pure da "un vociare assordante e villano". Altre immagini colte all'interno di questi vagoni per emigranti confermano il quadro di superaffollamento, di confusione e di disagio: gli operai italiani, "mezzi briachi dal sonno, sporchi di fumo e caligine", sarebbero giunti così a destinazione stanchi, marcati in modo vistoso dalle pessime condizioni di viaggio, scendendo dalle carrozze particolarmente provati, curvi sotto i sacchi dei loro poveri panni».

Perché dessero meno fastidio agli occhi schifiltosi degli svizzeri, li facevano arrivare di notte. Ma non bastava. I poveracci dovevano chi aspettare una coincidenza, chi un amico che li andasse ad accogliere. Potevano rimanere lì ore e ore, e le proteste erano tante che di rimando si lagnava anche il console italiano. Che sbuffava contro questi connazionali «troppo numerosi e per giunta carichi di bagaglio a mano» e incapaci di rinunciare, «in questo paese avvezzo alla pulizia e all'ordine», al «consueto vezzo di fumare, sputare e schiamazzare». Al punto che, scriveva *L'Avvenire del lavoratore,* «sono trattati peggio degli zingari e non li vogliono nemmeno nelle sale d'aspetto di terza classe». Con modi bruschi, precisa il giornale, i poliziotti li pigliavano e li buttavano fuori, prendendoli «per il colletto».

Nel marzo 1898 il Dipartimento federale, spiega Manz, dirotta i nostri emigrati, osteggiati dalle autorità ferroviarie, in un locale sotterraneo della stazione: «Una particolare sala d'aspetto con ristorante per il soggiorno di lavoratori italiani in transito durante il giorno, con lo scopo di separare gli italiani, ritenuti molesti, dagli altri passeggeri sistemati nelle sale d'aspetto ordinarie». Costoro infatti, s'indigna il commissario generale dell'Emigrazione Giuseppe De Michelis, autore nel 1903 de *L'emigrazione italiana nella Svizzera,* «si lamentavano [...] di essere mischiati a quella folla. Ora, quando i treni arrivano, i nostri operai vengono incanalati verso il loro reparto e restano laggiù, come in un lazzaretto».

Ma non bastava ancora. Gli svizzeri, nonostante gli italiani venissero di fatto reclusi in stanzoni sempre più decentrati, si lagnavano con denunce e petizioni perché i poveretti in transito uscivano a prendere un po' d'aria nonostante fosse loro vietato, si lagnavano perché «bivaccavano» nei dintorni «infastidendo talmente i passanti da suscitare giustificate proteste», si lagnavano perché talora cantavano, si lagnavano perché giocavano a carte. Ogni tanto, a essere trattato così, c'era chi si ribellava. Come un gruppo di 500 piemontesi diretti verso un porto del Nord Europa per andare in America. I quali, costretti a un'interminabile sosta, come scrive Jack Thommen in *Die Passerelle,* «al secondo giorno tentarono con la forza di superare gli angusti limiti del recinto per passare in città un giorno d'allegria» e furono bloccati dalla polizia che si mise a sparare in aria.

Cosa significasse restare bloccati per ore o per giorni là dentro, in quelle sale d'aspetto solo per italiani, lo lasciamo dire agli ispettori che visitarono l'*Italianerwartsaal* nell'estate 1911: «Già sulla scala ci venne incontro un'aria calda e puzzolente proveniente dalla sala che si trovava nel sotterraneo. In questo locale la situazione era insostenibile e molti italiani erano stesi sulle panche completamente vestiti, sudati e maleodoranti». E ancora: «Tutto il locale [era] molto sporco. Carta, bucce d'arance, resti di cibo d'ogni genere, pelli di salumi ecc. erano sparsi in gran quantità sulle panche, sui tavoli e soprattutto sul pavimento. I servizi igienici adiacenti erano particolarmente sudici. Le tazze dei gabinetti erano in parte stracolme di carta e di feci; le tavolette dei water erano molto sporche e sul pavimento si trovavano masse di feci poiché i servizi igienici non venivano più usati dalle persone che invece defecavano sul pavimento».

Ci passò anche monsignor Geremia Bonomelli che, come ricorda ancora Manz, raccontò d'aver trovato «uno stanzone tetro, buio, umido. Non riceve luce che da tre o quattro aperture a fior di terra, coperte da inferriate. Io scesi per la scala e mi trovai in una specie di bettola, direi quasi di caverna, ripiena di operai, in cui l'odore acre di liquore, di vino, di fumo, di tabacco e l'aria grave, nauseabonda, facevano sentire il bisogno di risalire subito. [...] "E i nostri operai stanno in questo androne, vi passano anche la notte aspettando i treni?" "Sì, sì, stanno qui", mi risposero a coro i vicini. "E gli svizzeri non rare volte vengono là sopra (e mi indicano le aperture della via), ci guardano, scuotono la testa e ridono. Sa cosa dicono? Dicono: ecco gli zingari d'Italia"».

Ce l'avevamo cucita addosso, questa fama di «sozzoni». Né si può negare che spesso, per quanto tutto vada inquadrato nel momento storico, ce l'andavamo a cercare. Lo riconosceva la stessa stampa anarchica come *Il Risveglio*, che nel novembre 1904 scriveva che i manovali di una compagnia che lavoravano a qualche infrastruttura in mezzo a un bosco «hanno costruito una baracca per non avere da pagare l'alloggio e dormono per terra, in mezzo alle immondizie, come maiali». E se qualche razzista nostrano vuol raccontare a se stesso che si trattava di «terroni», se lo tolga dalla testa: in quel momento, lì in Svizzera, erano quasi tutti veneti, piemontesi, lombardi, liguri, emiliani...

Le descrizioni dei posti in cui dormivano i nostri, del resto, sono incredibilmente simili da un capo all'altro del pianeta. «A Sablon, presso Metz, visitai [...] alcune stanze a pian terreno che sembravano stalle, e tali devono essere state un giorno, dove, secondo quanto mi era stato detto, dovevano abitare circa cinquanta operai italiani. Non aria, non luce; il letto consisteva anche qui in un vecchio pagliericcio indecente. L'aria era umida, corrotta, fetente, irrespirabile; solamente degli animali potevano vivere là dentro», racconta Giacomo Pertile. «A Bochum, in Vestfalia, trovai [...] circa cento operai di un paese degli Abruzzi che dormivano su un po' di paglia sparsa sulla nuda terra, come si usa per gli animali; a Essen esistono ancora due baracche, dove gli operai, tutti degli Abruzzi, dormono in casse di legno allineate per terra, nelle quali ci sta un po' di paglia con uno straccio nero che serve da coperta, e un altro che serve da lenzuolo. E quando alla mattina, nella semioscurità dei primi albori, questi operai sollevano il capo dalle loro casse, essi destano, in chi li vede per la prima volta, la macabra idea di una schiera di morti che risorgono dalle loro bare.»

«È con un senso profondo di umiliazione che mi accingo ad occuparmi di questo argomento», sospira De Michelis. «Ricordo lo spettacolo a cui assistei, visitando di notte le camere degli italiani nel villaggio di Naters, poco tempo dopo l'inizio dei lavori del Sempione. Allora scrissi: "Sono stanzuccie terrene, già adibite come ripostigli o stalle; basse di soffitto, umide tutte, alcune con filtrazioni delle vicine latrine, attorniate quasi sempre da quei *fumiers* (concimai) tanto spesso indecenti nei piccoli villaggi del paese. In quelle stanze dormono da otto a dieci, venti operai... due o tre per letto". Ma quello che allora [...] ignoravo, era che in quegli stessi letti, a una mezz'ora di intervallo, dormivano in egual numero e nello stesso modo altrettanti operai appartenenti alla squadra di minatori a cui i primi dormienti avevano dovuto succedere nella galleria!»

«Cose vecchie!», dirà qualche razzista nostrano. «Altri tempi!» Rileggiamo allora cosa raccontava alla fine di marzo 1964 a Silvio Bertoldi, di *Oggi*, Tarcisio Carlet che era arrivato a Zurigo da quel Veneto che in quegli anni già vedeva il boom delle calzature di Montebelluna, la nascita della Luxottica di Leonardo Del Vecchio e il primo negozio in franchising dei Benetton: «Gli appartamenti non ce li vogliono dare. Dove ci sono alloggi sfitti c'è spesso il cartello: "Non si accettano italiani". Quando si telefona, appena sentono di dove siamo mettono giù il ricevitore, senza spiegazioni. Si passano settimane e settimane a girare e a chiedere, invano, disposti a qualsiasi sacrificio pur di ottenere un buco. Gli affitti sono alti. Una cameretta si paga 25 o 30 mila lire: e beato chi riesce a metterci le mani! A noi italiani danno le cantine, i pollai, le stamberghe per gli attrezzi. Avrete letto sui giornali queste cose. Poi, quando le autorità li scoprono, li arrestano. Ma intanto ci sono stati degli italiani sfruttati così. Si lamentano perché siamo sporchi, perché lasciamo le camere come delle stalle, quando ce ne andiamo. Si lamentano perché in una camera gli italiani vanno a starci in sette od otto. Si lamentano perché i bambini gridano, devastano, lordano i muri. Dicono che, dove ha abitato un italiano, i danni sono maggiori del guadagno ricavato. Per essere sinceri qualche volta hanno anche ragione».

In Belgio, dice ad Abramo Seghetto in *Sopravvissuti per raccontare* l'udinese Umberto Feletig, lui pure umiliato dai cartelli di «affittasi» che intimavano «*Etrangers, s'abstenir*» [Gli stranieri si astengano], i minatori italiani nel secondo dopoguerra vivevano «come nei pollai». In dormitori chiamati «cantine» che a volte erano immensi, spesso avevano due soli cessi per 1800 persone, come quello in cui finì Antonio Ciscato, quasi sempre erano luridi. A Flenu ce n'erano due, di cantine. E Giuseppe Sanson, un trevisano che arrivò lassù non molto tempo fa da quella San Vendemiano oggi nota per Alex Del Piero e la ricchezza pro capite, finì nella peggiore: «Eravamo in 120-130. La cantina era della società delle miniere, e gestita da un solo cantiniere. [...] Il mangiare era deplorevole, le stanze e la pulizia erano qualcosa di spaventoso. [...] I gabinetti non funzionavano ed erano sempre sporchi. Le lenzuola erano fatte lavare dal cantiniere ogni quindici giorni».

L'europarlamentare leghista Mario Borghezio sale oggi sui treni con le bombolette di disinfettante perché «le nigeriane e i loro giganteschi gigolò spesso appoggiano i loro piedi nudi e maleodoranti sui sedili, fanno operazioni di toeletta personale anche podologica e divorano i cibi imbrattando i convogli». Ma dormirebbe uno dei nostri extracomunitari di oggi nelle lenzuola cambiate ogni due settimane di un letto usato insieme da due o tre minatori che diventavano spesso quattro o sei con la rotazione dei turni? Eppure così dormivano i nostri nonni, fino a pochi decenni fa. Tanto che in Svizzera un rapporto di polizia del quartiere di Spalen trovato da Manz diceva che per risparmiare i nostri dormivano sempre nello stesso letto in due, «alla maniera italiana». E in Inghilterra la rivista medica *Lancet* pubblicava un dossier secondo il quale, come ricorda Lucio Sponza, «il sovraffollamento e la sporcizia tra gli italiani erano presentati come il loro stile di vita naturale». Diceva infatti: «Gli italiani sono alloggiati miseramente, stretti assieme quattro o cinque per letto, quando ne hanno uno in cui dormire. [...] Per loro la parola "casa", così sacra alle orecchie degli inglesi, non ha nessun significato e per loro la decenza, la pulizia e la modestia sono cose inimmaginabili». Insomma: «Aderiscono al loro innato amore per il sovraffollamento, l'aria viziata e la sporcizia».

Questa storia del letto multiplo è confermata da Giacomo Pertile anche a proposito dei «bordanti»: «Un sentimento di profondo disgusto c'invade [...] quando noi entriamo in una casa abitata da molti operai pensionanti, ove tutto è sporcizia e disordine. Molti operai conducono la moglie e la famiglia all'estero allo scopo di tenere pensione per coloro che sono soli. Essi affittano una grande casa, comprano dei letti di ferro e dei pagliericci e [...] prendono in alloggio presso di sé quindici-venti e più operai. [...] Nel bacino minerario della Lorena le abitazioni, salvo qualche rara eccezione, sono così indecenti, così sporche, così disaggradevoli che, messe a paragone con quelle degli abitanti del luogo, sembrano porcili. Un odore acre e nauseante si solleva da ogni angolo della casa; talvolta vicino all'abitazione, se non nell'abitazione stessa, vengono allevati porci e galline; i solai e i pavimenti sono ricoperti da uno strato di terra o di fango; anche le abitazioni migliori vengono ridotte a delle vere stalle.

«Né migliori delle loro case sono le loro osterie, e i loro caffè, nei quali pure regnano sovrani la sporcizia e il disordine. Gli operai dormono [...] in due per letto, in letti che sono fatti per una sola persona. [...] Manca in modo assoluto la biancheria che è sostituita da coperte di colore molto oscuro, che non permette di vedere quando esse sono sporche. Avviene talvolta che i letti non divengono mai freddi, poiché i posti occupati da coloro che lavorano durante il giorno vengono tosto occupati da coloro che lavorano durante la notte. Così il medesimo letto serve a quattro persone».

Un tale abbrutimento igienico, spiega lo stesso Pertile, non poteva avere che una conseguenza. L'abbrutimento morale: «In alcuni di questi alloggi si nota talvolta una depravazione orribile, poiché non è raro il caso che la baccana», cioè la donna che tiene «a bordo» i pensionanti, «divenga l'amante e la concubina di tutti gli operai abitanti nella sua casa, ai quali concede i suoi favori a turno». Di più: visto che l'ostessa «non sarebbe da sola bastevole ai bisogni», ecco che «gli intraprendenti "baccani" vanno a raccattare ovunque, e specialmente nelle vie meno frequentate della città, delle ragazze, che essi tengono poi presso di sé in qualità di domestiche, ma che in realtà non sono che delle volgari prostitute, con le quali essi esercitano la prostituzione clandestina. E così essi soddisfano ai desideri degli operai.

«Se un operaio ha delle figlie un po' bellocce», continua l'ispettore dell'Emigrazione, «apre subito un'osteria o un caffè con la certezza di fare buoni affari, vendendo, assieme alla birra e ai liquori, anche l'onore delle stesse. Se la moglie e le figlie non sono sufficienti per accontentare tutti gli avventori, egli prende al suo servizio una o due serve [...]. L'impressione che si riceve dalla visita di questi lupanari è delle più disgustose».

Il risultato finale era scontato: tutte queste «meretrici più sozze, dipinte, incipriate, infarinate, maschere grottesche di una gioventù già da lungo tempo trascorsa», finivano per «avvelenare l'animo e il sangue». Le condizioni sanitarie dei nostri nonni, per mesi e anni soli, lontani da casa, emarginati dentro realtà ostili, esclusi da ogni contatto dall'ignoranza della lingua locale, costretti a dormire e a mangiare in situazioni di assoluto degrado, erano pessime. In alcuni casi, come in Lorena, giura Pertile, «addirittura spaventose. Tutti i medici da me interrogati, circa una trentina, sono d'accordo nel ritenere che le malattie veneree, e specialmente la sifilide, la gonorrea e l'ulcera molle, hanno preso tra gli operai italiani una diffusione che incute spavento. [...] Le malattie veneree di minor conto, poi, sono tanto nel Lussemburgo quanto nella Lorena talmente diffuse da colpire circa l'80% dei nostri operai».

Per non parlare dell'alcolismo. Che dominò ovunque, nell'Ottocento come nel Novecento, in Australia come in Brasile. Scrive nel 1899 Giuseppe Prato su *La Riforma sociale* che in Inghilterra «l'alcolismo regna sovrano nelle classi dei musicisti itineranti [...] accompagnato da una non repressa passione per il gioco d'azzardo, una precoce perversione sessuale, una sistematica e invincibile avversione per le più elementari norme igieniche, l'inconsapevolezza e una specie di cinico orgoglio della degradazione in cui sono caduti». Ricorda il minatore padovano Antonio Ciscato in *Sopravvissuti per raccontare* che in Belgio «quando ci si trovava in cantina, si vedeva che la maggior parte degli operai invece di mangiare e bere, spendeva i propri soldi solo nel bere».

Quanto a New York, torniamo alla testimonianza di Adolfo Rossi: «Sotto i cortili interni dei *tenement-houses* [casermoni] più ributtanti vi sono certe cantine (*basements*) scure e mefitiche, illuminate da una lampada a petrolio dove si balla e si beve la birra a buon mercato. Se non si è del quartiere è pericoloso avventurarsi senza essere accompagnati da un *police-man* in quelle catacombe del vizio e della abbiezione. La birra cattiva si acquista in questo modo. Il proprietario [...] compera ogni giorno a vilissimo prezzo, spesso l'ha per nulla, dalle birrerie più vicine, la birra rimasta in fondo ai barili la sera innanzi. [...] Così gli avanzi delle birrerie e le scolature dei barili sono la bevanda che si spaccia nelle suddette cantine. È un liquido rossastro, amaro, nauseante, che ubriaca guastando lo stomaco e che mette sempre nuova sete in chi è capace di inghiottirlo».

CAPITOLO CINQUE

DONNE PERDUTE NEI BORDELLI DEL CAIRO
La tratta delle bianche e il business prostituzione

Via del Paradiso alla Salute: doveva essere stato il Demonio a scegliere per i suoi bastardi quella strada del rione Mater Dei, nel cuore della vecchia Napoli. Perché era da lì che decine e decine di poverette furono mandate all'inferno: i bordelli dell'Africa orientale. Lo denunciò nel 1881, su *Il Dovere*, Antonio Fratti, un garibaldino che sarebbe poi morto a Domokos per la libertà della Grecia. E la denuncia era così precisa da essere raccolta da Raniero Paulucci de Calboli, il delegato italiano alla Conferenza di Parigi del 1902 sulla «tratta delle bianche». E rilanciata in un appassionato e documentato saggio sulla *Nuova Antologia*, in cui lo stesso Paulucci si scagliava furente contro quel «losco ufficio d'emigrazione napoletano» che faceva «tratta regolare di ragazze per l'Egitto». Dove chiedevano, stando alla corrispondenza sequestrata, «fanciulle bionde e di esile corporatura».

Come si chiamassero quelle sventurate, quanti anni avessero e come fossero state adescate non si sa. Si sa qual era il loro destino: la deriva dai bordelli di lusso a quelli di seconda classe e poi di terza e poi di quarta e giù giù sempre più sfatte e scavate dalla sifilide fino alle bettole, alle baracche, agli angoli più luridi dei suk impestati dalle friggitorie di polpette di miglio, finché la morte non avesse avuto pietà di loro. E si sa come si chiamavano alcune di quelle che per i lupanari arabi s'imbarcarono da Brindisi nel 1875. Lo dice un rapporto prefettizio trovato da Marina Sindaco, autrice di *Lanterne rosse bolognesi*: Caterina Moro era di Villaco, Ida Panizza di Milano, Maria Viviani di Padova, Maria Salimberni di Firenze. Pace all'anima loro.

Non si facevano certo scrupoli, i nostri trafficanti di donne. Basti leggere la lettera del 19 ottobre 1905, recuperata dalla ricercatrice Barbara Maggiolo, con la quale il ministero degli Esteri invitava quello dell'Interno a stare allerta. Il console italiano in Egitto, «denunciando il penoso stato delle cose e il numero sempre crescente di uomini e donne italiane presenti in Egitto che vivevano con la prostituzione», aveva riferito infatti che «alcuni speculatori appartenenti alla numerosa classe dei lenoni e degli sfruttatori di donne», approfittando del disastroso terremoto del 1894 in Calabria «e della conseguente miseria di quei luoghi», si disponevano «a indurre giovani donne e fanciulle calabresi a emigrare in Egitto colla speranza di essere collocate a servizio, ma in realtà per essere gettate nella malavita».

Diceva il *Journal du Caire* del 23 luglio 1902 che l'Egitto era «lo sbocco favorito dei prossaneti internazionali» e purtroppo, sottolineava Paulucci de Calboli tornando alla carica in settembre con un nuovo saggio su *Nuova Antologia*, «per la merce italiana». La conferma era venuta dai processi contro certi trafficanti dai quali era emerso, «dando pure dolenti ragguagli sulle nostre compatriote chiuse nelle case di prostituzione», che anche i bordelli erano gestiti da italiani. Di più: «Nuova forma di emigrazione assunta dalla tratta per l'Egitto (e anche per la Turchia) sarebbe quella delle nostre giovani artiste reclutate e speditevi quasi in pacco postale da Napoli e da altri porti italiani». Commento: «Non è l'arte del canto che darà loro da vivere!».

Ma non bastava: «Informazioni complementari favoriteci da Alessandria ci narrano la triste odissea delle nostre donne e le arti dei mediatori per la libera introduzione della merce. Le disgraziate vengono soprattutto da Tunisi, dove pare esista un traffico regolare di passaporti» messo su da un italiano. «Le indicazioni forniteci per Alessandria ci danno i nomi e i cognomi degli agenti e delle loro socie di questo commercio che è esercitato con filiali, con rappresentanze e con commessi viaggiatori.» Tutto senza badare troppo, s'intende, all'età delle poverette: «Ci è ingrato dover notare che nelle case malfamate di Alessandria [...] vi sarebbero tuttora molte minorenni italiane, condotte in Egitto senza passaporto ed ivi vendute dai soliti mercanti».

Passaporti falsi, rete internazionale, barche di scafisti, carichi di clandestini. Tolto il Giappone (dove preferivano le russe), la Russia (dove erano ricercatissime le francesi, le sole che rivaleggiavano sul mercato internazionale con le italiane), il Transvaal sudafricano (dove anche i boeri volevano il cosiddetto *article de Paris*) o l'India (anche se esisterebbero tracce di italiane perfino nei lupanari di lusso di Bombay), ci siamo venduti le nostre donne, le nostre bambine e i nostri bambini a tutti. In linea del resto, come si è visto a proposito della formazione degli stereotipi nella letteratura, con una tradizione consolidata.

Molto tempo prima che Umberto Bossi barrisse che «cosche malavitose extracomunitarie stanno trasformando l'Italia in un grande bordello», sbraitasse che «vogliono usare l'Europa come cavallo di Troia: passi per il cavallo ma la troia no» e annunciasse che «un milione di prostitute clandestine» erano pronte a «spacciarsi per colf ed esser regolarizzate» col risultato che «un milione di puttane si guadagneranno la medaglia di collaboratrici domestiche continuando a battere il marciapiede», le italiane si erano già fatte una certa fama. Riassumibile in una battuta di lord Byron, riportata in *Sultry Climates*: «Alcune di loro sono contesse e altre mogli di calzolai, altre nobili, alcune del ceto medio, altre dei ceti bassi e tutte puttane». Tesi insultante, insopportabile, razzista. Ma in qualche modo confermata un secolo dopo, tra pudori e rossori, dalla rivista *La Voce della Verità* del 29 luglio 1902: «Dal congresso internazionale contro la tratta delle bianche sembra venuta fuori la statistica che assegna all'Italia il primato vergognoso».

A leggere che Paul Bourget, un moralista francese, aveva scritto in *Outremer* che «a Nuova York gli italiani vendono le loro donne ai cinesi che abitano l'attiguo quartiere», Paulucci de Calboli s'indignava. Ma per precisare: «La gravità del male è di per sé troppo palese senza bisogno di queste aggiunte». Spiegava infatti, fornendo numeri che gelano il sangue, che «già fin dal 1873 il *New York Times*, e più tardi, nel 1885, il *Philadelphia Times*, calcolavano a 80.000 i fanciulli italiani d'ambo i sessi appartenenti a quella categoria di girovaghi da cui escono i delinquenti e le prostitute». Non è un errore di stampa: ottantamila. E aggiungeva che le bambine «erano spinte allora nella via del vizio dai loro connazionali, dai famigerati "padroni"».

Ovvio. Perché andare per il sottile se perfino il regolamento voluto nel 1860 da Cavour consentiva alle adolescenti di sedici anni di iscriversi come ospiti dei bordelli? E se addirittura le nuove regole emanate nel 1888 da Francesco Crispi erano destinate a veder presto aggirato il divieto di «assumere» ragazze con meno di ventun anni purché la scelta di vendersi in un lupanare fosse esplicitata «spontaneamente»?

L'adescamento, racconta Paulucci, avveniva allora nelle contrade italiane come in Ghana o in Moldavia oggi: «Erano avvisi pubblicati da giornali, promesse fatte a voce o per lettere, di posti di istitutrici, di cameriere, di bambinaie a condizioni particolarmente vantaggiose, e sempre a viaggio pagato. Nella rete tesa alla loro ingenuità cadevano le misere, che sciolte dai lacci erano gettate nelle cupide braccia della prostituzione. Alcuni grandi porti dell'Atlantico, del Baltico e del Mediterraneo assumevano il tragico aspetto che avevano al tempo di Erodoto i mercati della capitale della Caldea, dove convenivano da ogni paese convogli di capi di bestiame umano».

E quale era, stando alla drammatica denuncia del filantropo Ferdinand Dreyfus davanti alla Société des prisons nel 1902, il porto «più importante per l'imbarco della merce destinata all'America del Sud»? Genova. Lì stava la maggior parte degli «scafisti» di allora. Impegnati, per usare ancora le parole di Paulucci de Calboli, in una tratta «quasi calcata su quella dei negri. [...] Come una volta sulle piazze d'Angola, del Capo Verde o di Minas era diverso l'articolo preferito dal consumatore orientale e occidentale, e mentre vi erano paesi che chiedevano esclusivamente schiavi Fetits e Kredjés, ve n'erano altri che per ragioni differenti non volevano che l'"ebano" dell'Ousagara e dell'Ongogo, così oggigiorno le varie qualità dell'"avorio" europeo hanno diversi compratori sul mercato mondiale».

E come un tempo la Compagnia portoghese della Guinea prendeva col Regno spagnolo l'impegno a rifornire entro la tal data «10.000 tonnellate di negri», così ora «le agenzie che fanno la tratta delle bianche [...] potevano all'alba del XX secolo stipular regolari contratti con le case di prostituzione del mondo intero per provvederle di qualsiasi numero di soggetti, di nazionalità, di tipo e di età».

Da Genova venivano spedite le italiane dirette ai casini di Montevideo o di Buenos Aires, dove secondo la baronessa di Montenach, fondatrice dell'Opera di Friburgo, c'erano «2200 creature disonorate, vittime di speculatori, che vivono ammonticchiate in una sola strada della capitale argentina, e purtroppo in gran parte italiane». A Genova venivano caricate, stando alla denuncia del governo tedesco per bocca del barone von Dirksen, migliaia di donne strappate «dall'Austria-Ungheria, dalla Polonia, dalla Germania e anche dalla Francia». E ancora a Genova, scrive Paulucci, c'erano alberghi «dove un carico di merce umana è tenuto in pronto per essere spedito al primo avviso».

Ragazze e ragazzine, denuncia la *Nuova Antologia*: «Queste fanciulle hanno dai sedici ai venticinque anni. Partono in gruppi di cinque, otto o dieci per battello e si dicono domestiche o *Kellnerinen* (cameriere). Negano se alcuno le interroga sul loro conto di essere vittime di inganni e sono scortate da persona più anziana, che è quasi sempre un uomo. [...] I commessi viaggiatori delle case malfamate dell'America del Sud che hanno Genova come punto d'imbarco non arrivano alla dozzina: per non essere troppo facilmente riconosciuti dall'equipaggio e dalla polizia, questi commessi viaggiatori si servono sovente di un proprio dipendente che accompagna il carico».

Ma Genova era solo il numero uno, dei porti di partenza. Poi c'erano Napoli, Messina, Trieste, Brindisi, Catania... Da dove mandavamo le nostre donne nei bordelli di Algeri, Porto Said, Tripoli, Bengasi, Malta: «La Sicilia invia i suoi prodotti a Tunisi e le province napoletane, segnatamente quella di Benevento, provvedono l'Egitto», scrive Paulucci de Calboli. Non c'era mercato che noi italiani non rifornissimo: «Parallela alla corrente mediterranea che trasporta in Africa le miserie meridionali abbiamo quella transoceanica, pure fortissima, che traduce al di là dell'Oceano l'onta settentrionale d'Italia».

Così come non c'era trucco che non venisse usato per esportar la «merce». Prendiamo il *Corriere della Sera* del 29 novembre 1901, che parla del Molise e del Casertano: «Ci telegrafano da Napoli: "Oltre alla tratta dei fanciulli diffusa nelle province di Terra di Lavoro e Campobasso per cui i prefetti ebbero ordini di esercitare attiva sorveglianza, si scoprì un'altra più ignobile speculazione basata sui matrimoni. In parecchi paesi di Terra di Lavoro si scopersero individui i quali sposavano le più belle contadine del luogo per poi condurle a Londra dove tutto era preparato per speculare sulla loro immacolatezza"».

Davanti alla fame, gli stessi genitori non andavano troppo per il sottile. Sostiene Augusto Forel nel 1933 nel libro *La questione sessuale esposta alle persone colte*: «Coadiuvati da genitori senza coscienza, e da tutto un sistema delittuoso di seduzione, i mezzani trovano sempre il mezzo per raggiungere il loro scopo. Del resto non si può comprendere come il Governo potrebbe impedire efficacemente a questa razza di gente di procurarsi la sua merce, finché esso la tollera e le permette ufficialmente il suo traffico. Non deve dimenticarsi che le ragazze giovanissime ancora, quasi bambine, sono a un tempo le più facili a sedursi e le più ricercate».

Va da sé che all'estero, lontane da casa, spesso incapaci di parlare la lingua del posto, schiacciate dalla solitudine, esposte alle pressioni e ai ricatti dei compaesani, dei mediatori, dei padroni, e insieme ai giudizi moralistici più spietati, le ragazze emigrate correvano rischi ancora maggiori di quelle rimaste al paese.

Era una morsa. Di qua il bisogno di vivere, di là la condanna che spingeva ai margini della società. «Nel desiderio di condurre una vita più libera, nell'adozione di nuovi modi di vestire, nella prontezza a sostituire il fazzoletto con il cappello, il pregiudizio corrente vedeva una superficialità che veniva stigmatizzata con i toni del disprezzo e della derisione», scrive Bruna Bianchi nel suo saggio pubblicato nella *Storia dell'emigrazione italiana*. «L'immagine della giovane emigrante diffusa dalla stampa locale, e in particolare quella cattolica, ruotava con insistenza intorno al binomio operaia-prostituta.» Un errore, un solo errore, ed eri condannata.

Basti leggere ancora Paulucci de Calboli. Che dopo quella manifestata per i trafficanti, rovescia ora la sua indignazione sulle ragazze. Prima spara su «un centinaio di fanciulle piemontesi» che lavorano in un opificio di Mandelieu, vicino a Cannes: «Per quanto gli industriali siano onesti essi non possono sorvegliare attentamente questo sciame di ragazze che nell'ardore della gioventù e nella promiscuità dei sessi, eccitate dalle solite letture di romanzi passionali e circuite da vampiri, [...] da operaie oneste e diligenti diventano dapprima poco scrupolose [...] per entrare poi in quella via dell'ozio e del vizio in capo alla quale è la rovina. Il piccolo principato di Monaco rigurgita di sciagurate che hanno lasciato il paesello natio da oneste operaie!».

Poi denuncia l'offesa all'onore dell'Italia: «Abbiamo per la Svizzera lo stesso fenomeno nuovo già osservato per la Francia dell'emigrazione in massa delle operaie, emigrazione temporanea che importa pure in Isvizzera oneste fanciulle e le riesporta prostitute. Il nostro orgoglio di patrioti piange al dover ricordare, per amore della verità, che nel cantone di San Gallo non v'ha casa onesta che voglia alloggiare ragazze italiane».

E a chi dà ragione? Agli svizzeri: «La rigida virtù elvetica ne ha ben d'onde se si pensa al triste spettacolo che offrono le nostre giovani operaie di Vevey. Di cento ragazze piemontesi di San Vincent ivi addette alla manifattura dei tabacchi, un quinto faceva ritorno l'anno scorso in patria coi segni del concepimento». E che dire delle nostre ragazze di Sandhofen, in Germania? Senza «un vigile e amoroso occhio» che le sorvegli, «centinaia di fanciulle toscane, di Pisa e Lucca principalmente» danno ogni domenica «spettacolo indegno» rincasando «a tarda notte abbruttite e avvinazzate, per presto prendere in uggia il lavoro e darsi in braccio alla malavita». Insomma, aveva ragione lord Byron: italiane, tutte puttane?

«Un baratro orrendo sta aperto dinanzi alla fanciulla disonesta», scrive nel libro *Sull'educazione della donna e i suoi primi doveri* Gaetano Battirelli: «Esso può sprofondarla, e senza ucciderla la obbligherebbe a morire; perché col marchio in fronte dell'infamia, la disgraziata sarebbe costretta a fuggire fra la più vile feccia della società per nascondervi la sua vergogna e il suo disonore.» Sempre lì si finiva: sull'onore. Della fanciulla, della famiglia, della patria.

È fantastico, a rileggerlo oggi nel saggio di Barbara Maggiolo, il dispaccio del nostro console a Tunisi dell'estate 1904. L'uomo, spronato da Roma a interessarsi di un gruppo di italiane finite nei lupanari africani, s'informa, s'intriga, rintraccia le ragazze e scopre che due sono perfino minorenni. Ma perché rimpatriarle visto che si erano già prostituite prima di finire in Tunisia e che comunque sarebbero «potenziali elementi perturbatori del già precario equilibrio sociale italiano»? Restino dove stanno. Piuttosto, si lagna il diplomatico: perché per il decoro dell'Italia non vengono sorvegliate meglio le coste patrie per impedire la partenza di tanti clandestini? Le coste, sempre le coste...

E certo l'onore patrio non sarebbe stato riguadagnato in seguito, almeno in America. Lo dicono i nomi di boss mafiosi come Jim Colosimo, un siciliano che già nel 1912 controllava la stragrande maggioranza dei 1300 bordelli di Chicago e delle migliaia di donne che ci lavoravano. Lo conferma nel 1953 il rapporto finale della

Commissione d'inchiesta sul crimine organizzato, che nell'Unione Siciliana individua «la principale organizzazione» nel campo della droga e della prostituzione «in quasi tutte le parti degli Stati Uniti». Lo ribadisce la storia di Joe Conforte, un siracusano che per decenni, fino alla fine degli anni Novanta quando ha dovuto sparire inseguito da un ordine di cattura per una evasione fiscale di 10 milioni di dollari, è stato il Re dei bordelli nel Nevada. Il suo *Mustang Ranch* era così famoso, con le sue 102 ragazze patinate e il suo sontuoso arredamento e il suo parco di 200 ettari, da incassare mezzo milione di dollari al mese e da finire quotato in borsa. Il che non impediva al nostro, ogni anno, di tornare puntualissimo ad Augusta con la Cadillac bianca e qualche baldracca per reggere devotamente il bastone di san Giuseppe alla processione che... Ma ne parleremo più avanti.

CAPITOLO SEI

TROPPI ORCHI NEL PAESE DELLA MAMMA
Il traffico di bambini, un secolo di lacrime e di orrori

L'orco di Francesco e Felice Fraioli, uccisi dal cancro, dalla tisi e dalla ferocia aziendale dei vetrai francesi, si chiamava Donato Vozza e s'era comprato i due fratellini per 100 lire l'uno. Con 100 lire, a cavallo del Novecento, non è che ci facevi molto. Una macchina da cucire ne costava 200. Potevi comprarci, dicono le statistiche storiche dell'Istat, quattro panetti di burro (2,79 lire l'uno), tre etti di carne (1,06 al chilo) e otto di fagioli secchi (3,40 al chilo) al mese, un chilo di pasta (0,62 al chilo) la settimana, due etti di pane comune (0,44 al chilo) al giorno e ti restavano 16 lire scarse per prendere un etto di zucchero (1,55 al chilo) la settimana e un bottiglione di vino (0,46 al litro) al mese. Fine.

Eppure furono migliaia i genitori che vendettero i figli ai «novelli negrieri», i quali a loro volta affittavano ai vetrai questi schiavi bambini incassando lo stipendio di tutti. Luigi Einaudi, che raccontò con Giuseppe Prato su *La Riforma sociale* del 1901 come l'Opera Bonomelli avesse liberato «80 piccoli martiri», fece i conti in tasca a uno di questi bastardi. Era un certo Antonio Fusco e aveva la sua muta di bambini a Saint Galmier: «Antoniuccio, come si faceva chiamare, "le Monsieur", come lo chiamavano i francesi, non lavorava e viveva sui ragazzi; ne aveva 13 registrati e 2 clandestini, dedotte le 100 lire annue che passava ai parenti, e le spese di mantenimento, egli guadagnava, oziando, oltre 8000 lire l'anno!». Pulite. Per capirci: quanto incassava al lordo il dirigente generale di un ministero, una volta e mezzo un primo dirigente.

A Saint-Romain le Puy, racconta ancora Einaudi, «il Rizzi, uno dei peggiori incettatori, già condannato in Italia per tutta una serie di reati, ne teneva 27: ma, saputo l'arrivo dei delegati, fu pronto a distribuirli tra i parenti, finti parenti, di modo che fu impossibile strappargliene più di due». Ventisette piccoli servi della gleba. Fatti i conti, l'uomo guadagnava oltre 16.000 lire l'anno nette. Il prezzo sul mercato di 160 bambini. Lo dice la lettera a un «incettatore» finita per caso tra le mani di Lionello Scelsi, il diplomatico italiano che quando era console a Lione fece scoppiare con un suo rapporto sconvolgente il bubbone delle vetrerie assassine: «Ti ho preparato quattro ragazzi, ma costano cento lire l'uno; se li vuoi bisogna pagarmeli così se no li vendo a un altro che me li ha domandati».

Era fuori dalla grazia di Dio, il giovane economista che sarebbe diventato capo dello Stato: «Scopersi molti documenti alterati, ragazzi sotto falso nome. [...] Lavoravano tutti, ogni giorno, da 12 a 16 ore consecutive; uno, Antonio Cima, aveva lavorato fino a 36 ore di seguito; per nutrimento non avevano, lungo la settimana, che pane duro e minestra immangiabile – una broda con pasta corrotta e condita col sego; alla domenica soltanto un bicchiere di vino cattivo e salsicce o altra carne putrefatta; ogni cinque avevano un letto, e così pullulante di insetti che i ragazzi preferivano dormire alla vetreria sopra un mucchio di paglia; due ragazzi piccoli, di dieci anni, con bruciature ai piedi, non erano registrati e ci erano stati nascosti. Le lettere dei genitori erano intercettate; ai due fratelli Cima, uno di sedici e l'altro di dieci anni, il Fusco aveva detto pochi giorni innanzi: "Vostro padre mi scrive che state male e che verrà a prendervi; se salirà le scale, non le scenderà; ammazzerò lui e voi, e berrò lo sangue suo e lo sangue vostro"».

Va da sé che i bambini, terrorizzati, tacevano. Tacevano sempre. All'uscita dalle vetrerie, spiega Einaudi, «avevan un'aria stanca, sfinita, che muoveva a pietà: scarni, con larghe bruciature, chi alle gambe, chi sul collo, chi sul viso. Camminavano zoppicando, strascicando i piedi come fossero vecchi cadenti». A chiedergli come andava, però, ti «guardavano per un momento come instupiditi e poi se ne andavano senza rispondere o mormoravano come persona seccata: "Sì!... simmo contenti... Qua se mangia... In Italia se more de fame...".

Proprio per non correre rischi con qualche lettera di denuncia, spiega Bruna Bianchi nel suo *Lavoro ed emigrazione minorile dall'Unità alla Grande guerra*, «"gli incettatori" davano la caccia agli analfabeti», per evitare che scrivessero di nascosto lettere a casa. Un rischio comunque relativo. I piccoli erano così spaventati, continua Ugo Cafiero, autore di una inchiesta poi pubblicata su *La Riforma sociale*, che per mano del padrone mandavano lettere stracolme di punti esclamativi e tutte uguali: «Caro padre, cara madre, io questa lettera ve la scrivo (o me la fo scrivere) di nascosto del padrone! io sto bene assai in salute, meglio di voi! il padrone non ci fa mancare niente e se lo leva di bocca lui e la moglie per noi! qui non c'è lavoro ora e stiamo a carico suo! perciò pazientate per il denaro e non dubitate!». A ogni domanda la risposta era standard: «*Stimmo bene, simmo contenti!... In Italia se more de fame... Qui se mangia bene... In Italia nò volimmo tornar più!...*».

Come andasse nella realtà di quelle vetrerie, che sorgevano nei dipartimenti del Rodano, della Loira e del Puy-de-Dome e assorbivano italiani «nella quasi totalità minorenni», lo spiega nel dicembre 1900 il *Rapporto Scelsi*: «Gli operai si dividono in tre categorie; primo, per importanza, è l'*ouvrier*, colui che lavora il vetro, che dà forma alle bottiglie o agli altri oggetti, ed è sempre un adulto. Viene poi il *gamin*, ed è questi un fanciullo che con la canna di ferro coglie dai forni il vetro liquefatto per porgerlo all'*ouvrier*; infine vi è il *porteur* che riceve dalle mani dell'*ouvrier* l'oggetto di vetro già lavorato per portarlo in un secondo forno, dove il vetro deve essere nuovamente cotto.

«È certo che il lavoro più penoso è quello del *gamin*, poiché egli deve restare per lunghissime ore innanzi alla bocca del forno nel quale è una temperatura di 1400 gradi. E mentre a quel lavoro dovrebbero adibirsi uomini adulti di robustissima costituzione, i padroni delle vetrerie, per economia, vi pongono dei fanciulli appena tredicenni. È facile immaginarsi in quali condizioni fisiche siano ben presto ridotti questi ragazzi obbligati a esporre il gracile petto a un calore micidiale». Racconterà uno di questi bambini a Cafiero: «La sete era tale e tanta, nella vetreria, che bevevamo due bottiglie d'acqua ognuno di noi ogni ora e la sete non finiva mai!».

«Non è a credersi però che il lavoro dei piccoli *porteurs* sia di gran lunga meno pesante di quello dei *gamins*», continua Lionello Scelsi. «Anzitutto osserverò che per quella mansione sono utilizzati dai proprietari delle vetrerie tutti quei minorenni che non hanno ancora compiuto i tredici anni che la legge francese stabilisce come età minima per il lavoro dei fanciulli. [...] I *porteurs*, adunque, che sono fanciulli in tenerissima età – ve ne sono di nove anni – debbono, nelle fabbriche di bottiglie ad esempio, trasportare direttamente circa mille bottiglie ciascuno, innestate in cima a un pesante ordigno di ferro. Quest'ordigno con la bottiglia viene loro gettato dall'*ouvrier* dalla distanza di un metro e mezzo circa, ed essi debbono prenderlo a volo. Qualche volta – ed è comprensibile – il piccolo *porteur* non arriva ad afferrarlo in tempo, la bottiglia cade, si spezza o si sforma e l'*ouvrier* – il quale è pagato sulla quantità del lavoro prodotto – eccitatissimo, tra le maggiori contumelie lancia addosso al povero bimbo quanto gli capita sotto le mani. E questi incidenti sono frequentissimi.»

I francesi lo sapevano bene, che un inferno come quello non lasciava scampo. Mica ci mandavano i figli loro. Neppure i figli della provincia rurale o montana più miserabile e sperduta. Glieli vendevamo noi. Italiane erano le famiglie, soprattutto in provincia di Campobasso e Caserta ma anche di Cuneo e di Belluno e di tutto il paese, che cedevano questi bambini per disperazione. Italiani erano i funzionari che si prestavano a procurare i documenti a volte veri (come ad Aosta, dove un incettatore trovò le raccomandazioni di un sindaco e di un deputato per sbloccare i passaporti dei suoi piccoli schiavi bloccati dalla prefettura), più spesso falsi. Come quelli sfornati a catena da un segretario comunale laziale che, racconta Cafiero, «lasciato l'ufficio, portò con sé il timbro del Comune e dei moduli» e vendette ai trafficanti i buoni per prendere il treno a metà prezzo: «Tanto di risparmiato per i poveri negrieri!».

E italiani erano i preti che, pressati dalle denunce, furono mandati a vedere com'era questo inferno e inviarono per mano di don Angelo Jacomuzzi una lettera stupefacente. Nella quale si spiegava che la funzione di Pasqua era riuscita «bella e divota», che i «buoni emigranti» avevano espresso il desiderio di un'altra occasione «per godere di una gioia sì gioconda e sì pura», che alla messa solenne erano stati eseguiti «con gusto scelti pezzi del Capitani». Dopo di che, spese 13 righe su 67 per riassumere le sventure materiali di quei piccoli condannati a morte («Oh! quanto sono amabili questi buoni ragazzetti, ed insieme ahi! quanto disgraziati!»), il pio sacerdote manifestava tutta la sua preoccupazione per la ben più terribile «miseria morale». Alcuni, inorridì, «non sapevano dirmi che vi ha un Dio solo!». Aggiunse però che poiché erano «più derelitti che corrotti», aveva parlato loro (notate il paragone) «come Gesù alla Maddalena». Ed era stato così buono da accontentare molti che lo «supplicavano» per avere la comunione anche se purtroppo aveva dovuto negarla ad alcuni che «si trovavano [...] al grado delle bestie». Era tuttavia felice d'informare che a Pasquetta la chiesa era quasi piena: «*Deo gratias!*».

Ma italiani erano soprattutto i protagonisti principali di questa «tratta dei fanciulli»: i reclutatori, i mediatori, i contrabbandieri che aiutavano le carovane di bambini a passare clandestinamente le frontiere, i carabinieri e le pattuglie di confine che fingevano di non vedere il carico di «merce umana». «L'incettatore è forte perché è il preferito dai grandi industriali vetrai», spiega Einaudi. «Invece di aver da fare con dieci capifamiglia zotici, ignoranti, che non parlano che il loro dialetto, il capo del personale ha da trattare con un solo individuo, svelto, intelligente, che parla bene il francese e che è quanto mai remissivo.

«L'incettatore, infatti, non si lamenta mai né dell'orario o del turno di lavoro, se sia di giorno o di notte, né domanda garanzie di sorta per l'avvenire dei suoi garzoni, [...] inoltre, ha cura di avere costantemente personale giovane; ha regolarmente uno stock di ragazzetti sotto i tredici anni che, come *porteurs*, sono tutto quanto si possa desiderare di meglio; questi li ritiene di solito per quattro, cinque o sei anni, passati i quali, se la morte non li ha falcidiati, li rimanda esausti ai loro parenti, chiedendo magari al Consolato il rimpatrio gratuito, che suole essere conceduto agli infermi.»

«Quando rientrano al paese», denuncia Cafiero, «sono diventati tutti tubercolotici; il popolino se li riprende con rassegnazione e non pensa qual male quelli portano, terribile per loro e per gli altri. [...] Si pongono a letto per non rialzarsi.»

Ogni tanto, raramente, un orco lo mettevano dentro. Come quel Donato Vozza citato all'inizio. Secondo Cafiero, quando l'arrestarono mentre rastrellava nel Mezzogiorno nuova merce minorile, aveva una squadra di 13 bambini che gli facevano guadagnare «più di 1000 lire al mese» (dieci volte più di uno statale) e che nutriva con gli avanzi dei panifici («La portinaia raccontò che in un anno non aveva mai visto entrare in quella casa né carne né pane; si compravano solo croste di pane») e la verdura «che si gittava nella fogna del mercato».

Figli nostri. Bambini nostri. Come appunto Francesco, Felice e Paolo Fraioli, ceduti come schiavi alla vetreria Legras. Francesco fu il primo a morire. Una mattina che non si reggeva in piedi, dopo giorni e giorni di turni spaventosi, venne obbligato a lavorare lo stesso. Restò davanti alla bocca del forno fino la sera. Quando venne finalmente portato all'ospedale, a mezzanotte, era troppo tardi. Il giorno dei funerali, dopo avere accompagnato in lacrime il fratello al cimitero e averlo seppellito in una bara pagata coi loro soldi da tutti i ragazzini (!), si sentì male anche Felice: «Non si fidava a lavorare», avrebbe deposto al processo il piccolo Giuseppe Polese, un compagno di sventura, «ma Vozza veniva all'officina e l'obbligava a lavorare e due *ouvriers* con le canne roventi lo torturavano, mentre seduto in un fosso teneva fra le gambe la forma in cui si soffiava la pasta rovente ed egli doveva aprirla e chiuderla».

L'incettatore scrisse al papà firmandosi come Paolo: «Mio fratello Felice sta male e il padrone l'ha portato all'ospedale per farlo guarire ma con molto dispiacere vi annunzio che è una malattia di polmonea. Se avete altre notizie non le leggete, io lo vado a trovare il giovedì e la domenica». E aggiunse in calce firmandosi stavolta col proprio nome: «Vi dò questa notizia che il vostro figlio sta male. [...] Non ci credete che non vi sono andato a trovarlo, perché l'ho voluto più bene di voi e se guarisce ve lo rimando...».

Nove giorni dopo, ancora firmandosi Paolo, chiudeva la macabra commedia: «Vi fò sapere, che mio fratello Felice è passato all'altra vita, ma non vi pigliate pena, perché gli hanno fatto quello che serviva. Era una malattia fulminante chiamata polmonea. Voi, non credete a quanto dicono, ha avuto tutta l'assistenza, ma invano perché così è piaciuto al Signore». Il giorno dopo, preoccupato di non rovinarsi la piazza per nuove retate di bimbi, Donato Vozza tornava a scrivere: «Il vostro figlio Felice è partito per l'altra vita. Non è stata colpa di nessuno. Cominciò una febbre, una specie di tisi, poi è finita in polmonea. [...] Fu assistito molto bene. [...] Non vi scoraggiate che anch'io perdetti una sorella che aveva quattro anni. Ci vuol pazienza perché tutti dobbiamo morire». Post scriptum del figlio, Domenico Vozza: «Faccio un regalo io di lire 10 al padre del Fraioli». Dieci lire di elemosina, su 12.000 di incasso annuo.

Anche il piccolo Antonio Capuano era morto così. Solo, l'agonia era stata più lunga. Mentre si spegneva, l'orco Vozza aveva scritto ai genitori: «L'ho dato a una monaca che lo tratta a casa sua meglio di un signore. Tiene la trippa [la pancia] grande. Il medico dice che la malattia la tiene da quando era piccolo. Ma non credete che sia malato». Al processo, tra le prove, portarono le cicatrici sulla schiena di un altro bambino, Benedetto

Scappaticci, e dimostrarono che corrispondevano alla cinghia dell'incettatore, che pestava a sangue il bimbo perché, minato dalla tubercolosi, non ce la faceva a lavorare. Vozza fece mostra d'essere offeso. E come i vetrai francesi andavano dicendo che davan lavoro ai bambini per «toglierli dalla strada» e proteggere «la loro moralità», lui si indignò verso lo Stato che perseguiva «onesti cittadini che lavorando si procurano l'agiatezza». E chiese: «Cosa potevo io, contro il Dittator della vita?». Chiude Cafiero, schifato: «Ha avuto una condanna a sei mesi, che ha scontata, una multa di 6000 lire che non ha pagata; in questi mesi ha fatto un'altra incetta e, dopo sporto appello, è ripartito per la Francia».

Ma come: non è l'Italia il paese delle mamme? Abbiamo venduto bambini a tutti. Ai vetrai francesi e a quelli americani di Pittsburgh, dove la giornalista Amy Bernardy trovò bambini avviati a lavorare a otto anni. Ai figurinisti della Garfagnana che giravano l'Europa a vendere statuine. Agli spazzini cuneesi che ramazzavano nelle notti parigine, col caldo o con il gelo, dalle tre alle dieci del mattino facendo gonfiare nel 1862 il ridicolo petto al console: «Sambuco, Demonte, Bersezio e Pietraporzio hanno il vanto di contribuire in prima linea alla pulizia delle rive della Senna». Li abbiamo venduti alle fornaci della Baviera, dell'Austria, dell'Ungheria, della Croazia, dove i piccoli (dalla sola provincia udinese, spiega Bruna Bianchi, ne partivano 5000 l'anno) presentavano spesso documenti «con la data di nascita falsificata» e venivano falcidiati dagli incidenti sul lavoro. Ispezioni? Nessun problema, diceva ghignando ai suoi capireparto il padrone d'una fornace bavarese citato in *Transalpini* da René Del Fabbro: «Non appena il controllore viene segnalato [...] gettate i giovani per terra per dimostrare a chicchessia *ad oculos* che essi osservano al modo schiettamente italiano la loro pausa di riposo».

E poi li abbiamo venduti ai *tacherons* svizzeri, i piccoli imprenditori edili che in pratica lavoravano solo coi bambini, al punto da far dire a Giuseppe De Michelis di essere in grado di «citare a decine i casi di edifici costruiti completamente coll'opera dei bambini, all'infuori di quella dei muratori e di qualche manovale». E ai costruttori di Detroit dove, come documenta lo studio della Bianchi, «fanciulli di otto-nove anni aiutavano gli adulti nei lavori di scavo di gallerie trasportando secchi di acqua con un gioghetto al collo». E ancora ai marmisti del Canton Ticino, dove secondo il console italiano nel 1901 i nostri minorenni erano il 18% del totale della manodopera.

Per non parlare dei piccoli che abbiamo dato alle miniere del Gard, dove i giacimenti di carbone erano «di spessore limitatissimo» e l'estrazione, come spiegava S. Coletti in un'inchiesta del 1916, avveniva in spazi «la cui altezza media non raggiunge forse il metro e scende normalmente a 60-50 cm» e i ragazzi dovevano spingere ceste su pattini che pesavano 300 chili piene e 30 vuote, scaricarle e tornar su col paniere in groppa: «Nessun uomo adulto si adatta a un lavoro tanto faticoso». A San Paolo del Brasile, dove la popolazione operaia era quasi totalmente italiana, l'uso dei bambini nel tessile era così sistematico (38% degli occupati) che alcuni stabilimenti come il Matarazzo avevano macchinari in dimensioni ridotte.

E la Patria? Che faceva la Patria? Era preoccupatissima. Ma per il proprio buon nome. Messo a rischio in particolare dalla «moralità» di due categorie di ragazzi che secondo Ferdinando Petruccelli della Gattina, celebre autore di *I moribondi di Palazzo Carignano*, rappresentavano nel 1867 i due terzi «dell'intera nostra emigrazione» in Francia: i suonatori d'organetto e gli spazzacamini.

Erano, questi ultimi, in gran parte piemontesi e valdostani. E la giornalista Amy Bernardy, ne *L'emigrazione delle donne e dei fanciulli dal Piemonte*, spiegò nel 1912 che dietro l'immagine romantica che si sarebbe tradotta nella famosa canzoncina di Mary Poppins («Cam-caminì, cam-caminì / spazzacamin / allegro e felice / pensieri non ho») si celava una infame tratta fondata sulla miseria, dovuta alla capacità dei bambini di «ficcarsi nei tubi come sorci» e centrata soprattutto sull'Olanda: «I ragazzi vengono condotti là quando hanno circa dodici anni, o anche prima se possibile, da un padrone che assicura alla famiglia un guadagno di circa 100 lire annue per ciascuno. [...] Alcuni padroni hanno sotto di sé fino a 30-40 spazzacamini, di cui 7-8 piccolissimi».

Le famiglie li vendevano quando avevano sei o sette anni, racconta Benito Mazzi nel libro *Fam, fum, frecc* [Fame, fumo, freddo] ricco di agghiaccianti fotografie di spettrali bambini tutti neri, alcuni dei quali nati negli anni Trenta del Novecento: «Erano i più minuti i maggiormente richiesti poiché con la loro esile statura si avvitavano meglio sulle gole strette, arrampicavano più agili in mezzo alla fuliggine». Seguivano «un vecchio spazzacamino che a sua volta ne aveva provate di tutti i colori, aveva subito la stessa sorte dei bambini che ora si teneva sotto e, indurito da anni di miserie e di sfruttamento, adesso si rifaceva con gli altri». In una tasca sul petto portavano spesso un santino della Madonna di Loreto: era nera come loro.

Quale fosse il trauma, lo lasciamo raccontare a Basilio Guerra, di Olgia, portato via quando aveva otto anni: «Fui svegliato alle sei di mattina. Mia madre mi vestì, mi infilò delle caldarroste in tasca e un sacchetto sotto il braccio e insieme a un mio fratello maggiore mi trascinò per la strada della Cannobina. Dopo una decina di chilometri avevo le fiacche a un piede [...] allora mio fratello mi infilò dentro un gerlo che aveva sulle spalle e mi portò fino a Cannobio. Era la prima volta che vedevo il lago. [...] Al battello un signore ci attendeva. Si scambiarono poche parole, poi mia madre, all'improvviso, mi strinse forte da farmi male. Sentii che aveva la faccia bagnata. Il battello si mosse, per un po' vidi tante mani alzate, vidi mia madre, poi tutto sbiadì come in una nebbia, non vidi più nulla».

Era solo l'inizio. «Per palesare che ero spazzacamino mi era stato proibito di lavarmi», racconta a Mazzi un sopravvissuto alla fame, alle disgrazie, al gelo. «I vestiti sporchi di fuliggine si appiccicavano alla pelle ed ogni movimento mi provocava forti dolori fino a farmi zoppicare.» «Non hanno che un pezzo di pane secco, il quale non basta a saziare la loro fame. Ma il padrone li tiene a dieta, non vuole che ingrassino perché allora non potrebbero entrare nelle strette gole dei camini», denunciava la scrittrice Virginia Tedeschi Treves. «Li ha pagati e per la stagione appartengono a lui come schiavi e non hanno diritto di fiatare.» Ogni tanto, tra le lettere false e ottimiste, qualcuno riusciva a mandarne una vera. Come questa: «La prima volta che mi avete mandato in questo paese sarebbe stato melio che mi avesse mandato alla forcha o pure che m'avesse negato ncl aqua per mi sarebe stato melio che non avesse mai visto il gobo ne lui ne la sua parentela». Di dove fosse questo «Gobbo» non è chiaro. Forse, come tanti altri «padroni», veniva da un posto il cui nome suonava alle orecchie dei bambini particolarmente sinistro: la valle Orco.

La «piaga», quella che secondo il diplomatico Raniero Paulucci de Calboli faceva vergognare l'Italia rappresentando «una classe che ha le stesse tendenze degli zingari e dei popoli selvaggi», erano però i musicanti: «Da genitori deficienti di energia morale e fisica sono procreati degli infelici che succhiano col sangue la stessa ripugnanza alla fatica di un lavoro regolare». Il meccanismo era sempre lo stesso: i bambini, soprattutto dopo la diffusione dell'organetto a manovella che non richiedeva preparazione musicale, venivano rastrellati in giro per i paesi, presi in affitto, forniti di un topo, una scimmia o una marmotta ammaestrati e portati via, a piedi, verso Parigi, Londra, New York.

I peggiori carnefici, colpevoli di maltrattamenti d'ogni tipo, scrive la Bianchi, erano i padroni «provenienti dai distretti di più antica emigrazione: Chiavari e Parma». Un po' meno beceri e violenti, forse perché venivano da tradizioni zampognare antichissime, erano i meridionali. Il destino dei piccoli mendicanti, in ogni caso, era segnato. Nel rapporto del 1868 contro la tratta, la Société de Bienfaisance di Parigi (dove in quel momento c'erano secondo la polizia 3000 *petits italiens* di cui 1200 sotto i dieci anni!) citava un'inchiesta condotta da un medico napoletano secondo il quale solo il 20% dei ragazzi partiti con un organetto verso l'ignoto faceva ritorno: il 30% si stabiliva all'estero, il 50% moriva di «malattie, stenti, maltrattamenti».

Tale era lo stato di schiavitù, raccontava la Bernardy, che a Chicago «ogni padrone teneva i suoi piccoli suonatori, *sciainatori*, rivendugnoli, mendicanti ecc. marchiati all'orecchio come pecore dello stesso armento, per riconoscerli e per poterne al caso affermare la proprietà». Erano così tanti che a Parigi venivano espulsi a centinaia e centinaia l'anno (1500 nel solo 1867). E via via, prima in Francia poi in Inghilterra e poi in America, si attirarono i veleni di tutti i benpensanti e di tutti i giornali conservatori.

Certo, come annota Sponza nel suo studio sull'Inghilterra, non mancavano in parallelo gli interessamenti delle dame delle associazioni benefiche e gli articoli di addolorato colore quale quello comparso nel 1866 sul giornale locale di Holborn, un quartiere londinese, gonfio di compassione per quei «ragazzini con organetti e ghiri [...] che a richiesta danzano. Piccoli uomini affamati con occhi neri e denti bianchi sempre sorridenti anche quando i loro occhi sono pieni di lacrime». E non mancò (salvo da parte della Chiesa cattolica, la quale vedeva come il fumo negli occhi questa iniziativa troppo laica) l'appoggio a Giuseppe Mazzini quando questi, esule a Londra, cercò di metter su una scuola che rubasse i piccoli ai trafficanti. Ma troppo spesso le reazioni verso gli italiani trasudavano non solo il fastidio ma l'aperta xenofobia.

Il *Times* attaccava dicendo che «questi ragazzi miserabili [...] infestano le strade di Londra». Lo scrittore e disegnatore Thomas John Smith vomitava contro l'incremento dei «vagabondi che ora infestano le nostre strade con i loro topi ammaestrati e le loro scimmie che ciarlano con grande fastidio di quei passanti che non contribuiscono alle loro esibizioni». I lettori scrivevano ai giornali lettere come quella pubblicata dal *Times* nel settembre 1855: «I musicisti italiani sono peggio di un fastidio, sono crudeli tiranni che colpiscono al cuore della libertà fondamentale degli inglesi, quella della privacy».

Il massimo lo diede, in un conato di idiozia che rivaleggia con quello di certi razzisti nostrani, l'*Examiner* del 7 novembre 1857 con un commento intitolato «Torture in England» che si chiudeva così: «Ricordando il paese da cui proviene la maggior parte di questi parassiti di Londra, non possiamo fare a meno di notare [...] che da parte delle persone che arrivano dal Regno di Sardegna viene fatto un contraccambio nocivo agli inglesi, che sono sempre stati i loro più calorosi amici e alleati politici. Perché non mandano queste orde di savoiardi in Austria, che merita il loro odio e la loro ostilità, invece di dargli carta bianca su di noi, che non abbiamo mai fatto loro nessun danno neanche col pensiero?».

Tale era la schifata insofferenza verso questi bambini con la scimmietta, sorride amaro Sponza, che «una delle ragioni per la sopravvivenza dei suonatori d'organo italiani nel corso del secolo, nonostante le frequenti campagne contro di loro, fu [...] l'impossibilità tra coloro che subivano di accordarsi su quale rumore fosse più insopportabile». Il matematico Charles Babbage andò per vie legali e diventò quasi un eroe per la peggiore Inghilterra xenofoba riuscendo a far affermare da un giudice di Maylebone che «nessuno ha il diritto di suonare i suoi rumorosi strumenti a portata di orecchio di persone che stanno svolgendo occupazioni serie».

Su questo punto, erano d'accordo anche i politici italiani. I quali per decenni (nessuna meraviglia se si pensa che furono necessari ventisei anni dopo l'Unità per fare nel 1886 una legge che, tra le lagne degli imprenditori preoccupati per il costo del lavoro, proibiva l'assunzione di bambini sotto i nove anni) videro il problema, come dicevano, soprattutto sotto due profili: la brutta figura che faceva l'Italia all'estero e l'immoralità di questi bambini tra i quali, come scrisse Raniero Paulucci de Calboli, «prosperavano l'ozio e il vizio». Al punto che ben tredici anni prima di quella sul lavoro minorile, fu fatta una legge che sanciva (impareggiabile Italia) la distinzione tra «ambulanti» e «girovaghi». I primi facevano un lavoro dignitoso, non così i secondi (saltimbanchi, ciurmadori, suonatori, saltatori di corde...). Erano considerati dediti a professioni «vili e vagabonde». Spazzacamini compresi.

Che i rischi per i piccoli schiavi, troppo a lungo abbandonati a se stessi dalle legislazioni dei vari paesi, fossero enormi anche sotto il profilo morale (come vittime, ovvio, mica come bimbi oziosi e viziosi quali li vedeva Paulucci) è verissimo. «Ai maltrattamenti, alle percosse si aggiungevano per le fanciulle le violenze sessuali, la schiavitù della prostituzione», scrive Bruna Bianchi. Poteva un trafficante di bambini, di quelli che – come ha raccontato in *I piccoli schiavi dell'arpa* l'italo-canadese John E. Zucchi – facevano dormire i loro ostaggi «in dieci, oltre alle scimmie, in una sola stanza di tre metri quadrati», porsi il problema di venderli anche sul mercato della prostituzione? No. E infatti questo facevano. Rifornendo di merce fresca i pedofili di mezzo mondo.

Basti leggere la testimonianza di Pio Melia, elemosiniere della Società italiana di beneficienza, raccolta da Tommaso Catalani nel libro *Fanciulli italiani in Inghilterra*: «Dove prima i padroni erano contenti di condurre in Inghilterra fanciulli in gran numero e, comparativamente, scarso numero di bambine, ora con raffinata malizia traevano seco fanciullette di tenera età, tra le più vezzose e le più care». Sempre Catalani cita il rapporto dell'inchiesta di sir Charles Trevelyan. Dove si dimostrava che la tratta non era gestita affatto da «persone spicciolate» ma aveva «un disegno comune». E chi c'era dietro? «I trafficanti di fanciulli sono nati nel paese della camorra e della mafia; valenti, per antica consuetudine, a simulare e dissimulare.» E citava il patrimonio appena lasciato agli eredi da uno di questi schiavisti: oltre 300.000 lire. Che in quel 1878 corrispondeva allo stipendio di mezzo secolo di lavoro di un direttore generale ministeriale.

Giuseppe Guerzoni, un deputato ex garibaldino, scrisse un romanzo su questa vergogna. Si intitolava *La tratta dei fanciulli* e raccontava, per sensibilizzare il popolino, la storia di due ragazzi, Carluccio e Stefanella, figli di «un brigante calabrese», venduti allo «Storpiato» e portati a Parigi «con la benedizione del curato». Un fumettone bolso e strappalacrime pieno di passaggi come questo: «La vecchia rinunceremo a dipingerla. Bisognerebbe mettere insieme tutte le laidezze delle Eumenidi, delle streghe del Valpurga e della foresta di Birmano per formarne la tavolozza...».

Lo sfondo, però, era la perfetta descrizione di quel mondo di piccoli strappati alle famiglie: «La camerata, così era chiamata con dantesca ironia, pareva un pandemonio di nani. Chi urlava, chi piangeva, chi fischiava, chi suonava la tromba...». E quella romanzata di Stefanella era la tragedia assolutamente reale vissuta da tante bambine: «Il comune trattamento di questi sciagurati, una volta che l'età li aveva resi incapaci all'arte primitiva in cui erano stati educati, era o l'abbandono assoluto sulla pubblica via quando erano giudicati più buoni a nulla, o una rivendita o sub-affitto a qualche altra industria, sovente più infame».

E che non fosse solo un fumettone, s'incaricavano di dimostrarlo quasi ogni giorno le notiziole vergognosamente nascoste a una colonna in cronaca. Come la storia, ricordata nel libro di Zucchi, di Carminello Ada. Venduto dai genitori, era stato portato dal suo paesino a fare il suonatore ambulante nelle vie londinesi. Ma non rendeva abbastanza. Il padrone lo legò mani e piedi, lo appese al soffitto con una fune e cominciò a morderlo e picchiarlo. Quando quelli dell'Italian Benevolent Society riuscirono a portarlo all'ospedale era troppo tardi. Pochi giorni e morì. Aveva cinque anni.

CAPITOLO SETTE

ORECCHIE ENORMI: TIPICO ASSASSINO

I delitti di Gaetano Godino e i niños *di strada in Argentina*

Se non fosse stato ammazzato con mezzo secolo di ritardo dai compagni di prigione per aver ucciso con crudeltà un gattino, il Moccioso orecchiuto avrebbe fatto un figurone con la sua testa mozza in un barattolo di vetro della collezione di Cesare Lombroso. Mai si era visto infatti un criminale che rispondesse meglio alla descrizione scientifica dell'«Uomo delinquente» tracciata dal criminologo nell'opera omonima: «Gli omicidi abituali hanno lo sguardo vitreo, freddo, immobile, qualche volta sanguigno e iniettato; il naso spesso aquilino, adunco o meglio grifagno, sempre voluminoso; robuste le mandibole, lunghi gli orecchi...».

Quale prova dell'ineluttabilità dei destini umani poteva essere migliore di un ragazzino epilettico con le orecchie immense e le «sembianze scimmiesche», capace di assassinare quattro bambini e di tentare di ucciderne altri otto? Infatti questo dissero, i professori lombrosiani argentini. E non parve loro vero di usare proprio i trattati dell'antropologo italiano per dimostrare l'immane pericolo rappresentato da quella «razza sanguinaria» degli italiani. E i giornali ci scatenarono sopra una campagna tale...

Ma è meglio partire dall'inizio. Gaetano Santo Godino, che gli argentini ricordano col nome spagnolizzato di Cayetano Santos, era l'ultimo dei nove figli di due emigrati calabresi partiti nel 1888 dalla zona di San Demetrio Corone, in provincia di Cosenza. Lei si chiamava Lucia Rufia ed era una poveretta sottoposta dal marito, scrissero i giornali platensi, «all'alito di aglio e ai pestaggi quotidiani». Lui si chiamava Fiore, era nato a ridosso dell'Unità d'Italia e cresciuto quando già era svanito l'entusiasmo per la trionfale marcia di Garibaldi, al quale il «popolo di Lungro» aveva mandato un messaggio immortale: «Essere straordinario, le nostre lingue non hanno parole come definirti; i nostri cuori non hanno espressioni come attestarti la nostra ammirazione. Un popolo intero t'acclama: Liberatore della più bella parte d'Italia!».

Come fosse il Mezzogiorno, negli anni in cui Fiore era cresciuto, lo ricordano le statistiche sulla guerra al brigantaggio citate da Carlo Alianello in *La conquista del Sud*: «Secondo la stampa estera dal gennaio all'ottobre del 1861 si contavano nell'ex Regno delle Due Sicilie 9860 fucilati, 10.604 feriti, 918 case arse, 6 paesi bruciati, 12 chiese predate, 40 donne e 60 ragazzi uccisi, 13.629 imprigionati, 1428 Comuni insorti in armi». Che aria tirasse prima dell'arrivo dei piemontesi lo lasciamo dire al capitano savoiardo del Corpo Reale di Stato Maggiore Alessandro Bianco di Saint-Joroz: «Il 1860 trovò questo popolo vestito, calzato, con risorse economiche. Il contadino possedeva una moneta. Egli comprava e vendeva animali, corrispondeva esattamente gli affitti, con poco alimentava la famiglia, tutti in propria condizione, vivevano contenti del proprio stato materiale». Che aria tirasse dopo, lo spiega Enrico Panirossi, un settentrionale sceso nel Mezzogiorno come ufficiale dei carabinieri, autore di *Studio amministrativo, politico ed economia pubblica*: «Lungo i cinque anni della Liberazione si triplicarono addirittura le imposte, ma la terra non triplicò i suoi frutti e il suo valore».

Cosa facesse Fiore in Calabria non si sa. Il bracciante, pare. Si sa che era analfabeta, che si sposò con Lucia al suo paese e che, quando decise di andare a cercar fortuna in America, gli era già morto il primo figlio. Ne avrebbe avuti, un po' in Italia e un po' in Argentina, altri otto: Giuseppa, Giulia, Rosa, Antonio, Margherita, Bambina, Giuseppe e infine quello che sarebbe diventato il più celebre e terrorizzante di tutti i serial killer sudamericani: Gaetano. Ribattezzato dai giornali col nomignolo che si sarebbe portato appresso per decenni in un'infinità di studi criminologici, di romanzi (come quello della giornalista Maria Moreno), di leggende nere metropolitane e perfino di opere teatrali: «el Petiso orejudo». Cioè il nanetto, il moccioso, il guaglione dalle orecchie a sventola.

Nato a Buenos Aires nel dicembre 1896, cresciuto nella periferia proletaria e abbrutita di quello che diventerà il Barrio Boedo, una zona di orti via via colonizzata da baracche e case popolari, Gaetano avrebbe portato a lungo i segni di cos'era stata la sua infanzia. Studiato millimetro per millimetro dopo l'arresto dal dottor Cabred e dal dottor Mercante, uno che come scrive la Moreno aveva «la preoccupazione dell'estetica del cranio argentino» e collezionava «teste a punta come un cono, tonde come una forma di formaggio, oblunghe come un melone o come la chiglia di una motonave» senza «incontrare mai il suo ideale: la testa ovoidale o brachiocefalica», il ragazzino non aveva infatti soltanto il marchio lombrosiano di «un diametro anteroposteriore di 185 millimetri e un diametro trasversale di 144, il che dà un indice cefalico di 78,09 inferiore al normale». Aveva pure 27 profonde cicatrici al cuoio capelluto. Lasciate dal padre: «Beveva sempre. E quando beveva picchiava. Anche mio fratello più grande picchiava».

Quale fosse il contesto in cui venne su, lo spiega Eugenia Scarzanella, che nel libro *Italiani malagente* descrive una Buenos Aires preoccupatissima agli albori del Novecento dalla crescente criminalità giovanile dei bambini di strada: «Venditori di giornali, lustrascarpe, artisti ambulanti, fattorini e messaggeri affollavano di giorno e soprattutto di notte le vie della città. Gli strilloni vendevano i quotidiani agli angoli delle strade: erano in gran maggioranza italiani. Vivevano con la famiglia e il loro lavoro (dalle 5 alle 9 ore giornaliere) serviva alle strategie di sopravvivenza o d'accumulazione dei rispettivi padri.

«Per alcuni *canillitas*, com'erano chiamati, la vendita di giornali era solo una forma di vagabondaggio. Si spingevano fuori del loro quartiere, percorrevano le strade dei *cafetines* e dei bordelli, si aggiravano nella zona del porto. Si organizzavano in gruppi per ritirare i giornali dalle stamperie e dormivano in strada, nei portoni, o sui sedili dei *tramways*. Lavoravano solo 3-4 ore il giorno. Erano considerati dalla polizia come vagabondi non avendo né domicilio né lavoro fisso. Infine vi erano i *delincuentes* veri e propri, che si servivano della vendita per nascondere o agevolare attività illecite (furti, prostituzione). I ragazzi rubavano spesso in collaborazione con adulti, cui facevano da palo o specializzandosi in tipi particolari di furto in cui erano indispensabili agilità e piccole dimensioni.

«M.A. Lancelotti calcolava nel 1912 in 10.000 i bambini vagabondi: "10.000 bambini che vivono nell'ozio, senza morale, senza religione, senza pudore. Che succhiarono probabilmente poco latte e molte lacrime. Che si alimentarono con poco pane e molti vizi"».

Buenos Aires aveva allora 821.000 abitanti. Tolti i vecchi, gli adulti, gli infanti e le bambine, un ragazzino su dieci viveva per la strada: «Erano loro a commettere quasi un terzo dei delitti in città. L'attenzione dell'opinione pubblica sul fenomeno del vagabondaggio e della criminalità giovanile era periodicamente tenuta viva da articoli di giornali e riviste».

Caras Y Caretas, ad esempio, offrì nel 1908 i ritratti di fronte e di profilo di alcuni piccoli ladri con tanto di soprannome malavitoso, come fossero dei gangster: José Cavalleri «el Carnicerito», Federico Amallo «el Taralila», Vicente Conti «el Mosquito», Francisco Lombardetti «el Gordo», Felipe Sponsorizza «el Lechuza». Tutti italiani o figli di italiani. Da questo mondo esce «el Petiso orejudo». Gaetano Godino è il mostro giusto emerso al momento giusto per incarnare alla perfezione, spiega Eugenia Scarzanella, «tutti i timori suscitati nell'opinione pubblica dalla legione vagabonda e immorale dei ragazzi di strada». Al punto che, come dicono alcuni dizionari argentini, *godíno* è oggi sinonimo di «*abusador de menores, depravado, pervertidor*».

A leggere la sua confessione, Gaetano uccise la prima volta nel 1906, quando aveva solo dieci anni, poco prima di rientrare nel riformatorio dove già era stato rinchiuso su denuncia dello stesso padre. Stando al rapporto ufficiale, «aveva preso una bambina di due anni all'angolo tra Rivadavia e José María Moreno, l'aveva portata in un terreno abbandonato della calle Río de Janeiro y Flores e l'aveva sepolta viva». Niente prove: «Due anni dopo un uomo vi aveva costruito la sua casa e il terreno era stato coperto con tre metri di terra». Dagli archivi di polizia, però, saltò fuori davvero la denuncia della scomparsa di una piccola di tre anni, Maria Rocca. Mai ritrovata. I genitori, distrutti, erano tornati in Italia.

L'anno in cui il nome di Gaetano era finito la prima volta in un fascicolo di polizia era stato però il 1904. Aveva otto anni («ma ne dimostrava quattro», scrive la Moreno) e aveva rapito un bimbo di diciassette mesi, Michele De Paoli, salvato all'ultimo istante dall'arrivo di un poliziotto. Così come si sarebbero miracolosamente salvati via via altri sette bambini tra cui Carmelo Russo, portato via a due anni, legato, incaprettato e soccorso all'ultimo istante quando già aveva due giri di laccio intorno al collo. O Anna Neri, una piccola di diciotto mesi che il «Petiso» era così convinto d'avere ucciso a sassate in testa che era andato lui stesso da sua mamma a dirle che la figlioletta era morta. Perché? «Per vedere l'effetto.»

C'è un rapporto di polizia, di quel 1904. Fiore Godino verbalizza in *cocoliche*, un italiano vagamente spagnolesco tipico dei nostri emigrati, d'essere un lampionaio rimasto senza lavoro da quando la luce elettrica ha spazzato via quelle mitiche figure che la sera accendevano i lampioni e all'alba li spegnevano e d'essere molto preoccupato per come vien su Gaetano: «È un *malvado*, un mascalzone». E racconta d'aver trovato sotto il letto un uccellino seviziato: «Mia moglie urlava come una pazza».

L'incubo del «mostro» deflagra nel 1912. Quando nel giro di pochi mesi l'adolescente Gaetano, che ha quindici anni, è alto un metro e 45, sa scrivere solo il suo nome e ha il cervello di un bambino, uccide uno dietro l'altro tre piccoli. In gennaio strangola Arturo Laurora, di quattro anni. In marzo dà fuoco ai vestitini di Reina Bonita Vainicoff, la figlioletta di cinque anni di due vicini di casa russi che si spegnerà dopo un'agonia spaventosa facendo morire di crepacuore anche i genitori. In dicembre ammazza a colpi di pietra Gerardo Giordano, un pargolo di tre anni al quale conficca anche un grosso chiodo nella testa per vedere «che effetto fa».

Quando lo arrestano, grazie alla testimonianza di una donna che dice d'aver visto la piccola vittima allontanarsi con un «*petiso orejudo*», i medici si scatenano. Lo portano all'obitorio a vedere il corpo dell'ultima vittima, racconta Maria Moreno, lo guardano sputare e tapparsi il naso ma senza piangere e infine, mossi dall'intuizione che si ecciti davanti alla morte, gli infilano la mano dentro le braghe: «Il membro è enorme. Lo misurano e si stupiscono. Annotano 18 centimetri». Decidono di fotografarlo: «Prima dello scatto della macchinetta lo costringono a tenerselo ben alzato con la mano destra. Lo sfondo è un cielo dipinto su cartone».

E c'è chi dice, come i dottori Cabred ed Estévez, che appiccava incendi alle scuderie perché «si divertiva ad ammazzare i cavalli e a provare la sensazione del ferro che si fonde e si ritorce nelle carni e il ricordo di questi spettacoli lo eccita e allora il mento e il labbro inferiore si distendono e i denti si serrano, il naso si allarga come se aspirasse l'odore caratteristico della mattanza». Chi, come i dottori Negri e Lucero, spiega che «la precocità sessuale e l'eccesso di masturbazione, il sadismo immaginario o caratteristico che lo stimola, sono segnali osservabili frequentemente tra coloro che sono predisposti alla psicopatia e tra i degenerati per ereditarietà, in particolare tra i deboli di mente e gli imbecilli».

Lui spiega ai medici che appiccava quegli incendi in giro per la città «per veder correre i pompieri», che non capisce perché dovrebbe avere rimorsi e che uccideva così: «Molte mattine dopo le rampogne di mio papà e dei miei fratelli uscivo da casa per cercare un lavoro e siccome non lo trovavo mi veniva voglia di ammazzare qualcuno». Solo bambini piccoli. O poveracci indifesi, come un paralitico e un pazzo sotto morfina che cercherà di assassinare in manicomio.

Diagnosi: epilessia. La malattia di cui pare soffrissero tra gli altri Cesare, Dostoevskij, Flaubert e Van Gogh. Ma che per Lombroso, nel quale convivevano il generoso socialista teso a garantire la dignità ai carcerati e insieme lo scienziato scriteriato autore di saggi deliranti tipo quello su *Il ciclismo nel delitto* («La passione del pedalare trascina alla truffa, al furto, alla grassazione»), era strettamente legata al crimine. Al punto da spingerlo a scrivere testi come *Sulla cortezza dell'alluce negli epilettici e negli idioti*.

Mettete tutto insieme: l'omicidio di piccoli innocenti, la paura quotidiana di Buenos Aires per la ferocia di tanti bambini di strada italiani, l'arrivo in Argentina in quel 1912 di 274.272 immigrati, l'enormità delle orecchie a sventola del «Petiso», le sue sopracciglia cespugliose e la spropositata dimensione del suo pene. Più la diagnosi giudiziaria che parlava di un «imbecille» totalmente «degenerato», ossessionato da un «eccesso di masturbazione» associata al sangue e al dolore. Più l'epilessia che nella famiglia Godino aveva già minato il padre e un fratello. E aggiungeteci, per finire, le teorie di Lombroso (tipo il saggio *Dell'igiene nelle Calabrie*) e dei suoi discepoli come Alfredo Niceforo sulla inferiorità degli italiani meridionali.

Era più che sufficiente perché, come dicevamo, si scatenasse sui giornali una furibonda campagna xenofoba contro gli italiani, riassumibile in una sentenza del professor Cornelio Moyano Gacitúa, docente dell'Università di Cordoba e divulgatore delle idee lombrosiane in Argentina: «La scienza ci insegna che insieme col carattere intraprendente, intelligente, libero, inventivo e artistico degli italiani c'è il residuo della sua alta criminalità di sangue». Un pregiudizio rafforzato da mille altre accuse. Prima fra tutte quella che gli italiani erano «avidi accaparratori delle ricchezze nazionali» e responsabili dell'aumento dei reati. Una balla, come dimostra dati alla mano Eugenia Scarzanella. Ma gli attacchi furono quotidiani, duri, frontali.

Quanto questa ostilità avesse radici antiche, in realtà, lo testimonia Emilio Franzina ricordando in *Un altro Veneto* che verso la fine del 1880 l'ambasciatore a Buenos Aires Francesco Saverio Fava (lo stesso che poi avrebbe gestito a Washington lo scontro sul massacro di New Orleans del 1891) aveva mandato al ministero una lettera confidenziale. Conteneva «L'elenco dei Sudditi Italiani assassinati nella Repubblica Argentina dal mese di luglio a quello di dicembre 1880 da pubblici funzionari e da privati». Un elenco lunghissimo, che in soli sei mesi contava già 30 morti. «Allarmatissimo per quelle che solo eufemisticamente si possono chiamare disfunzioni della giustizia locale», scrive Franzina, «egli si azzarda a suggerire, come rimedio, l'istituzionalizzazione del computo e quindi la periodica pubblicazione di una statistica delle morti violente tra gli immigrati.» L'idea, da sola, dice tutto: che bisogno c'era di contare via via tutti gli uccisi se non fossero stati decine e decine?

Non bastassero queste tradizioni di xenofobia anti-italiana, i diffusissimi pregiudizi e un giornalismo urlato che cavalcava nel modo più becero («Egli ha ucciso due bambini! Anime innocenti che si affacciavano alla vita come boccioli di iris che non si sono schiusi... La bestia non può essere giudicata dalla legge. I rettili si pestano.») la rabbia popolare verso il povero demente, Gaetano dava interviste in cella da gelare il sangue. «Cosa provi quando strangoli qualcuno?», gli chiese nel 1915 *La patria degli italiani*. E lui: «Non lo so... Mi piace. Mi dà un fremito che mi scuote in tutto il corpo... Mi viene voglia di mordere. A questo ragazzino l'ho afferrato con i denti qui, e lo scuotevo come fanno i cani con i gatti... Poi mi viene tanta sete. Mi si seccano la bocca e la gola, mi bruciano come se avessi la febbre».

Quando arrivò il verdetto, che lo assolse perché incapace di intendere e volere, *La Razón* manganellò i giudici con parole mai usate prima: «La bestia che trasformò innocenti creature nella preda dei suoi istinti, [...] questo mostro piccolo per età ma grande per il genere e la grandezza degli eccessi che commetteva, è stato perdonato dalla legge. [...] Come si vede, la scienza e il diritto offrono porte troppo larghe, attraverso le quali fugge la sanzione sociale. Ma ci viene in mente che la sanzione non è solo castigo, ma freno per chi si sente inclinato al crimine. [...] Per questo la sentenza di rilascio ha fatto violenza al sentimento pubblico...».

«Sociologia biologista, psichiatria fantastica, estetica poliziesca: tutto converge in quel corpo orecchiuto che posa con un laccio in mano nelle foto per la polizia, oppure nudo, con le gambe aperte, ad esibire un membro da elefante», scrive Maria Moreno. Grazie al «Petiso orejudo», «la criminologia lombrosiana diviene in Argentina l'arma efficace per intimidire tutte le varianti di "fauna della miseria" e per dare alla xenofobia aspetto di scienza».

Gaetano Godino, in realtà, non fu mai «rilasciato» come aveva scritto *La Razón*. Neppure quando arrivò la teorica scadenza della pena. Spostato dal manicomio criminale a un carcere di sicurezza, restò fino alla fine nel penitenziario di Ushuaia, in fondo in fondo alla Terra del Fuoco, ai limiti estremi del mondo. Un inferno dove, avrebbe denunciato il medico Guillermo Kelly nel 1932, «si rompono ossa e si torcono testicoli e si castigano i prigionieri con tremende angherie». Un giorno verso la metà di novembre del '44 prese un micio che era stato amorosamente adottato dai detenuti, gli stessi che secondo i rapporti lo avevano ripetutamente violentato, e con un colpo secco gli spaccò la spina dorsale. Inveleniti, i compagni lo fecero a pezzi a pugni e calci, spaccandogli una gamba per lasciarlo lì nel cortile, con le guardie che fingevano di non vedere, ad agonizzare tutta la notte. Fino alla morte. Negli ultimi ventun anni non aveva mai ricevuto neppure una visita, negli ultimi undici neppure una lettera dai suoi che, per la vergogna, erano tornati in Calabria.

Se Lombroso fosse stato ancora vivo e fosse riuscito ad avere la sua testa da aggiungere alla collezione di crani di nani, delinquenti, pazzi, deformi e perfino del brigante Gasparone, il «Petiso orejudo» gli avrebbe però dato una delusione. Un chirurgo plastico, per saggiare la propria perizia, aveva chiesto infatti qualche anno prima di fare sul detenuto più celebre dell'Argentina un piccolo intervento. Vanità professionale. Da quel momento, Gaetano non aveva più avuto neppure l'unica cosa che fosse mai stata davvero sua: quelle enormi orecchie da delinquente nato.

CAPITOLO OTTO

DINAMITARDI BIONDI E CATTIVELLI
Quando erano i nostri anarchici a terrorizzare il mondo

«Il tuo biondo cattivello.» Così si firmava Severino Di Giovanni, nelle appassionate e zuccherine lettere alla giovanissima amante, «Fina» America Scarfò. Un «biondo cattivello» colto a volte dalla vertigine del dubbio: «Oh, quanti problemi si affacciano sulla scarpata della mia giovane esistenza, travolta da mille turbini del male! Eppure l'angelo della mia mente mi ha detto tante volte che solo nel male vi è la vita. E io vivo tutta la mia vita. Il regno della mia esistenza si è perduto in essa: nel male? Il male mi fa amare il più puro degli angeli. Faccio io male? [...] Oh, problema dell'ignoto, perché non ti risolvi?».

Gli altri no, non avevano dubbi. Per tutti, compreso Emilio Lopez Arango, il direttore del giornale anarchico *La protesta* che per questa accusa fu dal nostro personalmente abbattuto a pistolettate una sera d'ottobre del 1929, Severino era un idealista andato alla deriva fino a diventare un pazzo assassino. Per dirla con *El Pueblo*, il quotidiano cattolico che non gli poteva perdonare d'aver tentato di far saltare col tritolo la Cattedrale di Buenos Aires, «l'uomo più maligno che avesse mai calpestato la terra argentina». Il simbolo stesso di una categoria che negli ultimi decenni dell'Ottocento e nei primi del Novecento seminò la paura scatenando reazioni ora durissime e ora inconsulte da Parigi a Washington, da Zurigo a Montevideo: gli anarchici italiani.

Fu «attraverso i marmisti toscani e i manovali pugliesi che il verbo socialista si diffuse in America», ha scritto lo storico Ruggero Romano. «Nei paesi del Rio de la Plata buona parte dei dirigenti socialisti e comunisti sono di origine italiana. [...] In realtà l'italiano è tutt'altro che un proletariato rassegnato: la sua venuta è sinonimo di sciopero, di lotta di classe, di organizzazione operaia. Basta a dimostrarlo il comportamento degli italiani assoldati per la costruzione della linea ferroviaria fra San José e Puerto Limón in Costa Rica. Il primo sciopero nella storia della piccola repubblica, sciopero di cui si fa eco in *La Révolte*, giornale anarchico francese dell'epoca, coincide con il loro arrivo.»

Facili ad accendersi, facili a dar fuoco alle micce. Certo: non avevano a disposizione gli esplosivi di oggi, non potevano procurarsi un'atomica sporca, non buttarono giù le Torri Gemelle, non potevano contare su un serbatoio di milioni di integralisti, non avevano dietro uno stato canaglia pronto a proteggerli. E in ogni caso i paragoni storici vanno presi con le pinze. Fatta la tara a tutto, però, la storia dice che questi nostri emigrati estremamente politicizzati, integralisti e fanatici, crearono ai paesi in cui si erano accasati spesso clandestinamente (come Armando Borghi, che da illegale visse negli States per quasi vent'anni vendendo sigari, cravatte o olio d'oliva e organizzando un'infinità di attività antifasciste) moltissimi problemi.

Strilla oggi il solito Mario Borghezio, mandato dalla Lega a rappresentare l'Italia a Strasburgo: «Dio stramaledica i terroristi arabi». E rincara: «Arrivano vecchie carrette del mare di dubbia nazionalità, con carichi vergognosi di carne umana ma anche di droga, armi e terroristi islamici». Concetto ripreso dal collega Roberto Caldaroli: «Insieme ai bambini si può riversare anche gente che poi troviamo a svaligiare le ville, a spacciare droga, a organizzare traffici di prostitute, senza contare i terroristi aderenti al terrorismo islamico». Ribadito da quel Roberto Castelli voluto da Bossi al ministero della Giustizia: «Grazie alla legge Turco-Napolitano circolano più di un milione di clandestini e non sappiamo quanti tra questi possono essere terroristi». E sintetizzato infine da un volantino distribuito a un raduno del Carroccio a Venezia: «Clandestini uguale terroristi islamici».

Alla larga dai paralleli. Il primo attacco a Wall Street però, come si è visto, l'abbiamo fatto noi. La dinamite nelle chiese l'abbiamo messa anche noi. E così sui pullman, nelle banche affollate, nelle stazioni, agli incroci... E anche noi siamo stati attaccati, per questo, con violente campagne xenofobe. Basti ricordare ciò che diceva, ai tempi delle bombe, il capo della polizia argentina Leopoldo Lugones, rappresentante della Liga Patriotica: «Bisogna farla finita con tutta l'immondezza anti-nazionale». O rileggere quanto scrivevano delle nostre teste calde i giornali parigini dopo l'attentato di Sante Caserio in cui aveva perso la vita il presidente francese Marie-François Sadi Carnot. Attentato che ai francesi aveva fatto tornare in mente quello del gennaio 1858 di Felice Orsini, il quale aveva tirato tre bombe contro la carrozza di Napoleone III lasciando illeso l'imperatore ma facendo una strage tra la folla: 8 morti e 150 feriti. O ancora citare il credito dato dai giornali americani a una leggenda nata dopo l'uccisione di Umberto I. E cioè che Gaetano Bresci avesse vinto il privilegio di ammazzare il Re Buono a una specie di tombola tra gli italiani anarchici di Paterson, una città del New Jersey.

«Un certo Fusco, originario di Caserta, comunicò all'ambasciatore italiano che molti, a Paterson, sapevano che Umberto sarebbe stato ucciso quell'estate», racconta Arrigo Petacco nel libro *L'anarchico che venne dall'America*. «Un certo Luigi Alfieri, di New York, in una lettera al *Progresso italo-americano* del 10 agosto 1900, affermò che Bresci era stato prescelto come esecutore nel corso di un convegno anarchico durante il quale erano stati estratti a sorte anche i nomi di coloro che avrebbero dovuto uccidere Guglielmo II, Francesco Giuseppe e il presidente francese Loubet.» Il messaggio confermava una lettera anonima firmata «Un italiano» pubblicata dal *New York Tribune* la settimana prima, il 3 agosto 1900: «Molti, infine, dissero di sapere che il regicida era stato estratto a sorte mediante i numeri della tombola e fu anche precisato che il numero toccato a Bresci era il 67». Per la cabala: l'uccello in gabbia.

Che Paterson fosse un posto dove poteva benissimo essere successa una cosa del genere, agli americani sembrò ovvio. Intorno al circolo anarchico «Società per il diritto all'esistenza», il più importante della città che allora aveva circa 100.000 abitanti e «lavorava quasi tutta la seta greggia degli Stati Uniti», racconta ancora Petacco, ruotavano personaggi come Camillo Prampolini, Saverio Merlino, Andrea Costa e a un certo punto perfino Errico Malatesta, uno dei punti di riferimento dell'anarchismo italiano e internazionale, autore di furibonde filippiche su giornali che volta per volta si chiamavano *L'Agitazione*, *Agitiamoci* o *Agitatevi*.

«Gli italiani di Paterson», scriveva il 18 dicembre 1898 il *New York Times*, «dimostrano di essere più colti e informati sugli affari del mondo della media degli italiani d'Italia.» E spiegava, come ricorda lo storico fiorentino, che «su 10.000 italiani residenti a Paterson 2500 si dichiaravano anarchici, 3500 acquistavano regolarmente il giornale in lingua italiana, 1300 affermavano di leggere più di un libro l'anno».

Non sembrò perciò una semplice coincidenza che Gaetano Bresci fosse partito per la sua missione proprio da lì, dove la gente odiava quel sovrano mediocre e crudele che da Roma mandava le camicie a lavare a Milano e aveva voluto premiare personalmente con la Gran Croce dei Savoia il generale Fiorenzo Bava Beccaris per aver fatto sparare a Milano sulla folla affamata. Ernestina Crivella, un'emigrata intervistata dai giornali americani dopo il regicidio, rispondeva: «Siamo tutti anarchici e molti di noi ebbero la fortuna e l'onore di conoscere Gaetano Bresci, che è uno di noi. [...] Noi non abbiamo mai progettato di uccidere re Umberto ma siamo contenti che Bresci lo abbia fatto». Non da solo, sostiene Petacco: «Il Bresci ebbe almeno un complice. Si chiamava Luigi Granotti. Anche lui tessitore come Bresci, anche lui emigrato a Paterson».

Solo tre anni prima, ancora da Paterson era partito un altro «tirannicida». Si chiamava Michele Angiolillo, era lui pure un anarchico e aveva assassinato nel 1897 a

Santa Aguada il primo ministro spagnolo Antonio Canovas del Castillo, a lungo l'uomo forte del regno al fianco di Alfonso XIX. Pochi mesi e ancora da Paterson, con in tasca una pistola e un ritaglio di giornale sull'impresa di Gaetano Bresci, sarebbe partito Leon Czolgosz, l'anarchico polacco che nel settembre 1901, all'Esposizione Universale di Buffalo, avrebbe ammazzato il presidente americano William McKinley.

Ma non era finita. Ancora da Paterson, infatti, tre decenni dopo, sarebbe passato nel suo vagabondare attraverso gli States (un vagabondare oscuro, per certi aspetti simile al futuro via vai di Mohammed Atta e dei terroristi di Al Qaida) un'altra testa calda italiana destinata a finire in prima pagina sui giornali americani: Giuseppe Zangara, l'assassino mancato di Franklin Delano Roosevelt.

Nato a Ferruzzano, un paesino calabrese sullo Jonio, orfano di madre, tirato su dal padre a pane e cinghiate, emigrato in America nel 1924, finito come tanti altri in una fabbrica tessile della città del New Jersey e come tanti travolto dalla grande crisi del '29, «Pino» Zangara non è un anarchico vero e proprio, non è un comunista vero e proprio e non è neanche tanto politicizzato in senso classico. Ma è un rivoltoso. Insofferente, lascia scritto nel suo diario, all'ingiustizia: «Avevo sempre pensato che quando lavoravo in fabbrica soffrivo per il calore delle macchine e stavo sempre male, poi quando stavo fuori soffrivo per il freddo. Allora pensavo che avrei sofferto sempre». Da quando ha perso il lavoro e con il lavoro ha visto andare in pezzi il suo sogno americano, è arrabbiato con il mondo ma soprattutto con i ricchi, i capitalisti e il capo supremo dei ricchi e dei capitalisti: il presidente degli Stati Uniti.

Per mesi e mesi gira a vuoto toccando, a quanto sembra, Chicago, Cuba, Panama, San Diego. Poi, nell'agosto 1932, riappare a Miami, apre chissà con quali soldi un conto in banca, cambia qualche albergo, affitta un tugurio, gioca ai cavalli, tenta senza troppo successo di rimorchiare qualche donna. Si fa chiamare «grande Zangara» ma tutti lo chiamano, scriverà sul *Diario* Gabriele Romagnoli, «Little Joe». Il 15 febbraio 1933, con le sue idee confuse ma ribelli, è sul molo del porto. Franklin Delano Roosevelt, di ritorno da una crociera in barca, è stato da poco eletto presidente al posto di Herbert Hoover (schiacciato dal disastro economico seguito al crollo di Wall Street) e di lì a tre settimane deve prendere possesso della Casa Bianca. «Pino» sbaglia tutto: vuota l'intero caricatore del revolver, colpisce cinque persone (tra le quali il sindaco di Chicago, che morirà) e lascia il neopresidente miracolosamente illeso.

Eccoli, sempre loro, strilla il *Miami Herald,* anche stavolta è il solito «italiano scuro, tipico della sua razza». Quando lo interrogano dice che no, non c'entra l'anarchia e non c'entra il comunismo. E al processo urla scomposto: «Bruciamo il denaro e facciamo il pane!». Nel testamento spirituale, che sarà ritrovato dopo la morte, scrive: «La mia causa è giusta. Io sono sempre stato contro i capitalisti. [...] Dovremmo uccidere tutti i capitalisti e bruciare il denaro e formare una società civile del comunismo. Non ho altro da dire. Domani vado sulla sedia elettrica a morire ma non ho paura perché ci vado per la mia causa. Saluto tutti i poveri del mondo. Arrivederci, Giuseppe Zangara».

Che il «tiranno» da sopprimere fosse francese o tedesco o turco, agli anarchici non importava affatto: il mondo era di tutti. Lo diceva anche una canzone, *Dimmi bel giovane,* scritta dal pisano Francesco Bertelli: «Dimmi bel giovane / onesto e biondo / dimmi la patria / tua qual è? / Adoro il popolo / la mia patria è mondo / il pensier libero / è la mia fé / La casa è di chi l'abita / è un vile chi lo ignora / il tempo è dei filosofi / la terra di chi lavora». Quanto ai mezzi da usare, alla canzone di Bertelli faceva eco il celebre *Inno a Bresci* (e a un famoso bombarolo francese) composto da un autore anonimo: «Prima di morir sul fango della via / imiteremo Bresci e Ravachol: / chi stende a te la mano, o borghesia, / è un uomo indegno di guardar il sol». In guardia, dunque: «Sbirri inorridite / se la dinamite / voi scrosciar udite / contro l'oppressor».

In nome dell'integralismo anarchico e libertario, Luigi Luccheni, figlio illegittimo di un proprietario terriero parmense che aveva mandato la cameriera a partorire a Parigi, ammazza a Ginevra con una stilettata al cuore il 10 settembre 1898 Elisabetta d'Austria, la «Sissi» moglie di Francesco Giuseppe che, morto l'amatissimo figlio Rodolfo, suicida con l'amante a Mayerling, si è ritirata nella sua villa di Corfù, lasciata solo ogni tanto per un viaggio in Svizzera. Gli chiederanno: perché l'hai fatto? «Sono anarchico, sono povero e odio i ricchi.»

Anche nel suo caso, ipotizza ignaro del ridicolo un articolo del 1899 su *La Riforma sociale*, c'è stata probabilmente una tombola omicida: «Il Luccheni si trovava con altri suoi colleghi a Losanna in un vero *milieu* anarchico. Si sarebbe tra essi stabilito di sorteggiare qualcuno che uccidesse l'imperatrice». Il sorteggiato, spiega la rivista diretta da Francesco Saverio Nitti e Luigi Roux, era stato un certo Gualducci. Il quale, raggiunta Ginevra, preso dal panico e dall'orrore per il delitto da compiere, si era fatto arrestare per vagabondaggio. Dopo di che i suoi amici di Losanna avevano ritentato la sorte. Puntando su Luccheni.

Al processo, l'uomo tenta di spiegare il suo gesto narrando di un'infanzia spaventosa. Consegnato a un orfanotrofio, era stato successivamente affidato alla famiglia Nicasi: «Tutte le mattine, in estate, per guadagnarmi la mia fetta di polenta, ero costretto a portare ai miei genitori adottivi un grande cesto di sterco di cavallo e di mucca che dovevo raccogliere a mani nude lungo i sette chilometri che collegano il borgo di Varano de' Melegari, dove vivevamo, con Fornovo. Al pomeriggio dovevo rifare la strada altre due volte per riempire un secondo cesto. La lordura che raccoglievo veniva poi venduta come letame».

I giudici, a sentire questa e altre storie delle tribolazioni patite dal poveretto come emigrante nel Ticino, a Zurigo, in Austria e infine a Budapest, non si commuovono per niente: «Ma voi non avete conosciuto la miseria!». «Ho cominciato a lavorare a nove anni...» Un dialogo tra sordi. La pubblica accusa la sua tesi l'ha già. Anzi, più che tesi è una diagnosi medica e religiosa: «È probabilmente in Italia che apparvero i primi sintomi anarchici che successivamente si svilupparono nella sua vita da vagabondo. La ragione del suo gesto è ovvia: egli ha agito a causa delle idee propugnate dalla setta cui apparteneva».

E come ribatte il difensore d'ufficio (Luigi non ha un soldo per prendersene uno a pagamento, né forse lo vorrebbe), l'eccellentissimo avvocato Pierre Moriaud? Arringando che è tutta colpa degli italiani, che non tirano su gli orfanelli amorevolmente come in Svizzera nonostante abbiano ancora più bisogno di cure: la debolezza morale dell'anarchico infatti, scrive nel suo libro *Crimes et anomalies mentales constitutionnelles,* è da mettere in relazione con «gli istinti feroci della razza italiana». Verdetto morale confermato dalla sentenza (ergastolo) e dai commenti della stampa ginevrina tra i quali spicca quello del gentile dottor Ladàme: «Questo miserabile italiano dal volto brutale, dall'intelligenza limitata, dall'istruzione pressoché nulla, è un malvagio...».

Italiano e anarchico: un mostro. Lo dice del resto lo stesso Cesare Lombroso che, dopo aver dimostrato la degenerazione genetica di questi rivoluzionari partendo dal famoso bombarolo Claudius François Königstein alias «Ravachol» («La faccia si distingue per la esagerazione degli archi sopraccigliari, pel naso deviato molto verso destra, le orecchie ad ansa, per la mascella inferiore, quadrata e sporgente, che completa in questa testa i caratteri tipici del mio delinquente nato»), cerca d'analizzare «scientificamente» Sante Caserio, l'assassino del presidente francese Sadi Carnot. Diagnosi: «Occhio dolce, mite, bellissime forme del cranio e del corpo salvo un neo sul braccio...». Qualcosa non torna, e il criminologo borbotta: «Qui sorge pel psichiatra e il socialista uno strano problema: com'è che in costoro, pazzi, criminali pur quasi tutti, spicca così grande l'altruismo che non si trova nel comune degli uomini?».

Bel problema: come te lo spiegavi, in quell'epoca, che

uomini bollati «scientificamente» come «delinquenti nati» fossero insieme così generosi e subissero il fascino di intellettuali quali Carlo Cafiero o Errico Malatesta, eredi di grandi fortune che per coerenza con l'ideale avevano voluto farsi poveri vendendo tutto e spendendo il ricavato in battaglie sempre perse? «Come individui gli anarchici si presentano spesso in veste di uomini mansueti, di caratteri dolcissimi», scrive *La Riforma sociale*, secondo la quale anche in Svizzera «il maggior numero di anarchici è italiano».

Certo è che, intorno a questi uomini, visti di qua come assassini, di là come giustizieri romantici, nascono incubi e fioriscono leggende. Presto tradotte in popolarissime canzoni. Come quella su Caserio: «"Lo conoscete voi questo pugnale?" / "Sì che lo conosco, ci ha il manico arrotondo / nel cuore di Carnot l'ho penetrato a fondo." / "Li conoscete voi i vostri compagni?" / "Eh sì che li conosco, ma son dell'anarchia / Caserio fa il fornaio e non la spia"». O quella su Sacco e Vanzetti: «Sta tutt'o munno sane arrevutate / pe' Sacco e pe' Vanzette cundannate / e chi vigliaccamente l'ha 'nfamate / mai n'or' 'e pace nun ha da truvà...».

Quando esplode il caso di *Nicola & Bart* che anni dopo darà spunto anche a Joan Baez, l'America è sull'orlo di una crisi di nervi. Siamo nel 1920 e gli operai italiani hanno smesso da un pezzo di essere considerati i più sudici e ignoranti ma anche i meno politicizzati, i più disponibili alle paghe basse, i più refrattari alle proteste. Quelli che avevan fatto fallire tutti i grandi scioperi: del carbone, degli scaricatori, degli insaccatori di carne...

Basta leggere *I figli di Colombo* di Erik Amfitheatrof: «"Sciopero! Sciopero! Sciopero!" gridava il giovane italiano, brandendo la sua busta strappata con gesto di sfida. [...] Alcuni operai rimasero ai loro telai, altri gli vennero vicino, facendo proprio il suo grido: "Sciopero!". [...] Poi cominciò la distruzione. I siciliani avevan i loro coltelli e in pochi minuti praticamente tutte le cinghie di trasmissione erano state fatte a pezzi. [...] Gli ingranaggi furono calpestati, gli operai sfogavano la loro frustrazione sui telai, rimasti muti, oziosi. I vetri furono rotti a calci. Era il venerdì 12 gennaio 1912; il grande sciopero tessile di Lawrence, capeggiato dagli italiani, era cominciato».

Il processo a Nicola Sacco e Bartolomeo Vanzetti arriva a ridosso della rivoluzione russa e del momento di massima tensione dopo il «risveglio» degli italiani. Quell'autunno isterico del 1919 in cui, come scrive Robert K. Murray in *La questione dell'immigrazione negli Stati Uniti*, monta «la Paura Rossa». Paura che, attizzata da un quacchero che punta alla Casa Bianca, Alexander Mitchell Palmer, porterà alla schedatura di 200.000 persone, a ondate d'arresti di «propagandisti sovversivi» e a una durissima offensiva politica e giornalistica contro gli immigrati: «La General Intelligence Division riteneva che circa il 90% di tutti i radicali presenti negli Stati Uniti fossero cittadini stranieri mentre si reputava che l'elemento nativo, se lasciato in pace, non si sarebbe mai dimostrato veramente pericoloso».

Il Congresso, scrive ancora Murray, era «sommerso» dalle petizioni di grandi associazioni quali gli Elks, i Kiwanians, i Rotariani, i Legionari «e simili che dichiaravano: è arrivato il momento per gli Americani di farsi valere e di cacciare dalle loro sponde tutti gli stranieri infidi». Il senatore Kenneth D. McKellar andò più in là. E suggerì «che tutti i radicali d'America venissero espulsi e mandati in una specie di colonia penale a Guam, istituendo una Siberia americana».

I primi a fare le spese dell'aria che tirava furono i russi. Ne presero 249, li portarono a New York, li caricarono su una nave militare (la *Buford*) e li portarono in Finlandia, senza badare se fossero o meno già cittadini americani o se lasciassero in America mogli e figli, perché proseguissero in treno per la Russia: via, a casa! Chiamarono l'operazione «Arca dei bolscevichi». Il *Saturday Evening Post* scrisse: «La *Mayflower* portò in questo paese i primi costruttori, la *Buford* ne ha portato via i primi distruttori». Ma le polemiche e i sensi di colpa furono così tanti, sulla «fine degli Stati Uniti come terra d'asilo per gli oppressi», che nessuno avrebbe più osato allestire una seconda barca. Che forse avrebbe riguardato i nostri immigrati. Magari quelli di Paterson.

Se andò bene a loro, andò male a Nicola Sacco e Bartolomeo Vanzetti, scelti come capri espiatori di una campagna che avrebbe indignato, spingendolo a intervenire con una richiesta di clemenza, perfino Benito Mussolini. La storia è notissima. Arrivati in America nello stesso 1908, il primo dalla Puglia, il secondo dal Piemonte, diventati amici durante la prima guerra mondiale quando entrambi si erano ritrovati disertori in Messico per non andare a combattere (dettaglio che peserà moltissimo sulla loro sorte giudiziaria), i due vengono accusati nel 1920 di avere partecipato a due rapine, nella seconda delle quali sono stati uccisi due uomini.

Al momento dell'arresto, come moltissimi americani di quell'epoca, sono entrambi armati. Nicola ha in tasca una Colt automatica calibro 32 con il colpo in canna, Bartolomeo una Marrington & Richardson calibro 38 con cinque colpi nel tamburo. Anni dopo Max Eastman, un giornalista serio del *New Yorker*, dirà che Carlo Tresca, un leader anarchico destinato a essere assassinato nel gennaio 1943 da sicari probabilmente fascisti, gli ha confidato: «Sacco era colpevole, Vanzetti innocente». Sarà... Quel che è certo è che il loro è un processo senza prove, pilotato e indecente. Col giudice Webster Thayer che viola ogni regola, confidando a tutti: «Visto come ho sistemato quei due bastardi?». Con i testimoni a discarico sistematicamente sbeffeggiati. Con gli alibi ignorati. Con il rifiuto di un interprete ai due che non capiscono tutte le sfumature dell'inglese.

Sentenza: pena di morte. Inutile il primo ricorso. Inutile il secondo. Inutile perfino la confessione di un bandito già in galera, Celestino Madeiros, che dice d'essere stato lui a fare la rapina coi morti, scagiona completamente i due anarchici e tira in ballo i fratelli Mike, Patsy, Butsy, Fred e Joe Morelli, accusando quest'ultimo di essere l'autore materiale dei due omicidi. Peggio: Madeiros incassa una nuova condanna a morte per la rapina, ma senza che il processo venga riaperto. Una infamia. Sette anni dopo, nonostante il caso sia esploso come mai nessun altro prima, nonostante la raccolta di dieci milioni di firme di cui due milioni raggranellate dal solo *Le Soir*, nonostante decine di grandi manifestazioni in tutto il mondo, Nicola Sacco e Bartolomeo Vanzetti vengono legati alla sedia elettrica.

«Brava America maledetta: hai ucciso te stessa», sibila il grande scrittore John Dos Passos, che un po' d'Italia la conosceva per aver combattuto sul Piave nella prima guerra mondiale. «Una macchia indelebile nella storia americana: tributo alla follia xenofoba e ideologica», giudicherà lo storico Arthur Schlesinger. Al punto che solo mezzo secolo dopo l'esecuzione, con un gesto che incredibilmente solleverà ancora polemiche, il governatore del Massachusetts Michael Dukakis, non a caso lui pure immigrato, riconoscerà che il processo era stato viziato da «pregiudizi contro gli stranieri e ostilità contro tendenze politiche eterodosse».

Ma poteva il nostro Severino Di Giovanni attendere per decenni questo risarcimento postumo? No: prima ancora della sentenza, aggravando la posizione già pesante di Sacco e Vanzetti agli occhi dell'americano medio, fa saltare con la dinamite a Buenos Aires il monumento a Washington e poi la concessionaria della Ford e poi una mezza dozzina di uffici americani e infine la casa del commissario di polizia Santiago, che aveva osato dire: «La notte dell'esecuzione di quei due non succederà niente perché ai terroristi argentini ci penso io». Commento del *Culmine*, il giornale di Severino: «Così non si permetterà più di fare previsioni».

È l'inizio della fine. Dello spaventoso avvitamento in una spirale di violenza fondamentalista e cieca che scuote Buenos Aires terrorizzandola. Bomba nella fabbrica di un piccolo imprenditore di sinistra che ha osato dare a una marca di sigarette «proletarie» il nome di «Sacco & Vanzetti»: danni gravissimi. Bomba alla National City Bank: 2 morti e 23 feriti. Bomba al Banco de Boston: strage sfiorata. Bomba al direttore del carcere di

Ushuaia: pacco disinnescato per un'intuizione. Bomba al consolato italiano: un massacro con 9 morti e 34 feriti. E poi bombe nella farmacia e nella casa di due immigrati italiani fascisti, su una nave in sciopero, nella Cattedrale, nel metrò, a una fermata ferroviaria, in una stazione... Un sanguinoso e assurdo delirio. Segnato in tutto da una ventina di morti, compresa una bambina uccisa da una pallottola vagante durante la sparatoria con la polizia che porterà alla cattura dell'anarchico, alla condanna a morte, alla fucilazione.

Josephina America Scarfò, l'amante bambina sopravvissuta a lui, a Juan ed Evita Perón, alla dittatura di Jorge Rafael Videla, alla tragedia dei *desaparecidos* e alla difficile rinascita, ha gelosamente custodito per settant'anni il ricordo dell'ultimo incontro in carcere col suo «biondo cattivello»: «"Addio, sarò per sempre tua" gli dissi con un filo di voce. Disse: "Addio. Continua a studiare"». E andò fieramente incontro al plotone di esecuzione. Una fucilazione pubblica oscenamente spettacolare, in un caravanserraglio di curiosi d'ogni genere tra i quali spiccava perfino un attore, José Gomez, che si era precipitato per studiare nuove emozioni espressive e aveva tempestato nella notte le porte della galera urlando: «In nome dell'arte, aprite!».

«Continua a studiare.» E lei, «Fina», orgogliosa per tutta la vita di quell'estremo ordine così anomalo sulle labbra d'un condannato a morte, obbedì. Come se potesse, divorando libri e cumulando lauree, vendicare Serafino che non aveva potuto studiare. E per oltre settant'anni, in attesa d'andarsene anche lei, è rimasta fedele al ricordo di quel giovanotto dall'anima doppia e imperscrutabile. Che la mattina poteva lasciare una borsa di dinamite in un ufficio affollato e il pomeriggio poteva scriverle lettere come questa: «Volevo venire da te. Per darti un solo bacio; forse mi contentavo anche di guardarti solamente, imprimere la tua fisionomia nuovamente nelle mie pupille e portarti lontano, lontano, nel mio nido solitario, dove il cinguettio della mia bella rondinella non rallegra l'immenso silenzio verde».

Lettere preziose. Bellissime. Gonfie d'amore. Restituite a «Fina» America nell'autunno del 1999, sette decenni dopo il sequestro, in una cerimonia alla Casa Rosada, il palazzo presidenziale argentino che domina Plaza de Mayo. Cerimonia in pompa magna, con tanto di fotografi chiamati a immortalare, nell'atto solenne della restituzione, il ministro dell'Interno Carlo Corach, deciso a trovare una fruttuosa sintesi tra la pietà cristiana verso il morto, la solidarietà verso la sua fedele e sfortunata compagna e le urgenze della bottega elettorale dei peronisti che, avviati a perdere il potere, pensavano che anche questo gesto di implicita riconciliazione storica con la sinistra estrema potesse essere utile a raccattare voti.

Severino Di Giovanni, per la *izquierda* argentina, è infatti qualcosa di più di quel «bandito dal vestito nero» (nera la giacca, nera la cravatta, nere le scarpe, nero il pastrano, nero il borsalino) dipinto per oltre mezzo secolo dalle autorità e dalla stampa. Né si può negare che quel giovane anarchico italiano fosse un *bandolero* assai speciale. S'è mai visto un criminale comune assaltare cinque banche per finanziare non solo un giornale, *Il Culmine*, ma anche una raffinata edizione delle opere di un geografo anarco-pacifista quale il francese Eliseo Reclus, che vedeva la geografia come metafora della libertà?

Questo era l'«Uomo in nero»: un impasto di violenza e di dolcezza, di assoluto disprezzo per la legalità e di assoluta moralità, di freddo distacco ideologico per la sorte degli innocenti che morivano dilaniati dalle sue bombe («In eterna lotta contro lo Stato e i suoi puntelli l'anarchico [...] non può molte volte prevedere che quella valanga che fra poco andrà a far rotolare per la china dovrà necessariamente urtare il gomito del vicino in astrattiva contemplazione delle stelle...») e di incendiaria passione d'amore. Capace di scrivere nelle stesse ore parole aspre come «Diamo fuoco alla dinamite vendicatrice!» e altre zuccherine tipo «Baciami come io ti bacio, rendimi duplicato il bene che ti voglio. Sappi che ti penso sempre, sempre, sempre. Sei l'angelo celestiale che mi accompagna in tutte le ore tristi e liete di questa mia vita refrattaria e ribelle».

Un affascinante crogiolo di contraddizioni in grado di conquistare la fantasia popolare. Di finire nelle strisce del gatto Felix, che esclama in una vignetta del 1930: «Ah, che bella giornata! Sono libero come Severino Di Giovanni». Di spingere uno sceneggiatore e storico di successo come Osvaldo Bayer a dedicargli una splendida biografia *Severino Di Giovanni, l'idealista della violenza*. E infine di stregare sei decenni dopo una giornalista milanese, Maria Luisa Magagnoli, obbligandola a partire per l'Argentina sulle tracce di quella presenza magnetica vista in una vecchia foto. Viaggio che avrebbe generato un romanzo d'amore, *Un caffè molto dolce*. Titolo ispirato alle penultime parole (le ultime furono, mentre crollava, «Viva l'anarchia!») dette da Severino prima di morire, a trent'anni ancora da compiere, mentre portava alla bocca la sua ultima tazzina: «Il caffè lo preferivo molto dolce».

Nato a Chieti nel marzo del 1901, figlio ribelle arrivato solo al terzo anno delle magistrali ma lettore insaziabile di ogni libro che gli veniva a tiro, diventato anarchico sui testi di Bakunin, Kropotkin, Malatesta, Stirner, Severino Di Giovanni aveva preso la nave *Sofia* verso Buenos Aires nel 1923, insieme con la moglie Teresa Masculli (una ragazza analfabeta che gli avrebbe dato tre figli ma dalla quale si sarebbe presto separato) per sfuggire alla dittatura del Duce, che odiava di un odio insanabile. «Lo vedemmo le prime volte nelle riunioni antifasciste», scrive il 31 gennaio 1931 *L'Italia del Popolo*, un giornale liberal-socialista degli italiani. «Era decisamente contrario a tutte le tendenze politiche dell'antifascismo. Per lui, i socialisti, i democratici e persino i comunisti erano identici ai fascisti.»

Una sola nicchia di serena «normalità», in questa folle e vertiginosa corsa verso «la bella morte» cominciata col lancio di volantini antifascisti sulla platea ingioiellata del teatro Colón e finita con gli assalti in banca, conservò gelosamente: l'amore per Josephina, sorella di due anarchici calabresi, Alessandro e Paolino Scarfò. Il secondo dei quali era destinato a morire con lui. Faceva il liceo scientifico allora, «Fina». Era bella, colta, innamorata. Un'eternità dopo, ancora raccontava: «Severino era un ragazzo *muy hermoso*. Intelligente. Idealista. Pieno di buoni sentimenti. Di tenerezze. Quel giorno che andai a trovarlo in carcere mi disse: "Sei stata l'unica dolcezza della mia vita"».

Di lui, oltre ad alcune immagini straordinarie che avrebbero messo in crisi Lombroso (come poteva un uomo così bello essere un delinquente abituale e insieme l'autore di quelle lettere d'amore?) e ai ritagli di giornale che usando lui attaccavano tutti gli anarchici italiani e in definitiva tutti gli immigrati «indocili», resta la fotografia che i poliziotti fecero al suo covo piazzando sul tavolo una bottiglia di champagne: eccolo, come si trattava bene!

Una foto falsa. Monaco dell'anarchia, Severino non fumava, non beveva, non si toglieva alcuno sfizio. Forse nessuno gli chiese mai se non ci fosse una contraddizione impossibile tra tutti quei morti assassinati e la romantica fratellanza anarchica riassunta in quella canzone dolcissima (scritta da Pietro Gori, lui pure esule in Argentina) che è *Addio Lugano bella*. Ma si può scommettere che avrebbe risposto come Luigi Luccheni: «Ognuno ha la sua anarchia. La mia è quella giusta».

CAPITOLO NOVE

UN'ACCUSA IN PIÙ: «SPIE DEL DUCE»

*L'ecatombe sull'*Arandora Star *e la teoria
della «quinta colonna»*

Era rimasto solo un unico siluro, quella mattina del 2 luglio 1940, al capitano di corvetta Günter Prien. Gli altri li aveva scaricati tutti nelle pance di otto navi nemiche guadagnandosi, per quelle incornate esplosive, il soprannome di «Stier», toro. Stava tornando appunto a casa per rifornirsi, quando vide nel periscopio il transatlantico inglese. Avesse saputo chi c'era, a bordo di quella nave stracarica di italiani e tedeschi immigrati in Gran Bretagna e in rotta verso un campo di prigionia in Canada, non avrebbe sparato. Non lo sapeva. Sparò. Novantasette secondi dopo, lasciandosi dietro un sibilo sordo, il missile sfondava la fiancata ed esplodeva nella sala macchine dell'*Arandora Star*. Quaranta minuti ci mise, la nave, ad andare a fondo. Quaranta minuti d'inferno, di urla, pianti, invettive. E fu inghiottita dall'Oceano e dal silenzio della storia.

Furono 446, in ordine alfabetico da Abrardo Eraldo a Zazzi Luigi, gli italiani che morirono nella catastrofe. E fu una morte orribile. Non solo perché, come avrebbe testimoniato un'agghiacciante illustrazione sul *Sunday Express*, centinaia di poveretti terrorizzati si straziarono le carni cercando inutilmente di superare le barriere di filo spinato tese a bordo del transatlantico. Non solo perché la ricostruzione dei giornali inglesi fu infame e arrivò al punto (mentre il *Times* esaltava «alcuni marinai inglesi affondati con la nave mentre ancora stavano cercando di mettere in salvo gli stranieri») di accusare i prigionieri di essersi presi «a pugni nella gara di salvare vigliaccamente se stessi a scapito di altri più deboli». Ma soprattutto perché la strage fu cancellata. Era troppo imbarazzante. Per i nazisti, che avevano sparato quel siluro contro una nave carica anche di tedeschi e alleati italiani. Per i fascisti, che avrebbero dovuto accusare la marina amica. Per gli inglesi, che avevano inanellato uno dietro l'altro una serie di errori, protervie e tradimenti inimmaginabili.

Primo fra tutti: quello di imbarcare sull'*Arandora Star*, insieme con gli italiani dichiaratamente fascisti e i tedeschi dichiaratamente nazisti, molti immigrati che si erano rifugiati in Inghilterra proprio perché nemici di Mussolini e Hitler e perfino un po' di ebrei che avevano cercato scampo di là della Manica alle persecuzioni razziali, ai treni blindati, ad Auschwitz. Mischiati tutti nello stesso calderone da una infame campagna di stampa, riassumibile in un articolo apparso sul *Daily Mirror* il 27 aprile 1940, firmato John Boswell e centrato tutto sulla fobia della «quinta colonna». Vale a dire l'incubo che gli stranieri venuti a cercar fortuna in Gran Bretagna anche venti o trent'anni prima potessero trasformarsi in spie e collaboratori clandestini del nemico.

Ecco cosa scriveva: «Ci sono più di ventimila italiani in Gran Bretagna. Solamente Londra ne ospita più di undicimila. L'italiano di Londra rappresenta un soggetto che non si integra nella società. [...] Spesso evita di assumere personale britannico alle sue dipendenze, perché è molto più conveniente fare arrivare in Inghilterra parenti o conoscenti dal paese d'origine. E così, le navi hanno scaricato in Gran Bretagna valanghe di Francesche e Marie dagli occhi scuri, o Gino, Tito e Mario dalle sopracciglia a scarafaggio. [...] Adesso ogni colonia italiana in Gran Bretagna e in America è un calderone che ribolle di politica italiana scottante. Fascismo nero, che brucia come l'inferno. Perfino il più pacifico proprietario del caffè di periferia, rispettoso della legge, ha un sussulto di patriottismo solo a sentir nominare Mussolini... Il nostro paese è costellato di tante piccole cellule di potenziali spie e traditori. C'è una tempesta che arriva dal Mediterraneo e noi, con la nostra stupida tolleranza, le spianiamo la strada».

Pochi giorni prima il *Sunday Dispatch*, in un violento

editoriale intitolato «La quinta colonna», era arrivato a prefigurare il coinvolgimento dei nostri perfino come spie del Führer: «Hitler ha una quinta colonna in Gran Bretagna [...] formata da fascisti, comunisti, pacifisti fanatici e profughi stranieri in combutta con Berlino e Mosca». Quanto al *Daily Mail*, non si tirò certo indietro. E scrisse: «La quinta colonna sta crescendo. [...] La gente chiede che gli stranieri nemici più loschi vengano immediatamente internati e tutti gli altri stranieri severamente controllati. [...] I traditori della Norvegia si sono rivelati delle pericolose serpi in seno».

Che tra i nostri emigrati ci fossero anche dei fascisti è verissimo. Proprio a Londra, per esempio, era nato il primo circolo fascista all'estero. Né si può negare che, almeno sulle prime, il rilancio dell'«orgoglio patrio» da parte del Duce e il peso via via assunto dal nostro paese avesse toccato il cuore di tanta gente costretta ad andarsene da un'Italietta povera e sventurata. Non bastasse, nessuno aveva coperto di lodi Benito Mussolini quanto Winston Churchill, che nel 1927 era arrivato a dirgli pubblicamente: «Non ho potuto fare a meno di rimanere affascinato, come molte altre persone, dai modi semplici e affabili del Signor Mussolini, e dall'atteggiamento calmo e distaccato che egli conserva dinanzi a così tanti rischi e preoccupazioni. [...] Se fossi stato italiano sono sicuro che vi avrei appoggiato in tutto e per tutto nella lotta trionfante contro gli appetiti e le mire bestiali del Leninismo». E ancora: «All'estero il vostro movimento ha reso un servizio al mondo intero. [...] L'Italia ha dimostrato che c'è possibilità di combattere le forze sovversive, spingendo il popolo, se guidato nella giusta maniera, verso i valori e la volontà di difendere l'onore e la stabilità della società civile. L'Italia ha prodotto l'antidoto necessario al veleno russo». Col tempo, però, aveva cambiato idea. E alle soglie della guerra, come ha rivelato Alfio Bernabei, l'autore di *Esuli ed emigranti italiani nel Regno Unito*, che da anni cerca di strappare all'oblio la strage dell'*Arandora*, si era reso protagonista addirittura di un indecoroso tradimento.

«Acciuffateli tutti!» Così disse, il cancelliere, il 10 giugno 1940, dopo che Mussolini aveva dichiarato guerra alla «perfida Albione». Lui lo sapeva, che tra i nostri c'erano moltissimi antifascisti ed ebrei. Sapeva che i «servizi inglesi» si erano perfino fatti consegnare, attraverso il partito laburista, una lista con i nomi, gli indirizzi e le schede personali compilata dagli italiani stessi che chiedevano d'essere protetti dall'Ovra. In testa c'era Decio Anzani, un sarto romagnolo che viveva a Londra dal 1910, era presidente della Lega per i Diritti dell'Uomo e si era fatto conoscere da anni come uno dei principali protagonisti, sulle pagine di *Il comento* e *Italy Today*, dell'opposizione al Duce. Con lui c'erano Paolo e Pietro Treves, Uberto Limentani, Giuseppe Petrone, Riccardo Priuli... Gente che tutto avrebbe potuto immaginare, meno che gli uomini di Churchill usassero anche quella lista compilata per avere un aiuto contro i servizi segreti mussoliniani.

«Acciuffateli tutti!» Fascisti e antifascisti, senza distinzioni. Era la linea di Allen Harker, il capo dei servizi segreti dell'MI5, che poco tempo prima aveva teorizzato: «Abbiamo motivo di supporre che il primo atto di guerra da parte dell'Italia potrebbe consistere in attacchi ad individui e punti chiave del paese ad opera delle organizzazioni fasciste italiane in Gran Bretagna, con metodi simili a quelli dei gangster». Non era forse l'Italia il paese del Duce ma anche di Al Capone?

Il povero Anzani, che da tempo era in attesa di avere la cittadinanza inglese, pensò fosse solo un controllo, mise nella borsa una camicia, un paio di mutande e di calzini. Venti giorni dopo, saliva le scalette dell'*Arandora*. Una nave di lusso che aveva portato ricconi in crociera nel Mediterraneo o ai Caraibi. Sequestrato, ridipinto, armato con un paio di cannoni, il transatlantico che sulla carta poteva portare 400 passeggeri salpò verso il Canada stracarico: i marinai, i soldati di scorta e 1190 prigionieri, nella stragrande maggioranza pacifici ristoratori, cuochi e camerieri italiani che talvolta, come nel caso di Silvestro D'Ambrosio, erano in Inghilterra da 42 anni, avevano una moglie inglese e potevano vantare non uno ma due figli nella Royal Army. Uomini a bordo, in totale: 1564. Coi prigionieri ammassati come bestie nelle cabine.

Gli italiani erano 712. «Solo una minoranza era dichiaratamente fascista» spiega Maria Serena Balestracci, autrice nel 2002 del libro *Arandora Star, una tragedia dimenticata* che dopo 62 anni ha fatto conoscere la strage in Italia. «La maggioranza era composta da ristoratori, proprietari di caffè e ristoranti, che si erano iscritti al fascio per poter esercitare le loro attività, per usufruire della protezione dei consolati, o più semplicemente per godere dei servizi offerti dai club fascisti.» Il fascismo aveva fascistizzato tutto ciò che di italiano c'era all'estero: consolati, circoli, club, fondazioni... Come poteva un povero emigrato incontrare dei connazionali, così lontano da casa, senza frequentare quelle sedi?

C'era, tra i passeggeri, un medico piuttosto noto a Londra. Si chiamava Gaetano Zezzi, ed era stato fino ad allora medico di famiglia anche del presidente della Blue Star Line, la compagnia di navigazione dell'*Arandora*. Edgar Moulton, il capitano della nave, lo riconobbe sul ponte e si offrì di trovargli una sistemazione migliore. Il dottore rifiutò: «No, grazie, ora sono diventato solamente uno dei tanti, preferisco rimanere qui insieme ai ragazzi». Il capitano allora, continua la studiosa fiorentina, «pregò Zezzi che almeno accettasse un invito a cena con l'equipaggio, e il dottore accettò. In questo modo il dottore riuscì a parlare a lungo con il capitano, e quando, la sera del primo luglio, fece ritorno alla sua cabina, al piano superiore D, apparve seriamente preoccupato». Raccomandò a tutti: «Badate bene di non scendere troppo sottocoperta, è meglio che rimaniate qua sopra vicino al ponte, è più prudente. Il capitano è convinto che siamo destinati a ricevere un siluro, prima o poi. Mi ha fatto notare che siamo partiti senza il contrassegno della Croce Rossa e in più siamo senza scorta. Dice che non possiamo cavarcela». Una strage annunciata.

Quando il siluro esplose nella pancia della nave, gli

italiani, che erano in larga parte anziani ed erano stati concentrati nei piani più bassi, tentarono disperatamente di risalire, nel buio pesto seguito al blocco dei generatori, verso la salvezza. Molti furono calpestati dai compagni impazziti, molti risucchiati dai vortici di acqua, molti uncinati dal filo spinato. E quelli che riuscirono a raggiungere il ponte trovarono alcune scialuppe già stracariche e altre in avaria, canotti inutilizzabili, centinaia di poveretti che sgomitavano. Un poveraccio, per non affrontare la furia del mare, si impiccò. Altri si gettarono tra le onde per attaccarsi a qualche rottame, come il futuro regista Mario Zampi. Altri ancora assistettero inorriditi alla scena di un cannone che, divelto, scivolava verso il vuoto trascinandosi dietro alcuni poveretti rimasti impigliati in una matassa spinata. Uberto Limentani, che essendo ebreo era venuto via dall'Italia dopo le leggi razziali del 1938, cercò di resistere per ore aggrappato a un pezzo di legno. Per tenere la mente lucida, appeso a un filo di vita là nell'acqua gelida, si mise a un certo punto a recitare qualche verso del *Cinque Maggio* di Alessandro Manzoni: «Come sul capo al naufrago/ L'onda s'avvolve e pesa...».

Quelli che si salvarono non dovettero subire solo il dolore per gli amici o i congiunti morti, il silenzio infame della patria, le pesanti ironie dei giornali xenofobi inglesi. Furono in gran parte caricati su un'altra nave, la *Dunera*, e spediti verso un campo di prigionia in Australia. Chiusi dentro le cabine: la prima lezione, pesantissima, non era bastata. E ciò che i nostri temevano successe davvero: furono di nuovo intercettati da un sottomarino tedesco. Che sparò due siluri. Sbagliando mira. Terrorizzati, racconta Maria Serena Balestracci, i deportati tentarono disperatamente di forzare le porte delle cabine ma «anche dopo essere riusciti a sfondare le porte, si trovarono dinanzi le "baionette britanniche" che li spinsero indietro».

Andò bene, stavolta. Ma quel vergognoso trattamento turbò un giovane soldato di nome Merlin Scott, che dopo aver visto caricare questi italiani sulla *Dunera* mandò una lettera al padre: «Ritengo che i superstiti italiani siano stati trattati ignobilmente. [...] E pensare che erano tutti distrutti, avendo perso padri, fratelli ecc. nel primo viaggio. [...] Quando sono arrivati alla nave le loro borse sono state perquisite, ma ciò che mi è sembrato veramente ingiusto è che tutta la loro roba – vestiti ecc. – è stata loro sottratta e ammucchiata fuori nella pioggia, ed è stato permesso loro di tenere solo una manciata di cose. Inutile dire che subito varie persone, tra cui anche dei poliziotti! [sic] hanno iniziato ad arraffare oggetti tra la roba ammucchiata. Gli italiani sono stati fatti salire sulla nave, spinti dalle baionette, con la gente che li scherniva. È stato veramente uno spettacolo disgustoso».

Il padre di Merlin Scott era un sottosegretario del Foreign Office. Fece leggere la lettera del figlio ai colleghi e il risultato fu esplosivo. Mentre montavano le polemiche, l'onorevole Graham White lesse pubblicamente una lettera appena ricevuta: «Mia madre e io siamo inglesi di nascita, e i miei sentimenti sono tutti per il nostro paese. Mio padre, italiano, arrivò in Gran Bretagna da giovane, e combatté a fianco degli Alleati nell'ultima guerra, riportando pure gravi ferite alla testa. [...] Non aveva alcun ideale politico e non apparteneva a nessuna associazione. [...] L'11 giugno è stato portato via per essere internato. Avendo sentito del siluramento dell'*Arandora Star* ci siamo preoccupati. Infatti abbiamo scoperto che era a bordo di quella nave, ed è stato dato per disperso. Al momento non abbiamo ricevuto alcuna notizia dalle autorità. Sono figlio unico e presto avrò vent'anni. [...] Potete immaginarvi lo stato d'animo di mia madre».

La cosa finì in parlamento. Un dibattito acceso. Il più esplicito fu il deputato Victor Cazalet: «Nessuna scusa, del tipo "siamo in guerra" e "i funzionari hanno troppo lavoro", potrà mai essere sufficiente a spiegare ciò che è successo. [...] Tragedie orribili, inutili e immeritate, pesano sulla coscienza di qualcuno. [...] Onestamente, non mi riterrò soddisfatto, sia come inglese che come sostenitore di questo Governo, fino a quando questa sporca pagina della nostra storia non verrà ripulita e riscritta».

La tragedia dell'*Arandora Star*, tuttavia, è solo la pagina più tragica di una lunga storia di vessazioni contro i nostri emigrati motivate con l'anti-fascismo. Una motivazione pelosa. Le urgenze della guerra o la lotta al regime mussoliniano, infatti, con il loro carico di campi di prigionia creati in mezzo mondo, dalla California all'Australia, là dove c'era una comunità italiana, servirono troppo spesso solo a mascherare la vecchia, sorda, cancerosa xenofobia contro i *dagoes*.

La penetrazione del fascismo tra i nostri emigrati, infatti, come dimostrano i numeri inanellati nel libro *Il fascismo e gli emigrati* a cura di Emilio Franzina e Matteo Sanfilippo, numeri che spazzano via una volta per tutte le bugie sull'entusiasmo per il Duce della nostra comunità sparsa nei continenti, fu assolutamente secondaria. Certo, la visione del Duce dell'emigrazione come di «una mirabile sorgente di ricchezza, destinata per una legge naturale di equilibrio, a traboccare dai paesi demograficamente ricchi», visione che rovesciava la prospettiva di una storica sconfitta dovuta alla povertà, non poteva non tirar su il morale ai nostri connazionali. E lo tirò su. Così come la voglia declamata di riscatto a livello internazionale di una Italia che non voleva più essere «solo una espressione geografica» e puntava addirittura a darsi un impero. O la decisione, figlia della teoria mussoliniana che bisognava «abolire la parola emigrazione» sfociata nella creazione della nuova categoria di «italiani all'estero», di dare vita a un progetto culturale tutto intitolato all'«L'opera del genio italiano all'estero». Per non parlare di alcune imprese dettate dall'ambizione, come la storica trasvolata dell'Atlantico del Nord compiuta da Italo Balbo alla testa di uno stormo nel 1933.

«Balbo e i suoi piloti che indossavano la camicia nera sotto la tuta», racconta Ludovico Incisa di Camerana ne *Il grande esodo*, «vennero festeggiati allo scalo d'arrivo, Chicago, da una folla strabocchevole. Il sindaco della metropoli proclama la giornata *Italo Balbo's Day* e la Setti-

Homo Italicus

Original Wop

«Mezzo chilo 'e spaghett' e un fazzolett' al collo,
lo stilett' e calzoni 'e fustagno,
metti l'aglio che inghiott' a boccate bestiali
e un talent' a lustrare stivali.»
(*Life*, 1911, Historical Pictures Service, Chicago)

Occhio, zio Sam:

«La discarica senza legge»: l'invasione giornaliera dei nuovi immigrati

sbarcano i sorci!

«direttamente dai bassifondi d'Europa» (*Judge*, 6 giugno 1903)

Mestieri pittoreschi

«Si affila lo stiletto di un assassino di New Orleans.»

«Un camorrista calzolaio nel quartiere italiano.»

(*Illustrated American*, 4 aprile 1891)

Mani tese, Mano Nera

«Nuova patria, vecchi mestieri.»
(*Harper's Weekly*, 1° febbraio 1873, Culver Pictures)

«Il povero americano: "Perché non tassi lui?"»
(*Judge*, 22 maggio 1909, Culver Pictures)

Spaccatimpani e lustrascarpe

«È un'era di macchine infernali, ma questa è la peggiore di tutte.»
(*Judge*, 27 maggio 1882)

«Regali di Natale, ideali per i nostri immigrati italiani appena arrivati.»
(*Leslie's Weekly*, 18 gennaio 1873, Culver Pictures)

Londra infestata dai savoiardi

Vignetta del pittore John Leech a corredo di un commento che spiega come la musica di strada possa portare alla pazzia e sia sopportata solo dai pidocchi, quale quello al centro del disegno. (*Punch*, 8 agosto 1863)

Soldi facili: è l'America!

«Tomaso: – Peppo Skinnolino sta facendo un sacco di bigliettoni.
Tobasco: – Con la scimmia e l'organetto o chiuso in casa, zitto zitto,
quatto quatto?» (*Judge*, 27 agosto 1904)

«– Altri italiani in arrivo! Come diavolo pensano di trovar da vivere?
– Be', lo sai che non vivono come noi.
Infatti, un paio d'anni dopo...» (*Puck*, 24 ottobre 1906, Culver Pictures)

Re Umberto e la scimmietta, re Umberto e lo stiletto

Il presidente del Consiglio Rudinì chiede la carità suonando l'organetto, l'ambasciatore a New York Fava fa la parte della scimmietta, re Umberto vende noccioline mentre l'americano Blaine (il segretario di Stato) gli fa cadere tutta la mercanzia: ecco la visione dell'Italia che protestava contro il linciaggio di New Orleans.

Seconda parte: re Umberto e Rudinì, «considerandosi offesi» affilano lo stiletto, ritenuta l'arma di tutti gli italiani violenti e mafiosi. Per terra, assai poco minaccioso, un cannone piccolo piccolo: solo un giocattolo in mano a un paese ridicolo.

(*Philadelphia Enquirer*, 12 aprile 1891, tratta dal libro *Corda e sapone* di Patrizia Salvetti)

Piccoli muratori ignoranti e simpatiche canaglie

«Evviva! I *bocia* devono finalmente andare a scuola.
Il piccolo *tschingg* italiano: – Noi non vuole andare a squola, vuole portare sacchi di malta, mangiare polenta sulle impalcature. Ricevere soldini il sabato essere molto meglio. La squola non serve a niente.»
Nebelspalter, Zurigo, 22 giugno 1898

«Un idillio di italiche canaglie».
Sporchi, scioperati, ubriaconi: la vita dei nostri vista sempre dalla rivista svizzera *Nebelspalter* il 9 giugno 1894.

I morti? Nella spazzatura

«– Come mai ai funerali italiani portano la salma soltanto in due?
– Perché i bidoni dell'immondizia hanno solo due maniglie.»
Vignetta anti-italiana pubblicata su un giornale australiano nel secondo dopoguerra e usata polemicamente come copertina dell'*Italian Joke Book* di Tommy Boccafucci.

Italian Gentleman

Vignetta pubblicata dal giornale australiano *Italo-australian*,
tratta dalla Collezione Gianfranco Cresciani.

ma strada diventerà la *Balbo's Avenue*». Eppure: «I festeggiamenti di Chicago furono niente rispetto a quelli di New York» ricorda il biografo di Balbo Giordano Bruno Guerri. «Il traffico della città si fermò, tutti corsero alle finestre, nel porto le navi emisero un unico assordante fischio di saluto, le rive dell'Hudson, dove la squadra ammarò, erano affollate come uno stadio durante una finalissima.» Insomma: «Quel che avvenne dopo è paragonabile solo con le accoglienze che vennero tributate ai reduci della Prima e della Seconda guerra mondiale e, forse, ai primi astronauti».

La strategia fascista, però, era così ambigua da essere destinata al fallimento. «Da un lato, si voleva o si diceva di volere che quanti componevano le comunità italiane all'estero tornassero in patria; dall'altro, si sperava che, rimanendo, essi potessero rivelarsi uno strumento di pressione sui governi di maggior prestigio nell'arena mondiale, nonché un mezzo per conquistare vari mercati esteri e avviare una sorta di colonialismo attraverso l'emigrazione» spiegano Franzina e Sanfilippo. «Quest'ultimo sogno aveva d'altronde sedotto, come si sa, nazionalisti, liberali e persino cattolici sin dall'esplosione della questione migratoria. Presupponeva, però, un forte controllo sulle comunità all'estero, nonché su tempi, mete e modi dei nuovi flussi migratori. Invece niente andò come il regime voleva: gli emigranti continuarono a rifuggire il controllo statale, anche perché molti partivano per allontanarsi dall'Italia fascista, e inoltre non fu mai facile, anzi spesso fu pressoché impossibile, trasformare in docili strumenti le comunità italiane all'estero. Queste ultime non avevano rescisso, né intendevano rescindere, i legami con la madrepatria. In pochi decenni avevano dovuto, però, adattarsi a società spesso francamente ostili e rispondere a imperativi economici e politici, che non coincidevano con quelli italiani. Era quindi improbo far sì che gli emigrati lavorassero in primo luogo per la madrepatria, rinunciando ad alternative più vantaggiose quali l'integrazione o l'assimilazione nelle società ospiti, e ancor più impervio era trovare un terreno comune tra l'Italia e tutte le sue comunità all'estero. Queste ultime si erano infatti adattate a realtà molto diverse tra loro e non erano vincolate da comuni legami. Il compito dei Fasci era perciò decisamente impegnativo, tanto più che gli attivisti non potevano sfruttare la coercizione fisica come in patria.»

Bastò un decennio perché emergessero tutte le contraddizioni. Proprio quello che inorgogliva i fascisti più entusiasti, la violenza verbale, le adunate guerresche, il manganello, il disprezzo per la democrazia, non piaceva affatto ai nostri emigrati. Immaginatevi dunque come potevano vedere in Australia, dove già avevano mille problemi a superare la diffidenza venata di xenofobia degli anglosassoni, l'arrivo di un console a Sydney quale Mario Carosi, che si vantava d'aver ammazzato con la sua squadraccia 13 antifascisti, piegava ogni lavoro consolare alle volontà del partito e intonava canzoni tipo: «I poeti e gli artigiani / i signori e i contadini, / con orgoglio di Italiani / giuran fede a Mussolini!». Ogni invito alla moderazione, partito dai fascisti più accorti, cadde nel vuoto. Col risultato che uno alla volta i Fasci fondati all'estero, dall'Australia agli Stati Uniti, dalla Francia al Brasile, vennero chiusi e ogni proselitismo vietato.

C'era da capirla, la diffidenza dei paesi d'accoglienza verso certe manifestazioni di orgoglio italiano. Basti rileggere i programmi delle scuole italiane di Londra descritti da Claudia Baldoli nel citato *Il fascismo e gli emigrati*: «La recitazione e il canto normalmente richiedevano d'imparare a memoria corte poesie e canzoni fasciste o patriottiche (la più popolare, *I bambini d'Italia si chiaman Balilla*). L'educazione morale variava dall'insegnamento dei valori cattolici all'educazione all'istinto di proprietà ("l'idea di "mio" e "tuo") e a nozioni come il rispetto per gli altri o l'amore per i genitori. I soggetti rimanevano gli stessi anche nel secondo anno, ma la fascistizzazione si faceva più pronunciata. Le lezioni d'igiene, piuttosto generiche nel primo anno, illustravano nel secondo gli sforzi del fascismo per migliorare l'igiene della popolazione italiana. Le lezioni di lingua introducevano la dettatura di testi quali *Duce tu sei la Luce d'Italia*; gli allievi commentavano brani come *Amo e rispetto il Duce*. Mentre nel primo anno le ore di disegno e lavoro manuale erano impiegate nella costruzione di figure di bambini, nel secondo si passava a quelle di fasci littori. Nel terzo e quarto anno comparivano nuove materie di studio, in particolare la storia e la geografia, che dovevano diventare sempre più importanti, in particolare dopo la conquista dell'impero». Illuminante il tema dato in tutte le nostre scuole londinesi per la celebrazione del Natale di Roma del 1936: «Illustra il sacrosanto diritto dell'Italia alla sua espansione coloniale».

C'è da stupirsi se gli inglesi erano spinti a diffidare di noi? Leggete cosa scriveva per esempio, con suicida baldanza, il giornale *Italia Nostra* l'11 ottobre 1935: «È giusto che noi, italiani che dimoriamo in questo paese, che spendiamo in questo paese il denaro duramente guadagnato, che paghiamo a questo paese tasse e imposte il più delle volte eccessive, che abbiamo ingentilito i costumi di questo popolo, insegnandogli a mangiare decentemente in locali decenti, e abbiamo sostituiti ai vecchi *Inns* bui, sudici e scomodi, gli alberghi moderni forniti di tutte le raffinatezze della civiltà continentale, è giusto che [...] manifestiamo [...] la nostra infinita indifferenza di fronte allo spettacolo balordo di invidia meschina e impotente offertoci da chi non ha mai saputo e non saprà mai sostituirci. Ci odiano perché ci invidiano, ci invidiano perché siamo forti, e perché siamo forti ci temono».

Parole combattive che eccitavano qualcuno ma non piacevano alla stragrande maggioranza degli emigrati, che chiedeva prima di tutto di farsi accettare là dove voleva vivere. Conseguenza: fatta eccezione per le minuscole comunità in Africa e in Asia (400 iscritti su 430 residenti in Cina, per esempio), alla gran quantità di Fasci fortissimamente promossi dai consolati perfino nel Siam corrispondeva un numero di membri così piccolo rispetto allo sforzo da risultare ridicolo. Con una punta massima di 65.000 iscritti su 9 milioni di espatriati (0,6%) complessivi censiti nel 1925 e situazioni locali ancora più umilianti. Come negli Usa dove l'orgoglio per la trasvolata di Balbo riempì le piazze ma non le sezioni della Fascist League of North America, che toccarono nel 1929 i 12.000 iscritti contro i 300.000, per esempio, di un'associazione quale l'Order Sons of Italy. Prova provata che i nostri non volevano saperne di una politica aggressiva che, teorizzando con Roberto Farinacci la funzione degli emigrati come «quinta colonna» fascista, li esponeva ancora di più alla diffidenza xenofoba delle società locali.

Furono centinaia di migliaia, da un capo all'altro della terra, gli italiani che pagarono a caro prezzo questa politica del fascismo. Nei soli Stati Uniti, dopo Pearl Harbor, 600.000 non ancora naturalizzati vennero additati da Franklin Delano Roosevelt come *alien enemies*, nemici. Molti furono arrestati e internati. A moltissimi, come ai 52.000 che vivevano in California, fu proibito di uscire di casa dalle otto di sera alle sei di mattina e di allontanarsi per più di cinque miglia. C'era tra loro il padre di Joe Di Maggio: «Non sapevo che mentre io combattevo per il mio paese», avrebbe dichiarato anni dopo il fratello del grande campione di baseball davanti alla Commissione Giustizia, «mio padre e mia madre venivano considerati nemici dalla nazione che adoravano così tanto».

Il più noto degli italiani colpiti dalla campagna xenofoba fu forse Angelo Rossi. Nato a Volcano, in California, figlio di un immigrato genovese, grossista di fiori, era stato nominato sindaco di San Francisco dalla giunta comunale, nel 1930, in sostituzione del *major* eletto senatore. Confermato dal voto popolare nel 1931 e poi ancora nel 1935 e nel 1939, era diventato molto popolare in tutti gli States nel 1937, quando aveva inaugurato il leggendario Golden Gate, costruito sotto la sua amministrazione in soli cinque anni. Avviato verso la quarta riconferma, fu azzoppato nel 1942 da un'audizione davanti al Tenney Commettee, la commissione californiana che indagava sui rapporti tra gli italiani e il fascismo. Accusato di aver avuto dei rapporti ambigui con gli uomini del regime, che in quegli anni dominavano quello di San Francisco come tutti i consolati italiani del mondo, e di aver fatto un paio di volte il saluto romano, si difese disperatamente fino a scoppiare in lacrime. Fu la sua fine.

Il più stupefacente per idiozia, ha spiegato alla Cnn John Calvelli, un consulente parlamentare di Washington che sa tutto della materia, fu il sospetto che portò all'arresto di Ezio Pinza, il «Pavarotti dei teatri di Broadway e della Metropolitan Opera House». Qualcuno era convinto che «mandasse messaggi in codice al Duce cambiando intonazione mentre cantava».

CAPITOLO DIECI

STRAGE PER UN PUGNO DI SALE

Il massacro di Aigues-Mortes: «Ci rubano il lavoro»

E il governo? Cosa fa il governo parigino? Altro che imbarazzi per la strage: pensi a proteggere piuttosto i lavoratori francesi «da questa merce nociva, e peraltro adulterata che si chiama operaio italiano». A difenderli contro «l'insolenza e la brutalità degli stranieri che li spogliano». Al diavolo scrupoli e cautele: «L'italiano non nutre nessuno e mangia da tutti». Non aveva certo sensi di colpa, il quotidiano *Le Jour*, nel commentare il 21 agosto 1893 il massacro dei nostri immigrati compiuto quattro giorni prima da una folla inferocita di operai francesi ad Aigues-Mortes, tra i paesaggi stupendi e infernali della Camargue. Nove italiani ufficialmente morti («ufficialmente») e decine di dispersi. Molti dei quali non avrebbero più dato segno di vita, lasciando immaginare di essere stati davvero inghiottiti dalle paludi mentre fuggivano sotto i colpi di badile e le fucilate degli aggressori come avevano raccontato in lacrime i loro compagni. Al punto di far temere un bilancio molto ma molto più pesante. Eppure *Le Jour* non ebbe dubbi sulla parte con cui schierarsi.

Così come non affiorarono dubbi nella redazione di *La Lanterne*, che attaccava il parroco del paesino, don Mauger, colpevole di aver tentato di difendere le sue pecorelle italiane e chiedeva la mano pesante «contro un'orda di affamati che a casa loro languiscono nella miseria». Né in quella di *L'Autorité*, che si augurava maggior determinazione del governo di Parigi nel difendere «il lavoro nazionale, i francesi, operai e non, contro l'invasione straniera».

«Gli italiani cominciano a esagerare con le loro pretese. Presto ci tratteranno come un paese conquistato», scrisse il settimanale *Le Memorial d'Aix*. «Fanno concorrenza alla manodopera francese e si accaparrano i nostri soldi a vantaggio del loro paese.» Per non parlare, insisteva, del resto: «La presenza degli stranieri in Francia costituisce un pericolo permanente, spesso questi operai sono delle spie; generalmente sono di dubbia moralità, il tasso di criminalità è elevato: del 20‰, mentre nei nostri non è che del 5».

L'aria era tale che perfino il procuratore generale di Nîmes, come sottolinea Enzo Barnabà nel suo *Morte agli italiani!*, dava per scontato che la posizione dei nostri fosse quella degli intrusi in casa d'altri: «Gli abitanti della zona vedono con dispiacere questi stranieri che, meno esigenti e con minori bisogni, vengono a toglier loro un lavoro che a loro dovrebbe esser affidato e li obbligano ad accettare condizioni meno favorevoli. Si lamentano anche del temperamento rissoso degli italiani che, per il minimo litigio, prendono in mano il coltello o la pistola. Riassumendo, c'erano dei fermenti di discordia già vecchi tra francesi e italiani che manovravano per escludersi l'un l'altro dal lavoro delle saline». Ma ripartiamo dall'inizio.

Aigues-Mortes, battezzato con quel nome infelice per le acque stagnanti un tempo infestate dalla malaria, è oggi un delizioso paese alle foci del Rodano, in Languedoc, a una mezz'oretta di macchina da Nîmes, celeberrima per l'anfiteatro romano che ancora rivaleggia nelle corride, durante i giorni della fiera, con le arene spagnole. Racchiusa dentro splendide mura medievali, è una cittadina di viuzze e piazzette, chiesette e bistrot affollatissima dai turisti, i quali dai depliant possono scoprire che proprio qui, nel 1248 e nel 1270, si imbarcò san Luigi per la sesta e la settima crociata. Del massacro, non una parola. Nessuna sorpresa: i francesi non ne hanno mai saputo molto. Il primo saggio divulgativo sul massacro è stato pubblicato sul mensile *Histoire* nel marzo 1979 da Pierre Milza, il primo libro di José Cubero è uscito nel 1996. Pura coincidenza: i due storici portano uno un cognome italiano, l'altro spagnolo.

Come fosse il posto ai tempi della strage, lo ricostruiamo invece da una corrispondenza del *Corriere nazionale*: «Aigues-Mortes è città poverissima. [...] Gli abitanti delle campagne hanno albergo entro luridi casolari costruiti con delle tavole spalmate di mota e sormontati da un enorme tetto di cannuccie. [...] Com'è ridotta fa invero pietà e si stenta a credere che in una Francia vi possa essere un sito tanto miserabile». Non più consolante era il quadro tracciato dal *Caffaro*, un quotidiano genovese: «La popolazione è povera e fiera; ha due industrie, domar i cavalli, i tori che sono nella Camarga allo stato selvaggio; lavorare nelle saline sfidando le perniciose emanazioni. [...] Sono circondati da figliuoletti rachitici e pallidi per le febbri... La vista di queste miserabili famiglie è straziante».

Il sale era l'unica ricchezza. Era l'oro. Da estrarre nelle saline di Peccais o di Fangouse a prezzo di spaventose fatiche. Lo dice una canzone popolare occitana: «Bisognerebbe aver ucciso il padre e la madre per andare a Peccais». Lo conferma l'operaio Salvatore Gatti, cinque giorni dopo la strage, al *Secolo XIX*. Spiegato che i lavoratori fissi delle saline erano una cinquantina, tutti francesi, l'uomo racconta della stagione del raccolto: «Vengono arruolati da Aigues-Mortes molte centinaia d'operai per l'accumulazione in mucchi del sale, e per il trasporto di esso – ridotto a mattonelle dai *saliniers* – fuori delle saline. Il lavoro del raccolto comincia generalmente verso il 16 di agosto e dura fino ai primi giorni di settembre».

Per le squadre di lavoratori italiani è una trasferta molto produttiva: «La stagione delle saline rappresenta per noi un guadagno netto, certo, di 180-200 lire, cioè quanto ci occorre per vestirci o calzarci un po' pulitamente durante tutto il resto dell'annata. Da ciò lo accorrere colà di tanta gente». Tanti soldi, tanto sudore: «La giornata di lavoro è di 11 ore per tutti: cioè dalle sei alle sei con un'ora intermedia di riposo. Gli operai sono divisi per squadre distinte per nazionalità. La Compagnia nell'accettare lavoratori dà la preferenza a quelli che già conosce perché usi a fare la stagione del raccolto». Quanto all'alloggio «provvede la Società delle saline in certe baracche di legno su cui vien teso uno strato di paglia il quale, con quanta pulizia e igiene non saprei dire, deve durare per tutto il tempo della stagione».

Finito l'accumulo del minerale, «i salinieri fanno col sale stesso delle mattonelle che poi i lavoranti provvisori devono portare fuori dalle saline, in carrette cariche da 100 a 105 chilogrammi di merce, a mezzo di stretti sentieri ripidi fino a 3 o 400 metri di distanza. Questa seconda parte del lavoro, detta di *roulage*, non è più pagata a giornata ma a cottimo». «Un forte operaio può in questo lavoro guadagnare una media di 10 franchi al giorno», spiega il giornale genovese. «Nel lavoro di *roulage* l'operaio francese in generale non resiste. Così una squadra di francesi conta il primo giorno di lavoro 100 uomini, al secondo non ne ha più che 50 e va così sempre diminuendo finché sul campo non rimangono che i resistenti, forti, pazienti, operai italiani.»

Un dettaglio centrale, sottolineato anche nella relazione del regio console italiano a Marsiglia, Cesare Durando: «Ciascun operaio italiano basta da solo a compiere questa operazione; gli operai francesi, all'incontro, usano per lo stesso lavoro associarsi in due: uno carica la carriola, e la spinge a metà dell'erta ove la consegna a un compagno che la scarica al deposito e la riporta vuota a metà della discesa, ove attende inoperoso fino a che il primo operaio torni, con un'altra carriola carica, e si riprenda quella vuota. Se con tale metodo la fatica è minore, la perdita di tempo è maggiore per il che l'italiano riesce a guadagnare da 11 a 15 franchi al giorno, mentreché il francese guadagna naturalmente assai meno».

Quell'anno, fra *gamellage* e *roulage*, riprendeva Gatti, «eran occupati 600 italiani. I francesi, quasi uguali per numero il primo giorno, andarono man mano scemando. Da ciò, da questa loro notoria impotenza e non già dalla concorrenza del prezzo nella mano d'opera, il loro risentimento, l'odio contro di noi. Ancora un'osservazione: il lavoro di *roulage* dura 12 ore, con un'alternativa di due ore di lavoro e una di riposo. La giornata era divisa così causa l'enorme fatica che viene da tale lavoro».

Non c'è da meravigliarsi perciò se, come scrive Barnabà, «per l'operaio francese l'immigrazione straniera era una delle cause della miseria e della disoccupazione. L'immigrato gli appariva come un concorrente facente parte di quell'esercito di riserva usato dai datori di lavoro per mantenere i salari al livello più basso». Il che sarà una delle ragioni che spingeranno gli stagionali francesi ad andare all'assalto degli italiani, sventolando non solo le bandiere francesi ma anche quelle anarchiche. In linea con quanto aveva testimoniato nel 1884, nell'inchiesta parlamentare sulla condizione operaia nota come *Rapporto Spuller*, un sindacalista parigino: «L'operaio italiano è caratterizzato dal fatto d'essere più docile, più malleabile; gli si fa fare tutto ciò che si vuole, abbassa la schiena e tende la guancia per ricevere un altro schiaffo. Come uomo, trovo la cosa rivoltante. Questi operai non hanno dignità personale; sopportano tutto, chinano il capo e obbediscono».

Un'opinione poi rilanciata al massimo livello da Jules Guesde che, pur essendo uno dei padri della *gauche* e dunque in teoria sensibile all'appello antinazionalista («Proletari di tutto il mondo unitevi»), aveva lasciato ai posteri un commento imbarazzante su *Le Cri du Peuple* centrato fin dal titolo sulla parola «invasione» e ideologicamente così confuso che gli immigrati italiani, visti quali razziatori del lavoro altrui, erano bollati come «saraceni».

In un contesto come questo, aggravato nel 1881 dalla tensione tra i governi seguita all'occupazione francese della Tunisia sulla quale aveva messo gli occhi l'Italia, scrive Barnabà, gli scoppi individuali o collettivi d'odio verso gli immigrati erano continui. Gli italiani uccisi tra il 1881 e il 1883 furono una trentina. Tre dei quali nella caccia ai *babis* (rospi: uno dei soprannomi dei nostri insieme con *macaronis* e *christos*, forse dovuto alla nostra fama di bestemmiatori) scatenata durante i Vespri Marsigliesi. Esplosi nel 1881 nella città ormai molto italianizzata – i nostri erano un quinto della popolazione e se naturalizzati erano ironicamente detti *français de Coni*, cioè «francesi di Cuneo» – dopo che al porto e alla conceria Jullien si era cercato di usare gli italiani contro gli operai locali in sciopero.

Quando il 16 agosto del 1893 si apre la stagione del sale, insomma, la situazione è incandescente. Fuori dalle mura di Aigues-Mortes, secondo quanto dirà il sindaco Marius Terras, sono accampate alla meno peggio 2000 persone. In larga parte sono *trimards*, lavoratori nomadi discendenti in linea diretta dai *compagnons* dell'Ancien Régime, arrivati da tutta la Francia, ma soprattutto dal Nord. Sono venuti per guadagnare molto e in poche settimane. Sono inveleniti con gli italiani «saraceni» e magari qualcuno ha pure in tasca il volantino elettorale in quei giorni distribuito dal romanziere, polemista e politico Maurice Barrès, il presidente della Ligue des Patriotes che teorizza la tutela «del lavoro nazionale così come si fa col grano, con le pecore o con le stoffe».

Il titolo è lo stesso delle serie di articoli pubblicati quel mese da *Le Figaro*: *Contre les étrangers* [Contro gli stranieri]. Dice: «Il decremento della natalità, il processo di esaurimento della nostra energia (è da cent'anni che i nostri compatrioti più attivi si distruggono nelle guerre e nelle rivoluzioni) hanno portato all'invasione del nostro territorio e del nostro sangue da parte di elementi stranieri che s'adoprano per sottometterci. [...] Credono di civilizzarci; contrastano invece la nostra civiltà. Il trionfo del loro modo di vedere coinciderebbe con la completa rovina della nostra patria. Il nome della Francia potrebbe forse sopravvivere e conservare magari una certa importanza nel mondo; lo speciale carattere del nostro paese ne sarebbe tuttavia distrutto e il popolo insediatosi con il nostro nome sul nostro territorio si avvierebbe verso destini che sono in contraddizione con i destini e i bisogni dei vecchi francesi».

Come un cerino in un pagliaio, scriverà il giornale anarchico *La révolte*, arriva tra gli stagionali francesi la notizia che ad alcuni francesi che si eran presentati in anticipo era stato detto che stavolta la Compagnie des Salins du Midi, la quale raccoglieva quasi tutte le 90.000 tonnellate annue prodotte dalla ventina di saline, non poteva assumere tutti perché «si aspettavano degli italiani». Falso. Come spiegherà il console Durando, gli italiani assunti stavolta sono perfino meno del solito: 500 (quasi tutti toscani, piemontesi, lombardi, liguri) contro 800 francesi. Tanto basta, però, a rendere l'aria esplosiva.

Chi sia il primo ad attaccar briga non è chiaro. C'è chi racconterà al giudice che «dal momento che i francesi lavorano meno sodo degli italiani, questi ultimi avrebbero rimproverato ai compagni francesi della stessa squadra la loro indolenza. Infatti, dato che il *levage* del sale viene effettuato a cottimo e il prodotto del lavoro di una squadra viene suddiviso in parti uguali tra tutti i componenti, i più attivi ricevono alla fine della stagione un salario uguale a quello dei meno diligenti». E chi dirà che il primo è stato un francese che si lagnava di un italiano che spingeva «intenzionalmente la carriola in modo da sfiorargli continuamente il calcagno».

Fatto sta che durante una pausa un torinese, descritto dagli stessi italiani come un «maneggiatore emerito di coltello, di carattere poco trattabile», va provocatoriamente a lavare il fazzoletto sotto il rubinetto del bene più prezioso: l'acqua potabile. Un francese lo rimprovera, scoppia la lite, arrivano altri francesi, il nostro tira fuori il coltello e ferisce il primo che gli capita. Botte da orbi, ma la cosa pare finire lì. Dopo il pranzo, lo scontro si riaccende. Un centinaio dei nostri, accusando i rivali d'aver buttato una pietra nella loro baracca mentre mangiavano, marciano su quella dove stanno facendo la pennica una quarantina di francesi.

Ricostruzione di Barnabà: «La baracca viene circondata dagli italiani armati di pale, bastoni e bottiglie. Si tirano pietre, i vetri volano a pezzi. Si sente gridare "Viva Italia, abbasso Francia!"». Ricostruzione del giornale *L'Autorité*: «I 110 italiani che si sono coraggiosamente gettati addosso a 40 francesi addormentati sono stati fedeli alle tradizioni della loro razza. [...] La coltellata inferta vigliaccamente tra le spalle indica in ogni paese del mondo la nazionalità dell'aggressore».

Certo è, spiegherà il console Durando, che mentre ancora è in corso il tafferuglio e stanno arrivando i gendarmi per sedarlo, alcuni francesi corrono ad Aigues-Mortes «gridando che gli operai italiani avevano ammazzato operai francesi alle saline. Di bocca in bocca, i morti francesi da tre diventarono cinque, dieci, venti e più, e non si contavano i feriti. D'un tratto, come prende fuoco una striscia di polvere pirica, la sommossa è generale. Da tutte le parti si corre schiamazzando: "Via gli affamati; morte agli italiani; ammazziamoli tutti; viva Ravachol; viva l'anarchia; vogliamo sangue; ci abbisogna del sangue". E quasi obbedendo a una parola d'ordine, si dà la caccia all'italiano».

Meglio: la «caccia all'orso». Così viene battezzata, con tutto il disprezzo che il nomignolo aveva, dovuto alla tradizione dei nostri musicanti che giravano spesso con un plantigrado ammaestrato. Se fosse tutto programmato, come lascia pensare il fatto che fin dalla mattina certi strani figuri andavano in cerca del pubblico banditore che nel pomeriggio avrebbe annunciato la caccia, non sarà mai accertato. Quel che si sa è che nel pomeriggio, quando la folla inferocita si ingrossa, pesta a sangue tutti gli italiani che trova e ne assedia una sessantina in un panificio, la situazione precipita.

Il peggio deve ancora arrivare. E tra i protagonisti vede il prefetto Le Mallier che, arrivato col primo treno la mattina del 17, prende una decisione choc: l'espulsione immediata degli italiani. Voleva calmare gli animi e magari mettere in salvo gli immigrati in pericolo? Mah... Certo è che alle undici compare sui muri un manifesto firmato da Terras che declama: «Il sindaco della città di Aigues-Mortes ha l'onore di portare a conoscenza dei suoi amministrati che la Compagnia ha privato di lavoro le persone di nazionalità italiana e che da domani i vari cantieri saranno aperti agli operai che si presenteranno. Il sindaco invita la popolazione alla calma e al mantenimento dell'ordine. Ogni disordine deve infatti cessare, dopo la decisione della Compagnia».

Espulsione? Troppo poco! Così la folla furibonda, accaldata e resa aggressiva dal vino, interpreta questa prima vittoria. E mentre il tamburo chiama tutti a raccolta e spuntano qua e là le pistole e i fucili, monta la voglia omicida di una soluzione definitiva. Un secolo dopo è inutile ricostruire la cronaca nei dettagli. Basti dire che, mentre i rinforzi ancora attendevano l'ordine di partire da Nîmes, una dozzina di gendarmi cercarono di scortare dalle saline in paese, perché potessero prendere il primo treno per Marsiglia, un'ottantina di italiani.

Una marcia di pochi chilometri. Ma fu una rotta. Spaventosa. Sotto un sole accecante. Con centinaia di francesi che urlavano e colpivano da tutte le parti i nostri con forche e bastoni, pietre e pallottole. Finché, quando erano ormai in vista della Porta della Regina, i poveretti furono presi in mezzo da un secondo corteo di manifestanti. Racconterà Salvatore Gatti al *Secolo XIX*: «La colonna era giunta vicino a un fosso d'irrigazione di piccola larghezza e pochissima profondità che costeggia la strada. Allora i dimostranti raggruppatisi dal lato opposto cominciarono a respingerci per farci cadere nell'acqua. Una diecina dei nostri infatti caddero nel canale. I gendarmi, per paura di peggio, fecero affrettare il passo alla colonna abbandonando forzatamente i caduti in mano ai nostri nemici. Fu in questo momento che cominciò l'eccidio.

«I furibondi francesi, scagliatisi contro i caduti, li stesero morti a bastonate nell'acqua del canale, pestandoli coi piedi, coprendoli di sassi. Uno di questi disgraziati, un torinese, credendo di salvarsi, quantunque già grondante sangue dal capo, si alzò gridando lasciatemi stare, sono còrso, sono francese! Salvatemi! A nulla valsero le sue parole. Nuove pietre, nuove bastonate lo colpirono ed egli cadde morto in mezzo alla strada. Caddero poi in seguito un pinerolese perché incapace di camminare oltre per male a un piede: la stessa cosa toccò a un altro soprannominato Bergamo, un povero vecchio che gridava invano ai suoi assassini: Abbiate pietà di me, sono padre di cinque figli! Credo che anche un figlio di costui – del quale non ebbi più notizie – sia stato ucciso mentre stava nascosto in una vigna.

«Un altro francese, più degli altri inviperito, gridava ai suoi compagni di forzare il cordone dei gendarmi per fare man bassa su di noi italiani rimasti che marciavamo a testa china per ripararci alla meglio dietro i gendarmi. Gridando *En avant! En avant!* colui diede un colpo di pala sul naso al cavallo del gendarme, quindi colpì leggermente il gendarme stesso a un occhio. [...] Un dimostrante francese additò a un contadino, che se ne stava col fucile davanti alla sua casa, un italiano, certo Barbetta, che passava fra i gendarmi. Vedete costui – urlò il francese – ieri è stato arrestato per aver maltrattato dei nostri compatrioti. Il contadino squadrò dall'alto al basso il Barbetta poi, senz'altro, puntandogli contro il fucile lo uccise come un cane».

«I contadini guardiani dell'uva si misero a inseguirci con le forche e coi fucili», confermerà al *Caffaro* un operaio toscano, Angelo Pistelli. «Un mio amico cadde colpito alla schiena da una pallottola e mi gridò prima di morire: "Saluta mia madre" e... non potei più capire altro perché uno scoppio di pianto gli troncò la parola e cadde bocconi sul terreno. Vidi della gente calpestarlo.»

«Ho appena assistito a una scena di un'efferatezza senza precedenti e indegna di un popolo civile», scriverà con onesta indignazione l'inviato del *Journal du Midi*. «Verso le due e mezza del pomeriggio, in piena piazza San Luigi, un povero disgraziato è stato assalito da una banda di bruti ed è stato letteralmente massacrato. I forsennati lo hanno abbandonato solo dopo avergli ridotto il cranio in poltiglia.»

Nelle stesse ore, con minore indignazione, Marius Terras fa affiggere un secondo manifesto: «Gli operai francesi hanno avuto piena soddisfazione. Il sindaco della città di Aigues-Mortes invita tutta la popolazione a ritrovare la calma e a riprendere il lavoro, tralasciati per un momento. Cessiamo ogni manifestazione di strada per mostrarci degni della nostra patria; è col nostro atteggiamento calmo che faremo vedere quanto ci dogliamo per le deplorevoli conseguenze degli incidenti. Raccogliamoci per curare le nostre ferite e, recandoci tranquillamente al lavoro, dimostriamo come il nostro scopo sia stato raggiunto e le nostre rivendicazioni accolte. Viva la Francia! Viva Aigues-Mortes!».

Il nostro scopo è stato raggiunto? «Volevo solo calmare gli animi», dirà in singhiozzi il sindaco al console italiano. Non gli basterà a salvare il posto: destituito. Sarà il solo capro espiatorio. In Italia scoppiano ovunque manifestazioni antifrancesi. Alessandro Pagliari scrive una poesia gonfia di sdegno: «Furon trenta gli uccisi fratelli! / Fur sessanta i fratelli feriti, / Lacerati da ferri, e randelli! / Cento e cento la fuga salvò! / Non sul campo di patria battaglia / Lasciar vinti la giovane vita! / Una gallica fiera gentaglia / Sul lavor gli operai trucidò!». Edoardo Scarfoglio accusa sul *Mattino* il capo del governo, Giovanni Giolitti, di sottrarsi «alla necessità di una guerra che ci si impone con tutte le asprezze della fatalità» e declama: «Noi non abbiamo battuto l'Austria, scacciato i Borboni, liberato la Sicilia, creato l'organismo politico e amministrativo d'Italia per porgere graziosamente la gola al coltello degli assassini. La pace europea è una bella cosa: ma niuno può pretendere che l'Italia ne sia l'Ifigenia... Meglio la sconfitta, meglio la catastrofe che questa lenta agonia d'inazione. Si corra magari incontro al coltello del sacrificatore, ma non restiamo qui, come Pulcinella, a dissertar sugli schiaffi che ci colpiscono».

All'apertura del processo, però, ogni indignazione sarà già dimenticata. Anzi, il nostro console si farà premura di precisare al prefetto della Charente di non essere presente per controllare che sia fatta giustizia. No: «Sono venuto qui inviato dal mio governo per seguire l'udienza al fine di accertarmi che, nei tristi avvenimenti d'Aigues-Mortes, i miei compatrioti italiani non abbiano mancato ai doveri imposti loro dall'ospitalità. Sono felice di dirglielo in modo che non ci si possa ingannare sulla mia venuta in questa città. Ogni altra interpretazione della mia presenza al processo sarebbe inesatta». Una vergogna.

Così come sarebbe stato vergognoso il processo, fissato per il 27 dicembre in modo che la gente fosse distratta dal Natale appena trascorso e intestato all'unico italiano coinvolto: *Affaire Giordano et autres*. Quattro giorni e tutti assolti, in tempo per il Capodanno. Senza che le vittime del massacro fossero rappresentate da un solo avvocato. Senza che l'Italia si costituisse parte civile. Senza che venissero prese in considerazione le prove contro i pochi imputati di «tentato omicidio» (omicidio no, eccepirono le illustrissime toghe, perché «in presenza delle numerose ferite dovute ad armi diverse che sono state constatate» sui poveri ammazzati, «è stato impossibile determinare l'autore della ferita che ha causato la morte»). Senza che potesse essere accertato neppure il numero degli uccisi: 9 sicurissimi e identificati, più 2 quasi sicuri, più chissà quanti altri ingoiati dalle paludi.

L'elenco ufficiale stilato dalle autorità francesi parla di 16 «dispersi» ma Pierre Milza sostiene che i conti non tornano, Enzo Barnabà pare molto perplesso ed Emanuela Griglié, autrice di una tesi di laurea ricchissima di dettagli e basata sul verbale del processo, spiega che risultarono dispersi almeno i 60 della colonna scortata dal capitano Cabley, anche se «non sarebbe corretto formulare deduzioni catastrofiche» affermando che «morirono tutti quanti». Quel che è certo è che la versione ufficiale non ha mai convinto nessuno. Al punto che la mitica enciclopedia *Treccani*, nell'edizione del 1955, sotto la voce Aigues-Mortes, dopo aver descritto la cittadina, riporta quasi di sfuggita: «Il 19 agosto 1893, in un periodo di tensione franco-italiana, circa 400 operai italiani che lavoravano in A. furono gettati nel Rodano dalla folla imbestialita». Una forzatura a rovescio. A parte il fatto che, come sottolinea la Griglié, un conto è il Rodano (che sta a 30 chilometri) e un altro le paludi, «la cifra di 400 presunte vittime è inverosimile».

Riuscì a sopravvivere fingendosi morto, tra i dispersi,

Giovanni Cravero. Il quale al ritorno raccontò tutto al canonico Fedele Salvio, di Biasco, un borgo vicino a Saluzzo. Il quale a sua volta scrisse a *Civiltà Cattolica*: «Da un mio compaesano, Cravero Giovanni di 22 anni, ebbi testé la narrazione delle selvagge scene colà avvenute. Le cose sono da cannibali e peggio, e che io stesso, per onore dell'umanità, non avrei mai credute, se non fossi certissimo della veridicità e onestà del giovane che me le raccontò. Gli italiani furono aggrediti, affatto inermi, da una turba immensa, armata di pali, revolver, fucili, asce e tridenti; da una folla di dementi che bestemmiavano come Turchi e imprecavano all'Italia, scagliando contro i nostri e pietre e bottiglie e rottami. Il giovane Cravero, che se n'era fuggito nelle vigne, ricevette sette colpi di bastone sulla testa e sul petto e giacque per cinque ore sotto la sferza del sollione, e se ebbe salva la vita riconosce in ciò la protezione di Maria SS. del Carmine venerata in Fiasco e l'aiuto delle anime del Purgatorio. Si figuri, sig. Direttore, che quei cannibali benché credessero non rimanesse più al Cravero che qualche ora di vita, lo frugarono nelle tasche per cercare, dicevano, il coltello da piantargli nel cuore; né avendo trovato "l'arma vile dell'Italiano", gli empirono la bocca di sabbia, urlando: "Mangia polenta, cane di Italiano"».

Lui ce la fece. Di tanti altri non sapremo mai nulla. Forse riuscirono a fuggire in Brasile. Forse rimasero là sotto, nelle acque morte della Camargue. Per chiudere la questione, Italia e Francia si misero d'accordo su un «risarcimento reciproco», andato in porto nonostante un indignato articolo di Giacomo Gobbi su *La Tribuna*: 420.000 pagò la Francia per il massacro di 9 («ufficialmente») poveretti assassinati, 30.000 l'Italia per i vetri rotti all'ambasciata francese «dal popolaccio romano». Ai funerali dei nostri emigranti, tutte le bare in fila erano seguite solo da due persone.

CAPITOLO UNDICI

ANGELI CADUTI AL PASSO DEL DIAVOLO
I nostri clandestini: via in massa oltre le Alpi e gli oceani

L'aspirante barbiere Rosario Caruso detto «Sarino» passò clandestinamente il Piccolo San Bernardo la notte del 31 gennaio 1947 trascinandosi dietro con uno spago, come fosse una slitta sulla neve morbida in cui sprofondava fino alla cintola, una pesantissima valigia. Egisto Corradi ci morì di curiosità per giorni e giorni, sul contenuto segreto di quella valigia. Finché, quando furono finalmente di là del confine, in Francia, dopo una marcia spaventosa nel gelo, Sarino non venne colto da un'improvvisa felicità. E volle assolutamente, scrive il grande giornalista nel suo reportage, dimostrarsi riconoscente col padrone della bettola dov'erano finiti.

«"Maître", dice, "voglio farvi un regalo." Scende dal letto, corre sul pavimento tiepido di legno ballando sui piedi rossi e gonfi, si china, apre finalmente la misteriosa valigia: è piena di cosucce molli e grigie, semplici fichi secchi. Niente più che fichi secchi. Disgraziato di un Caruso, ha valicato il San Bernardo con una valigia di fichi secchi. Quasi trenta chili di fichi secchi.»

Egisto Corradi era un cronista formidabile e quando il *Corriere d'Informazione*, pomeridiano del *Corriere della Sera*, gli commissionò un'inchiesta sugli italiani che passavano clandestinamente in Francia dato che Parigi aveva messo forti restrizioni all'immigrazione, non ci pensò due volte. Recuperò su una bancarella i vestiti più vecchi e stracciati che c'erano, si liberò del tesserino dell'Ordine, falsificò grossolanamente la carta d'identità cancellando alla voce professione «giornalista» per scriverci «operaio», si lasciò crescere la barba e prese il treno di

167

terza classe che da Aosta portava, in un paesaggio sepolto dalla neve, a Pré-Saint-Didier.

Fu lì, con la schiena ammaccata sui sedili di legno, che conobbe Sarino, «trent'anni, capelli neri e ricciuti, un segno rosso di cicatrice tra naso e labbra». Veniva da Sant'Angelo di Brolo, provincia di Messina, aveva un paltò ricordo degli Alleati di spesso panno verde, si era appena separato dalla moglie e parlava solo di due cose. Della sua incontenibile passione per le donne e del suo sogno di fare il barbiere nella bottega di un amico dalle parti di Lione: «A Torino, dando fondo ai risparmi, ha comprato una serie di ferri del mestiere: forbici, macchinetta, rasoio, pennello e una stupenda coramella da 500 lire».

C'era «buon tempo a La Thuile, propizio per passare». Fossero arrivati il giorno prima, spiegò loro l'oste, avrebbero potuto accordarsi con altri 7 emigranti clandestini andati via la notte. Meglio aspettare nuovi arrivi: «Non è comodo passare il San Bernardo in pieno inverno, di notte, con due e più metri di neve che ci sono lassù, col vento tanto forte che in certi punti gratta la pelle della montagna e in certi altri accumula metri e metri di neve, poi c'è il tempo che può cambiare da un'ora all'altra, e poi le disgrazie».

«Quest'estate e anche fino a quattro settimane fa», racconta in quell'inverno del '47 il grande giornalista facendo a pezzi la tesi di quanti concioneranno mezzo secolo dopo sulle balle che i nostri siano sempre emigrati legalmente e incoraggiati dai paesi ospiti, «passavano centinaia e centinaia di emigranti per notte: una volta ne passarono 1000 in poco più di ventiquattr'ore, con nidiate intere di bambini. Tra gli ultimi passati una donna incinta, percossa dalla straordinaria fatica, partorì due settimane fa, mentre scendeva il versante francese. [...] Oggi come oggi ne passano poche centinaia la settimana, ma sta riprendendo il flusso, si capisce da molti segni.»

L'incontro col *passeur* che li porterà fuori per 5000 lire e che giura di aver già fatto espatriare da solo almeno

700 clandestini, scrive il grande Egisto, è memorabile: «Di bicchiere in bicchiere, la guida ha messo in corpo a me e a Sarino una paura dannata: valanghe, assiderati, congelati. Nel vedere le mie suole lisce come il palmo della mano si è messo a ridere: "Chiodi ci vogliono, almeno un paio di dozzine, bisognerà piantarli subito. Siete tutti così, credete che il 'Piciù' sia una passeggiata. Ma non siete mai stati in montagna?"».

E che montagna! Il racconto su quella notte trascorsa nel buio ad arrancare su per i costoni col terrore dei carabinieri mette i brividi: «Ho il respiro affannoso, i tonfi del cuore si ripercuotono profondi alle tempie. Ci prendiamo un minuto di riposo, ritti e conficcati fino al ginocchio, la valigia buttata sulla neve. Sarino ha ragione, questa è una muraglia, non una montagna, va guadagnata di cento metri in cento metri, inframmezzati da soste decongestionanti. Quando i battiti del cuore sembrano placarsi, si riprende e su, su come dannati ad una impossibile pena. Finalmente, verso l'alto, una macchia scura. "Prima cantoniera", dice la guida. "In mezz'ora ci siamo." In un'ora, infatti, arriviamo a ridosso del fabbricato. "Aspettate qui, vedo se c'è nessuno." Sarino e io aspettiamo lì, buttati sulla neve, sotto il vento gelato che ci penetra nelle ossa».

Un calvario: ore e ore di cammino, di casa cantoniera in casa cantoniera. Mezz'ora di sosta, di caffè caldo con «dieci volte la saccarina che ci vorrebbe» e poi di nuovo fuori: «Quando usciamo si è levato un vento furioso. Viene di fronte, rade sibilando la neve, solleva veli di minutissimi aghi ghiacciati, è orribilmente freddo e tagliente. La guida accende una torcia elettrica e noi due andiamo dietro, quasi sordi, nel breve alone lattescente. [...] Questa, mi dico, l'Italia: questi i tristi giorni degli italiani, braccati dalla fame a valicare le frontiere».

Lungo la marcia, spossati, incrociano gruppetti di altri italiani «malconci, pallidissimi, le labbra violacee». Muti. Sfatti. Il più disperato è un certo Mario Pisaturo, un salernitano che viaggia con due bergamaschi e un romano. Trema tutto sotto le raffiche di tramontana: «Non ha un soldo in tasca, ha dato alla guida gli ultimi quattrini e una camicia nuova. Ora vorrebbe vendere il pullover, già, tanto presto sarà primavera. Chi è disposto a dargli 200 lire? Era partito da La Thuile tutto solo, credeva di cavarsela, aveva fatto quassù quattro giorni e quattro notti di guerra coi francesi, ma scivolò in un crepaccio e s'inzuppò d'acqua, l'hanno portato fin qui per misericordia. Calza scarpe basse da passeggio».

Di là, quando finalmente arrivano a Saint-Germain nella Francia agognata, li attendono le delusioni già provate da migliaia di poveretti entrati clandestinamente prima di loro. La pensione di Madame Mochet che imbroglia sul cambio lira-franco e serve come minestra una brodaglia, due doganieri che fermano Corradi e gli sequestrano («sono troppi») quasi tutti i soldi, due camionisti che accettano di dare un passaggio a Sarino fino a Lione e lo consegnano invece alla *gendarmerie*. La quale lo squadra, lo spoglia, lo perquisisce e gli offre due alternative: l'espulsione immediata o l'arruolamento nella Legione Straniera: «Se accetti firmi qui e fra cinque anni sei cittadino francese. Così l'altro giorno han fatto insieme 15 veneti, piuttosto che tornare in Italia».

Lui, Sarino, l'ha presa bene: «Si frega lieto le mani: "Poi mi manderanno ad Algeri. Forse potrò fare il barbiere anche là, proprio quello che volevo io"». L'unica scappatoia oltre alla Legione, spiega il giornalista, è «quella di trovare subito un lavoro e di far regolare la propria posizione dal padrone. Perché soltanto se vi mettete immediatamente a lavorare la Quarta Repubblica vi può perdonare il peccato originale di essere piovuti in Francia come angeli caduti dal cielo».

E piovevano davvero, a grappoli, dal passo della Morte, un altro punto di transito appena al di là di Ventimiglia, alle spalle di Mentone. L'ultimo angelo clandestino italiano, prima che in quello stesso punto cominciassero a schiantarsi slavi e rumeni, curdi e cinesi per un totale di oltre 250 vittime, fu trovato dal cane al guinzaglio del signor Fernand Delrue, che stava passeggiando nel giardino della sua villa ai piedi della spaventosa parete di roccia. Era la mattina del 1° gennaio 1962. Ieri mattina, coi tempi della storia.

Il morto si chiamava Mario Trambusti, aveva ventisei anni, era un fiorentino, faceva il panettiere, ma il negozietto che aveva a Bagno di Ripoli non gli permetteva di tirare decorosamente avanti. Avrebbe potuto varcare il confine in treno: «Passare oggi dall'Italia alla Francia è facile come accendere una sigaretta», scrisse Catherine Mara sulla rivista *Settimo Giorno*. «Basta avere un visto sulla carta d'identità.» Il ragazzo temeva che non glielo avrebbero concesso. O più semplicemente, spiegava la giornalista italo-francese, era accecato dal «timore che l'italiano arretrato ha verso lo spauracchio dei documenti». Uno spauracchio che da sempre coinvolge i proletari, i contadini, i miserabili convinti «che un passaporto si conquista solo se si hanno quattrini sufficienti per dimostrare di poter essere tranquilli turisti o se si ha un lavoro sicuro al di là della frontiera».

Gli archivi dei giornali sono pieni zeppi di storie simili. Nello stesso punto in cui precipitò Mario Trambusti, per fare un solo esempio, era caduta qualche tempo prima Rossana Orru, una ragazza sarda di ventiquattro anni. Aveva trovato in treno, come Egisto Corradi, il suo compagno d'avventura. Si chiamava Giambattista Rovida, aveva venticinque anni, e sognava anche lui di farsi un futuro in Francia. Erano rimasti soli, lassù, quando Rossana era scivolata nel burrone. Ma è più che probabile che anche loro, come Mario, fossero stati accompagnati fino a un certo punto da una guida omicida.

Non hanno scampo, oggi, quei poveretti che non sanno nuotare e vengono scaraventati in acqua dagli scafisti albanesi o turchi a cento metri dalla riva. Non avevano scampo, allora, quelli che venivano portati su al Pont Saint-Louis e con un gesto della mano incoraggiati a proseguire nella notte lungo quello che era chiamato il «cammino della speranza» e portava verso il Picco del Diavolo.

«A vederlo dal basso o dalla piccola Cima del Frate, che si trova più a nord, il Picco del Diavolo sembra quasi accessibile», racconta sul *Popolo* del 17 aprile 1953, dopo l'ennesimo lutto, Giuseppe V. Grazzini, «soprattutto perché, istintivamente, il clandestino è portato a valutare solo le difficoltà della salita e non quelle della discesa: la discesa è già Francia. La discesa è già pace, lavoro, denaro. Viceversa è proprio la discesa – improvvisa, spaventosa, a piombo dopo aver doppiato la sottile lama di coltello della roccia – che ha dato purtroppo fondatamente il nome di morte a questo valico maledetto.»

Mario Trambusti, che fu messo nella lista come l'ottantasettesimo morto, non lo sapeva. Ma le guide sì, quelle guide che chiamavano i clienti «fenicotteri» perché arrivava il momento in cui spiccavano il volo, lo sapevano benissimo. Sapevano che a un certo punto, «sperdutosi il trattura dei Sette Cammini tra le erbe e la pietraia, "i fenicotteri" si trovano di fronte presto o tardi a difficoltà di terzo, quarto e talvolta anche quinto grado. Magari è un passaggio solo: un passaggio che, se essi avessero un'ora di tempo in più, potrebbero benissimo evitare perdendo un poco di quota e guadagnando l'obiettivo per altra via. Ma quasi sempre, quando ci si trova sul punto del pericolo è già troppo tardi, e non si può far altro che andare avanti» perché ogni minuto, «nel delicato congegno a orologeria costruito tra una ronda e l'altra delle pattuglie confinarie», può significare l'arresto.

Erano nostre, quelle guide dal cuore duro. Italiane. Liguri. O perfino, scrive Grazzini, meridionali: «Potete non crederci, ma le migliori guide per passar il confine tra Italia e Francia, coloro che sanno gli anfratti di ogni monte, l'orario di ogni ronda, le novità di ogni comando di polizia, non sono ventimigliesi ma calabresi. Pregiudicati avvezzi a passare la loro vita tra una condanna e l'altra» che, avendo passato loro il confine clandestinamente, un tempo, avevano visto come il mestiere potesse essere fruttuoso. E se n'erano impossessati: «Violenti di natura, facili a mettere la mano al pugnale o alla pistola mitragliatrice, [...] essi incutono sui loro compaesani un terrore identico a quello che paralizzava Montelepre quando vi dominava la banda Giuliano».

Per secoli, gli emigranti italiani hanno rischiato e perduto la vita per passare clandestinamente in Francia o in Svizzera attraverso il Piccolo San Bernardo, la Fenêtre Durand al fianco del massiccio del Gran Combin, il cammino di Rochemolle in Savoia, il pericolosissimo ghiacciaio del Col Colon... Oppure quei sentieri alle spalle di Ventimiglia descritti da Grazzini in «quel tratto di confine dove si aprono i sette valichi tradizionali, [...] profondo appena cinque chilometri», quella «valle brulla tra il Ballenda e la Cima dei Sogli da dove tutti sono partiti e partono verso la grande avventura».

Tra i primi a farlo nei tempi recenti, a dispetto del patriottico paraocchi dello scrittore Carlo Sgorlon il quale ha detto a Paolo Rumiz di *Repubblica* che «noi non siamo mai stati clandestini», furono i «birbanti». Cioè i professionisti della «birba», una truffa da straccioni inventata sull'Appennino alle spalle di Chiavari e delle Cinque Terre. Area un tempo poverissima.

«I mendicanti patentati cominciarono a circolare al principio del Settecento, con il compito di raccogliere fondi per il riscatto dei sudditi catturati da pirati nordafricani», racconta nell'opera collettiva *La via delle Americhe* Marco Porcella. «Erano muniti di lettere patenti rilasciate dal Magistrato del Riscatto, che li abilitavano a questuare anche fuori dei domini.» E fin qui, sia pure un po' in ritardo sulle razzie di Keir el Din il «Barbarossa» o del rinnegato Hassan Veneziano raccontate da Lucetta Scaraffia in *Rinnegati*, poteva sembrare una professione quasi normale.

Solo che ben presto, annusato l'affare, i montanari liguri ne avevano fatto un mestiere un po' spregiudicato: «Le patenti furono oggetto di commercio da parte di alcuni incettatori della Valle Sturla che le acquistavano per contanti dal Magistrato e le cedevano ai mendicanti "con respiro al pagamento"; così la pratica si diffuse da quella prima sede in altre vallate confinanti e assunse presto forme più confacenti alle necessità e alle tradizioni dei mendicanti professionali. Le lettere venivano falsificate e "migliorate", estendendo le motivazioni della questua a un discreto numero di altre gravi sciagure (fallimenti, naufragi, incendi ecc.)».

Fu così che nei paesi di tutta Europa che battevano a tappeto, i «birbanti» presero a essere sempre più indesiderabili: «Quando il Magistrato cessò l'emissione delle lettere autentiche, quelle false godevano ormai di vita autonoma e florida sotto il nome di "lettere di scrocco" e i portatori erano noti come "scroccatori battibirba" o "batti strùxia" e operavano nelle maggiori città di Francia, Spagna, Germania, Prussia e Polonia».

A Sopralacroce, anche grazie alle lettere inizialmente procurate dal prete, don Francesco Baffigo, si erano talmente specializzati nella questua imbrogliona che «il 24 giugno, festa del patrono san Giovanni Battista, si riunivano tutti coloro che non erano morti per strada, né erano stati ricoverati in qualche ospizio o lazzaretto o rinchiusi in qualche prigione d'Europa, e si tiravano le somme della campagna di birba appena conclusa, si ripartiva il denaro tra i vari fuochi [...] e si programmava la campagna successiva, evitando di mandare più mendicanti nella stessa città per non provocare reazioni restrittive. Affermava il capitano di Chiavari che la relativa disponibilità di denaro rendeva i "pochi sassosi terreni" di Sopralacroce più costosi delle case nel centro di Genova. Le campagne di birba avrebbero fruttato alla Valle Sturla più di un milione ciascuna e i "pionieri" che ai primi dell'Ottocento mendicavano in America avrebbero raccolto dalle 100 alle 200.000 lire genovesi».

Erano così tanti, così diffusi e così invadenti, questi «vu riscattà», come li chiamerebbero oggi i razzisti nostrani, che il loro passaggio lasciò in eredità un verbo in Francia (*briber*) e uno in Spagna (*bribar*). Ogni tanto ne beccavano qualcuno e lo sbattevano in galera per truffa, come capitò in Francia a due tizi della Val Graveglia che battevano la birba «muniti di un "diploma" emesso da un improbabile Giovanni Francesco Briasco *classis navigatorum prefectus* del granduca di Toscana. Il "diploma" abilitava i due a raccogliere 200 scudi d'oro per riscattare inesistenti fratelli schiavi in Algeri e risultò compilato da Vincenzino Morinello, nella cui abitazione "in cima di Borzonasca" furono rinvenute una patente di un ministro del re di Spagna e una del vescovo di Bobbio, entrambe col nome dell'intestatario in bianco».

La birba sui poveri cristiani schiavi dei barbareschi, un incubo secolare nella storia europea, ebbe vita lunghissima. E venne a un certo punto affiancata (si sa che i bravi manager sanno diversificare il prodotto) dalla pratica parallela dei «ghitti» che, spiega Porcella, erano «girovaghi in abiti religiosi per lo più falsi, che vendevano lettere miracolose e indulgenze plenarie». A metà Ottocento, insiste Porcella, la professione era ancora così diffusa che lo storico Goffredo Casalis «rampognava "non pochi" uomini di Maissana [La Spezia] che abusavano del loro ingegno naturale per condursi "nelle grandi città dell'Europa, ove con false carte, disguisati in varie fogge, e anche sotto finti abiti di religiosi, si [procuravano] questuando considerevoli somme di denaro"».

Sostiene oggi lo scrittore Rino Cammilleri che «i nostri emigranti non hanno mai fatto i "vu cumprà" per le strade». Non ha mai visto le struggenti foto di Lewis H. Hine, non ha mai letto i libri di certi emigranti di straordinario valore poetico come Pascal D'Angelo, non ha mai saputo che Giovanni Pascoli, uno dei pochi grandi della nostra letteratura a occuparsi di emigrazione, scrisse un poemetto intitolato *Italy* che parlava appunto di Ghita e Beppe, due emigranti che in America avevano un banchetto di frutta e che rientrarono dall'America a Caprona, un paese vicino a Castelvecchio, con la nipotina Molly ammalata di tubercolosi. Un poemetto bellissimo: «A Caprona, una sera di febbraio / gente veniva, ed era già per l'erta, / veniva su da Cincinnati, Ohio [...]». I protagonisti parlano una lingua che è uno strano impasto di toscano, italiano, inglese e slang «broccolino». E offrono la loro merce in mostra su un «fruttistendo» (in inglese *fruitstand* = banco di fruttaiolo) urlando: «*Cheap! Cheap! Cheap!*» («Affare! Affare! Affare!»). E dicono ai clienti che lì, «*oh yes*», si vendono «*checche, candi, scrima...*». Cioè, spiega lo stesso poeta nella nota, *cakes* (paste, pasticci), *candy* (canditi) e *ice-cream* (gelati). Qual è la differenza con la storpiatura di «vu cumprà»?

E si leggano anche, gli xenofobi italiani, *Con arte e con inganno* di Porcella su quella che ora chiameremmo diversificazione produttiva dei birbanti: «C'è chi falsifica le indulgenze e promette di cavare le anime fin dall'inferno; chi si traveste da religioso, confessa, celebra messa, contrabbanda rivelazioni, visioni e miracoli e questua messe di suffragio; chi si finge pellegrino in viaggio verso il santuario; chi raccoglie elemosine in favore di inesistenti familiari schiavi dei turchi; chi vende false reliquie; chi si spaccia per ebreo (più tardi anche luterano) convertito, si battezza in ogni città che attraversa e incamera i regali d'uso; chi si munisce di false patenti che lo autorizzano a questuare per conventi e ospedali, a raccogliere olio per lampade votive o farina per ostie [...]».

E vadano a vedere infine il museo di Compiano, in provincia di Parma, dove esiste una fantastica raccolta di attrezzi e di fotografie di «orsanti» e «scimmianti», che giravano il mondo dalle Americhe alla Persia con orsi e dromedari e pappagalli e scimmie ammaestrate (un importatore triestino di nome Zweier saliva in certi inverni d'inizio Novecento nell'area dei girovaghi con un carico di oltre cento «culi rossi») per raccogliere offerte con un codazzo di bambini comprati e maltrattati. E tirino fuori dal cassetto il *Cuore* di De Amicis per ripassare la storia del *Piccolo patriotta padovano*. Descritto come un bambino «di undici anni, mal vestito, solo, che se ne stava sempre in disparte, come un animale selvatico, guardando tutti con l'occhio torvo. E aveva ben ragione di guardare tutti con l'occhio torvo. Due anni prima, suo padre e sua madre, contadini nei dintorni di Padova, l'avevano venduto al capo d'una compagnia di saltimbanchi; il quale, dopo avergli insegnato a fare i giochi a furia di pugni, di calci e di digiuni, se l'era portato a traverso alla Francia e alla Spagna, picchiandolo sempre e non sfamandolo mai». Così come era italiano il piccolo Remi (Remigio) di *Senza famiglia* di Hector Malot e italiano «il signor Vitali» che l'aveva comprato e ancora italiani i principali attori e vittime della vicenda.

E come ci andavano, tutti questi, in giro per l'Europa? Ovvio: indesiderati e clandestini. Tutta la storia dell'emigrazione italiana, come possono spiegare Emilio Franzina e ogni specialista della materia, è una storia «anche» di clandestinità. Certo, i più noti sono i «fuoriusciti» che lasciarono l'Italia di Mussolini e che, al di là della propaganda del regime di allora e del revisionismo di oggi, non furono quattro gatti come Carlo e Nello Rosselli, Luigi Sturzo o Sandro Pertini. Erano tanti. Ce lo dimostra, scrive Paolo Borruso sul *Giornale di Storia Contemporanea*, lo stesso Archivio Centrale dello Stato: «Le schedature operate dalla polizia politica fascista riguardavano 28.000 italiani provenienti dagli ambienti socialisti, comunisti, anarchici e repubblicani; ma i dossier dei "sovversivi" registrati dal Casellario Politico Centrale sono 150.000 e si riferiscono a oppositori reali o sospetti del regime».

L'emigrazione clandestina, ha scritto lo storico Ruggero Romano, è sempre stata parallela a quella ufficiale. Sempre. Fin dal primissimo esodo in America quando, all'elenco dei passeggeri ufficiali delle navi, andava aggiunto «un numero almeno pari di clandestini». Clandestino fu Giovanni Martini, che sbarcò di nascosto e senza documenti in quell'America che pochi anni dopo avrebbe servito come trombettiere del generale Custer nel Settimo Cavalleggeri. Clandestini erano i bambini venduti alle vetrerie francesi. Clandestine le ragazzine esportate verso i bordelli di tutto il mondo. Clandestini gli spazzacamini. Clandestina la larga parte degli operai emigrati agli albori del secolo in Germania: nel 1905 – scrive Adriana Lotto in *Lavoro minorile ed emigrazione nel Bellunese* – «secondo le statistiche della "Protezione della Donna Italiana all'estero", nell'impero tedesco vi sarebbero 22.228 donne italiane [...] e 75.937 uomini. Ma secondo i regi consoli italiani le cifre non rappresenterebbero che un quarto del numero effettivo degli operai emigrati presenti in Germania. Gli altri tre quarti sarebbero costituiti da operai sprovvisti di passaporto o provenienti non direttamente dall'Italia ma dalla Svizzera, dalla Francia, dall'Austria». Insomma, spiega la Lotto, «clandestini in senso stretto».

Un flusso ininterrotto. «Anche le statistiche di Luigi Bodio, il primo commissario generale dell'Emigrazione, sono sfalsate da questo fenomeno», dice lo storico Antonio Gibelli. «La verità è che, soprattutto in alcuni periodi, la metà degli emigrati erano clandestini.» Il traffico era tale, spiega Augusta Molinari in *Porti, trasporti e compagnie* nella *Storia dell'emigrazione italiana* di Donzelli, che solo a Napoli c'erano duecento locande sempre strapiene di poveretti in attesa dell'imbarco: «Sono soprattutto i contingenti, sempre consistenti, dell'emigrazione clandestina, a incentivare i traffici dei locandieri disonesti e della "varia umanità" che si aggira nelle zone dell'angiporto».

Come fossero queste locande sparse nelle vicinanze di tutti i porti italiani lo lasciamo dire al quotidiano genovese *Il Caffaro* («La maggior parte sono oscure e fetenti con letti di una sporcizia inaudita») e a un verbale redatto nel 1903 dalle guardie sanitarie del Comune di Genova: «Nei fondi di detto esercizio in due ambienti privi di aria, sporchi, umidi e puzzolenti dormivano 50 emigranti, la maggior parte per terra tra materiali fecali e orina».

Salivano clandestinamente sulle navi in porto per mischiarsi coi passeggeri regolari o le raggiungevano al largo coi bragozzi o guadagnavano il loro imbarco a Marsiglia o a Le Havre, porti dove arrivavano dopo aver passato a piedi il confine. Gruppi di siciliani, soprattutto dopo l'offensiva del prefetto Mori contro la mafia, partirono senza documenti per l'America (dove erano attesi dai boss di Cosa Nostra, come Salvatore Maranzano, che gestivano la tratta) con bagnarole dismesse dai trafficanti di schiavi. Tappa obbligata per l'imbarco definitivo: Tunisi. E questo continuo esodo illegale, purtroppo mai studiato a fondo, si depositò nella memoria della gente fino a trovare un cantore in Leonardo Sciascia, autore di

Il lungo viaggio: la celebre storia di un gruppo di poveretti che si imbarcarono nell'«oscurità cagliata» di una notte buia da una spiaggia pietrosa per essere sbarcati dodici giorni dopo dal loro truffatore («Nel Nugiorsi, vi sbarco; a due passi da Nuovaiorche!») sul lido ancora siculo di Santa Croce Camarina.

C'era di tutto, fra i disgraziati che se ne andavano di nascosto: quelli che non avevano le carte in regola, quelli che cercavano di raggiungere paesi in quel momento chiusi per nuove politiche restrittive, quelli che temevano d'essere respinti perché avevano la tbc o erano zoppi o ciechi o solo troppo vecchi o analfabeti. O ancora quelli che volevano scampare al servizio militare.

«Una serie incredibile di stratagemmi che le stesse autorità definiscono, con evidente pessimismo, efficaci, viene messa in opera in particolare per sfuggire a quello che si conferma come il più odiato dei doveri del mondo contadino: la coscrizione», spiega ne *La via delle Americhe* Maria Giuseppina Cioli. Una realtà testimoniata dai passaporti falsi continuamente sequestrati ovunque, dai racconti diretti, dai verbali dei pochi che venivano beccati alla partenza o intercettati all'arrivo e rispediti indietro. Come Andrea Coverta, che pagò una fortuna a un certo Noceto di Savona per essere imbarcato sulla *Caterina II* che batteva bandiera americana, arrivò a New York e fu subito reimbarcato.

Gli statunitensi stavano attenti, agli arrivi fuorilegge. Ma le complicità tra i portuali di origine siciliana, in certi anni, erano troppo forti anche per loro. Lo rivelò Albert Anastasia. Che raccontando come era riuscito a portare a New York i fratelli Antonio, Giuseppe e Gerardo, disse che i clandestini italiani fatti entrare in pochi anni dalla mafia penetrando gli impenetrabili filtri di Ellis Island erano stati «oltre 60.000».

L'andazzo era tale che ancora negli anni Sessanta c'erano navi che rovesciavano gruppi di emigranti illegali sulle coste del Maine. Fu da una di queste, per esempio, che costretti a cambiar aria in seguito alla strage di Ciaculli del 1963 sbarcarono in America Giovanni, Rosario e Giuseppe Gambino, cugini di quel Carlo «Charlie» Gambino che dopo il ritiro di Frank Costello era il padrino più influente della mafia americana. Narra la leggenda che come scese a terra, Giuseppe «Joe», destinato a diventare immensamente ricco col gioco d'azzardo e il traffico di stupefacenti (attività assai più remunerative di quella ufficiale: proprietario di un bar-ristorante a Yonker), trovò un bel matrimonio già combinato. Con una vecchia barbona nera. Buona solo per portare in dote allo sposo la cittadinanza americana.

Né si può dire che siano cessati da molto i transiti notturni italiani sulle Alpi. Basta leggere le testimonianze raccolte nel *Mondo dei vinti*, negli anni Settanta, da Nuto Revelli. Vedi quella della cuneese Elisabetta Centenero, vedova Giordana: «A undici anni mi hanno affittata in Francia, a Barcellonette. Mi ha accompagnata mio padre, si passava dal Sutrun, c'era un passaggio brutto, largo meno di un metro, lo spazio appena da mettere un piede. [...] C'era il mercato in piazza, *'l mercà 'dle bestie*, e lì c'erano gli uomini e le donne che avevano bisogno dei pastori, e c'eravamo noi bambini pronti ad affittarci. Eravamo almeno un centinaio». Oppure quella di Giacomo Andreis, di Marmora: «Passavamo attraverso la montagna quando c'era già la neve, senza carte. Un anno, avevo quattordici anni, era il 16 novembre, con mio padre sono salito da Demonte, per San Giacomo e la Val Covera. C'era molta neve e per non sprofondare abbiamo srotolato i sacchi, cioè le lenzuola dei pagliericci, e passavamo lì sopra, quattro metri, e poi li stendevamo di nuovo, avanti così a quattro metri per volta, per non sprofondare».

A lui andò bene, a tanti altri no. Alcuni operai piemontesi che avevano tentato la sorte nel dicembre 1929, spiega ad esempio Simonetta Tombaccini nel saggio *La frontière bafouée* [La frontiera beffata] nei *Cahiérs de la Mediterranée*, «furono ritrovati congelati nella valle dello Stura». Un itinerario battuto per decenni dai clandestini. Basti rileggere quanto denunciava nel 1922 alla Camera il deputato Stefano Iacini: «Alla frontiera del Col di Tenda ogni notte decine e decine di operai, per non dire centinaia, passano clandestinamente [...]. Il numero di questi immigrati clandestini in Francia è tale che le autorità consolari sono obbligate a considerare il clandestino alla stessa stregua di colui che ha le carte in regola».

Nel dopoguerra, un quarto di secolo più tardi, la situazione sarebbe stata identica: una processione ininterrotta di almeno 80 clandestini al giorno. Al punto che i francesi furono costretti ad allestire a Mentone un centro di accoglienza che *Nice Matin* descriveva così: «Un immondo casermone dove le camere offrono come confort un po' di paglia umida, vento gelido garantito a tutti i piani, vetri alle finestre serviti come obiettivi a tutte le artiglierie del mondo».

E chi aveva in pugno il traffico di questa che *Nice Matin* chiamava «armata di straccioni»? Alcune organizzazioni italiane, sempre italiane. Che con la copertura di anonime società commerciali, spiega un rapporto del dipartimento francese delle Alpi Marittime, avevano filiali a Savona, Sanremo, Ventimiglia, Monaco e Marsiglia, mandavano rastrellatori di emigranti in giro per tutta la penisola (in particolare nel Mezzogiorno) e fornivano ai clandestini, a carissimo prezzo, tutto il necessario: passaporti falsi, visti autentici ma illegali rilasciati da agenti consolari corrotti, una rete di complicità inimmaginabili, il *passeur* per varcare di nascosto la frontiera e infine, per chi voleva andare in America nonostante la chiusura ai fuori quota, l'imbarco clandestino. Su navi che talvolta, racconta la Tombaccini, abbandonavano i poveretti «a Cuba, in Messico o in qualche angolo sperduto del globo».

Certo, parliamo di tanti anni fa. Ma chi pensa si tratti di un dolore vissuto solo dai nostri nonni sbaglia. Lo testimonia la copertina della *Domenica del Corriere* del 29 dicembre 1946 disegnata dal grande Walter Molino: «L'odissea degli emigranti clandestini. Abbindolati da losche organizzazioni, avviati verso il confine senza il minimo equipaggiamento invernale, e poi abbandonati in mezzo alle montagne in preda al gelo, alla neve e alla bufera, 50 siciliani – fra cui alcuni ragazzi – vengono soccorsi, nell'alta Val d'Aosta, da una pattuglia di carabinieri». Lo confermano il film *Il cammino della speranza* di Pietro Germi (ispirato proprio a quell'episodio illustrato da Molino) e decine di titoli dei giornali. Pochi a casaccio: «57 siciliani fermati ad Albenga e a Genova» (2 marzo 1956), «Riconsegnati dai francesi 31 emigrati clandestini» (13 giugno 1957), «30 clandestini bloccati mentre emigravano in Francia» (30 luglio 1957), «Rinviati in aereo dal Canada 2 immigrati clandestini» (18 febbraio 1962), «Lavoratori italiani entravano clandestinamente in Svizzera / Scoperta a Palermo un'organizzazione» (4 ottobre 1962).

«Da ogni centro della Calabria partirono centinaia di poveri diavoli rimasti senza risorse, quasi tutti con un numeroso seguito di famigliari, portando a tracolla il badile e le pentole di cucina» racconta il grande Tommaso Besozzi in un reportage da Parigi pubblicato dal *Giorno* ai primi di febbraio del 1958. «Si presentavano ai valichi di frontiera ciascuno col regolamentare documento nel quale si certificava che il titolare era un "turista diretto a Nizza" oppure un signore che aveva la digestione difficile e che si recava a Vichy per un breve periodo di cura. I gendarmi francesi per tre anni non fecero mai discussione per quel documento. Passarono tutti i disoccupati che salivano dalla Calabria con un plotone di figli che li seguiva, ciascuno con una pentola a tracolla. Dal gennaio del 1954 alla metà di dicembre del 1957 entrarono in Francia 50.000 di questi turisti in cerca di lavoro. E, il lettore farà fatica a crederlo, in quegli anni, benché fosse così facile entrare regolarmente nel territorio francese, ci furono molti che varcarono la frontiera clandestinamente con una lunga marcia sui nevai della Vesubie e diedero a chi li guidò un compenso che era almeno cinque volte il costo di un passaporto. Furono 10.000 i calabresi che salirono fino a Ventimiglia per concludere questo assurdo contratto e mille appena tra di essi erano costretti a farlo per certi affari che avevano da sbrigare con l'amministrazione giudiziaria.» Diecimila solo i calabresi, in pochi anni, e solo via Ventimiglia.

Eppure non era ancora finita: nel dicembre 1970, quando già in Italia imperversavano Mina, Patty Pravo o Adriano Celentano, *L'Ora* di Palermo denunciava l'esistenza di una organizzazione siciliana che esportava clandestinamente emigrati negli Usa rivelando che molti, per esempio, erano stati introdotti nel 1968 attraverso la frontiera meridionale americana dopo che avevano raggiunto il Messico con la scusa di andare a vedere una partita della nazionale italiana ai mondiali di calcio.

Insomma: dai tempi in cui Bernardino Frescura scriveva alla fine dell'Ottocento il saggio *Dell'emigrazione clandestina italiana* raccontando dei mille «mezzi pratici» adottati per uscire ed entrare illegalmente, non è cambiato poi molto fino a ieri. È la vita dei nostri nonni, dei nostri padri, dei nostri fratelli. Vittime tutti delle stesse truffe, degli stessi sogni, delle stesse tragedie.

Una storia simbolo, amarissima, la narra nel 1874 Giovanni Florenzano nel suo *Della emigrazione italiana in America comparata alle altre emigrazioni europee*. Tre ragazzi d'un paese meridionale di cui dà solo il cognome, Alessi, Titiro e Coridone, «innocenti come quei delle egloghe virgiliane», istigati da un certo Dameta, «vecchio arnese di emigrazione», vendono tutto, casa compresa, per raccogliere 600 lire (sei volte più del biglietto regolare) per andare in America. «La emigrazione cominciò su un carretto tirato da un somaro o un mulo, ove ciascuno dei tre provò per quattro giorni le delizie di un viaggio di cento miglia.»

Un calvario: prima l'attesa a Napoli in una lurida locanda dei «bassi», poi in un'altra «peggiore della prima»... Due mesi, restarono prigionieri della paura di uscire (i gendarmi! i gendarmi!) finché non ne poterono più ed evasero per tornare a piedi a casa. Dameta, il quale aveva raccontato ai genitori che i tre erano già in America, li intercettò per un pelo. Li blandì, li rassicurò, li convinse a tornare a Napoli per aspettare di nuovo il momento giusto per partire. E passarono altri otto giorni e poi altri ventiquattro e poi ancora settimane e settimane di attesa «in una certa casa ove altri 20 disgraziati, tutti clandestini (renitenti alla leva o malfattori), aspettavano da due mesi». Una storia sentita mille volte, negli ultimi anni. Una storia che gli Ahmed e i Dong Xueshi sbarcati a Otranto o a Soverato dopo interminabili soste in Turchia o nel Montenegro riconoscerebbero: «Siamo noi, è la storia nostra...». La loro, la nostra.

CAPITOLO DODICI

CHE RITMO, IL MITRA MACCHERONI!

L'italiano di Hollywood: gangster, gangster, gangster

Lo stilista gay Paolo Puttanesca forse non lo sapeva, mentre in una scena si sfilava uno a uno in una bacinella d'argento, per lavorare meglio, i dieci anelli che portava alle dita (per non dire del catenone al collo). Ma in quel preciso momento stava costruendo lui pure, comprimario del film *Princess Diary* girato nel 2001 dal regista di *Pretty Woman* Garry Marshall, un pezzetto di storia del cinema hollywoodiano. Una piccola storia fetida. Fatta di tutti gli stereotipi che in un secolo sono stati cuciti addosso all'italiano.

E come può immaginarselo, lo spettatore medio della provincia yankee, un *dago stylist* se non come Paolo Puttanesca? Un nome ridicolo dettato dal sugo per la pasta proposto dalle peggiori *spaghetti houses*, più gli anelli da mezzo etto, più l'accento sguaiatamente napoletano, più il gesticolare esagerato da commedia dell'arte, più l'aria sudaticcia un po' unta, più una vanità traboccante, più l'aria furbetta che già rivela il tradimento che puntualmente arriverà.

Perfetto. Gli mancavano solo una definizione pubblicitaria su Internet (testuale: *a demented Benigni*, un Benigni demente) e un paio di vallette modello terrona-sopracciglia cespugliose-labbra peccaminose ma con due gambe americanizzate di due metri e pettinatura *Flamingo Road* di un metro cubo. *Ma quant' so' bbelle 'ste femmine, guagliò!* «Vi presento le mie assistenti: Immacolata e Concettina.»

Spazzatura, certo. Ma perfettamente in linea, nel terzo millennio, con l'immagine dell'italiano edificata e diffusa in tutto il mondo da centinaia di film che, come ricorda Paola Casella nel libro *Hollywood Italian*, ruotano intorno alle «quattro M: mafia, mamma, maccheroni e mandolino». Da integrare oggi con una quinta M futile e leggera in sostituzione di quella defunta di Mussolini: «moda». Ovviamente perfezionata, nel caso in questione, dalla vaporosità della checca ridicola.

Nessuna meraviglia. «Il cinema vive sulla produttività di determinati stereotipi e sulla loro lenta trasformazione», spiega sulla rivista *Cinema & Cinema* Gian Piero Brunetta. «Ristorantini con tovaglie quadrettate, personaggi che gridano o gesticolano, mafiosi, immagini di sporco, ignoranza, miseria, omertà, delinquenza organizzata, ghetti, disordine. Dai grandi classici del gangsterismo degli anni Trenta fino al *Padrino* di Coppola centinaia di film americani tentano [...] di procedere con vere e proprie tecniche di identificazione a implicare nella famiglia mafiosa uno sguardo più vasto sull'individuo italiano povero e destinato a emigrare. Tutto il cinema americano vive della stabilità di alcuni stereotipi.»

Citazione obbligatoria: *Il Padrino* è il massimo esempio, per valore artistico e successo commerciale, di quegli «autoritratti di comunità» firmati da grandi registi cresciuti nelle Little Italy che secondo Carlos E. Cortes, autore di *Hollywood e gli italoamericani*, «costituiscono la più grande minaccia all'immagine pubblica» dei nostri immigrati negli States. «Autoritratti» rischiosi proprio perché basati su una sensibilità e una competenza che hanno finito talora per confermare (insieme con molti film di produzione italiana) certi insopportabili luoghi comuni.

Il capolavoro di Francis Ford Coppola, grazie ai favolosi incassi e alla penetrazione nella lingua parlata di tutto il mondo («L'onore lo mantenne», «Ti farò una proposta che non puoi rifiutare...», «Teneva una voce all'olio d'oliva»), è anche uno spartiacque. Di tutti i film americani che ruotano intorno alla mafia, 108 sono stati fatti prima, 314 dopo.

L'Italic Studies Institute di New York, nel 2000, si è preso la briga di esaminare 1057 pellicole girate nella mecca del cinema a partire dal 1928, cioè dall'avvento del sonoro, in cui qualcuno ha fatto la parte dell'italiano. Bene. I film che davano di noi un'immagine positiva erano 287 (27%), negativa 770 (73%). Più in dettaglio, ricorda Ben Lawton nel suo saggio pubblicato nella raccolta *Scene italo-americane* curata da Anna Camaiti Hostert, gli italiani criminali erano 422 (40%) contro 348 (33%) rozzi, bigotti, stupidi o buffoni.

Tipo quelli fatti sfilare da Billy Wilder, in una fantastica carrellata d'esemplari «strani», in *Avanti!* [*Che cosa è successo tra mio padre e tua madre?*, 1972]. Indimenticabile. È la storia di Jack Lemmon che va a recuperare a Ischia il corpo del padre morto in un incidente e scopre che quello andava lì da anni con un'amante, morta nella stessa disgrazia e madre di una ragazza della quale lui stesso si innamorerà. Ma è soprattutto il pretesto per ridere di personaggi che solo il genio di Wilder riesce a far digerire senza sussulti in difesa dell'italico onore. C'è l'untuoso direttore d'hotel che spiega come l'Italia si paralizzi dall'una alle quattro del pomeriggio per il rito del pranzo e della pennica: «*Si pigghia 'a pasta, si mette 'a pummarola, si gratta 'o parmiggiano...*». C'è il domestico siciliano viscido e ricattatore... I contadinotti furbi che fanno sparire i cadaveri perché pure loro devono avere il loro tornaconto... La cameriera terrona con i baffi...

Un'altra analisi, condotta da William Dal Cerro e pubblicata su *The Italic Way*, conferma e rincara: su 450 film centrati su personaggi italiani o italo-americani, a partire da *Little Caesar* [*Piccolo Cesare*] del 1930, quelli in cui i nostri erano inquadrati nei soliti stereotipi yankee sfondavano l'88%. Quelli positivi e additati al consenso del pubblico erano pochissimi: 12%. Infinitamente meno dei rozzi, dei buffoni e dei bigotti (36%) ma soprattutto dei mafiosi, sequestratori e criminali in genere: 52%. Oltre la metà del totale. Qualche volta (14% dei casi), si trattava di figure realmente esistite. Nella stragrande (86%) maggioranza no. Molto più semplicemente, se serviva una canaglia le si dava un nome che finiva con una vocale. Tutto qui.

E così, riassume Cortes, «questi italo-americani usa-e-getta (nel senso di ininfluenti sulle linee principali della storia) variavano dal ruffiano De Luca in *The Gauntlet* [*L'uomo nel mirino*, 1977], allo spacciatore De Mesta in *Just You and Me, Kid* (1979), al giocatore d'azzardo Tony Paoli in *Any Which Way You Can* [*Fai come ti pare*, 1981], a un altro ruffiano, Guido, in *Risky Business* [*Fuori i vecchi... i figli ballano*, 1983], fino al ladro di automobili Manny Cabrizi in *Odd Jobs* (1984), al falsario Knobby de Karno in *Burglar* [*Affittasi ladra*, 1987], al rapinatore Eddie Caputo in *Child's Play* [*La bambola assassina*, 1988] e al corrotto sergente della polizia Phil Cantone in *Harlem Nights* (1989)». Sergente riscattato dal tenente Colombo, che gesticola un po' troppo ma sarebbe un bravissimo americano se non lasciasse il sigaro nelle piante di ficus e se con quell'impermeabile non mostrasse di essere, come tutti i *dagoes*, il solito sozzone.

«Il bello è che sul fronte opposto il fascismo fece l'esatto contrario, spagnolizzando i nomi nostrani», sorride il critico Tullio Kezich. «Se c'era un cattivo che si chiamava Pietro diventava Pedro, se si chiamava Michele diventava Miguel.» Sergio Raffaelli, grande esperto di censura cinematografica, ha inserito nel suo *La lingua filmata* alcune chicche. Una su tutte: per far passare *I pirati della società* [*The Social Pirates*] fu imposto di «togliere il nome italiano di Banca del Credito Marittimo sostituendolo con un altro nome di lingua inglese». Una piccola rappresaglia un po' ridicola. Che non riuscì mai ad arginare l'impatto che aveva la nostra immagine cinematografica sul grande pubblico mondiale.

Un impatto catastrofico. E fin dall'inizio. Lo dimostra la ricercatrice Ilaria Serra che in *Immagini di un immaginario* ha ricostruito i primi anni del cinema muto. Dove vedi che già in *The Cord of Life*, un film di David Wark Griffith del 1909, «il protagonista è un piccolo delinquente italiano che, dopo essere stato cacciato dal padrone di casa, medita vendetta. Con il solito cappellaccio sopra al fazzoletto legato sulla nuca alla maniera pirata e il coltellaccio infilato nella cintura, egli si introduce furtivamente in casa del padrone. Il suo piano è elaborato: prende la figlioletta (la crudeltà verso i bambini, ancora più orripilante, è tipicamente italiana – come risulta dal *Times* molti dei loro crimini erano rapimenti) e la mette in un cesto. Lega il cesto con una corda e lo fa penzolare dal davanzale in modo tale che quando qualcuno aprirà la finestra, precipiterà». Andrà tutto bene, ma dite voi: si può essere più malvagi?

E sono tutti così, gli italiani. In *The Black Hand* (primo film sulla Mano Nera, del 1906) brindano ai delitti con «vino rosso, rosso come il sangue». In *The European Rest Cure* assaltano un americano in visita tra le rovine in Italia vestiti da briganti con «un lungo cappello a semicono» e muovendosi «in modo scimmiesco». In *The Skyscrapers of New York* vengono presentati dalla didascalia iniziale col nomignolo più insultante: «Il *dago* Pete comincia una rissa ed è licenziato».

Il massimo, però, arriva con il primo film dichiaratamente dedicato a noi: *The Italian*, di Thomas Ince e Reginald Baker, del 1914. Dove, racconta divertita la Serra, se ne vedono di tutti i colori. Lui, il protagonista, è Beppo Donnetti, un sognante gondoliere veneziano «presentato su una gondola intento a suonare la chitarra e a cantare a squarciagola». Il teatro iniziale è l'Italia: vigne, campane e una Venezia piena di ponti sui quali, mentre di sotto scivola via il nostro barcarolo, passano «i carretti, una carrozza, un asino col padrone, tre buoi, un violinista» e perfino un gregge di pecore...

Innamorato di Annette (nome notoriamente usatissimo dai pastori lagunari...) promessa in sposa a un vecchio mercante ricco, Beppo parte per l'America, viene accalappiato da un politico, se ne allontana, mette via due soldi, chiede all'amata di raggiungerlo, la sposa, fanno un figlio, finiscono nel ghetto di Little Italy, il piccolo si ammala e lui non ha per sfamarlo che «un pentolino di latte rancido pieno di mosche». Il caldo è spaventoso, lui corre a comprare al figlioletto il latte pastorizzato, due malviventi al servizio del cattivo Corrigan lo rapinano, lui cerca di farsi ridare i soldi, lo mettono in prigione, esce, scopre che il piccolo Tony è morto, furente d'ira penetra nella casa di Corrigan per ammazzargli la bambina, ma all'ultimo momento...

Lui no, povera anima, non diventa un gangster. Ma da quel momento in poi, non c'è italiano che non vada a coprire il ruolo del ladro, dello stupratore, del rapinatore, del terrorista ma soprattutto del gangster. È il perfezionamento del cliché razzista: l'indiano è feroce e selvaggio, il messicano baffuto e indemoniato, il negro lavativo e stupido, il cinese unto e trafifichino, l'irlandese rosso e focoso, l'italiano schiavo di tre C. C come criminalità (mafiosa), come cattolicesimo (superstizioso, ridicolo, ipocrita quale Michael, il figlio di don Vito Corleone, che nel *Padrino* fa uccidere tutti i rivali mentre battezza il nipotino recitando la formula: «Rinunci a Satana?». «Rinuncio!») e come Chianti, che il nostro emigrato tracanna fino a metter mano al pugnale.

Con l'aggiunta, ricorda ridendo la Serra, di dettagli etnici strepitosi. Come la confidenza di Caesar Enrico Bandello in *Little Caesar*: le sue pallottole, prima di cacciarle nel corpo delle vittime, lui le insapora nell'aglio. Vuoi mettere il gusto? E tutti a crederci. Così come Hollywood crede e investe nel gangster italiano più italiano di tutti i tempi: il grande Edward G. Robinson, che oltre a quella del Piccolo Cesare finirà per fare la parte prima del picciotto e poi del boss siculo o campano in altri otto film. Giusto premio a un «italiano» che si chiamava all'anagrafe Emmanuel Goldenberg, nato a Bucarest.

Dice la storia che all'ultimo banchetto d'onore prima d'esser espulso dagli Stati Uniti, Lucky Luciano aveva a tavola Joe Adonis (Giuseppe Dotto), Willie Moretti, Joe Bonanno e Tommy Lucchese ma anche il «tedesco» Benjamin «Bugsy» Siegel, l'irlandese Owney «The Killer» Madden (che a diciassette anni aveva ammazzato il suo primo *dago* solo per «festeggiare l'elezione a capo dei Gophers», una banda giovanile), gli ebrei di origine russa o polacca Meyer Lansky (il vero nome era Maier Suchowljansky) e Longy Zwillman, più un avvocato dal cognome inconfondibile: Moses Polakoff.

Tema: se i grandi gangster appartennero a tutte le comunità di immigrati, come dimostrano il nero Ellesworth «Bumpy» Johnson e il cinese Mock Duck, se il sicario più spietato per la *Mafia's Encyclopedia* di Carl Sifakis fu Phil Strauss, che venne inquisito in 58 inchieste per assassinio ma «le autorità concordavano sul fatto che il totale delle sue vittime fosse il doppio», se perfino Joseph Kennedy, il patriarca della dinastia irlandese più potente del mondo, aveva fatto i soldi molto probabilmente con il whisky sotto il proibizionismo, perché i protagonisti dei noir hollywoodiani (tra i celeberrimi fa eccezione solo *Il nemico pubblico* del 1931, dove il cattivo è irlandese) erano quasi sempre italiani?

Perché, risponde Ben Lawton, i negri funzionavano meglio come violenti tontoloni, gli irlandesi appena sbarcati erano già considerati americani, gli italiani restavano stranieri anche se erano nati a Brooklyn come Al Capone. Ma soprattutto perché gli ebrei (che erano il vero gruppo concorrente nell'amministrazione dei bordelli, delle distillerie e dei casinò illegali) «controllavano la maggior parte delle case di produzione statunitensi. [...] I maggiori studi di produzione (MGM, Paramount, Warner Bros, 20th Century Fox, RKO) e due dei tre minori (Universal Pictures, Columbia Pictures) erano gestiti da ebrei americani».

Tanto forte e fruttuosa era l'immagine dell'italiano via via conficcata nella testa del meccanico dell'Oregon o della casalinga del Maine che produttori e registi, costretti ad abbandonare durante la seconda guerra mondiale lo stereotipo in nome della grande unità nazionale di tutti gli americani di ogni lingua e colore, ci tornano appena possono con qualche rettifica furbesca. Prima fra tutti l'idea di affidare a un italiano integrato la parte del buono così da poter insistere su un altro italiano nella parte del cattivo. Vedi *Cry of the City* [*L'urlo della città*, 1948] in cui il tenente Vittorio Candella dà la caccia a Martin Rome (cognome italianissimo, all'orecchio americano), un amico d'infanzia diventato un gangster che gli impone dialoghi tipo: «Quanto denaro fai alla settimana?». «94 dollari e 43 cent.» «Sei mai stato in Florida una settimana? Hai mai scommesso 200 dollari su un cavallo?» «No, ma io faccio sonni tranquilli.» «Ok, tu hai giocato a tuo modo, io ho giocato al mio.»

Certo, la comunità italiana si è levata più volte a urlare la sua indignazione. Dai primi anni del sonoro fino agli albori del nuovo millennio, quando l'America è impazzita per una fiction, *The Sopranos*, storia di una famiglia mafiosa, infarcita con tutti i luoghi comuni più vecchi e stravecchi. Ma non sempre ha saputo protestare per bocca delle persone giuste. Successe con la solenne condanna di *Scarface* emessa dall'Order of the Sons of Italy, più volte accusato d'eccessiva benevolenza, diciamo così, verso «amici degli amici» e massoni. Accadde di nuovo, qua e là, con le prese di posizione dell'Unione Siciliana, di cui diremo più avanti. Ma soprattutto con le pubbliche polemiche scatenate nel 1959 contro la serie televisiva *Gli intoccabili* [*The Untouchables*].

Il primo a chiedere un milione di dollari di danni per le offese al suo buon nome fu un tranquillo padre di famiglia che viveva in Florida e che non aveva mai avuto grane con la giustizia tranne il furtarello in un supermercato di due aspirine e una pila da transistor, subito perdonato dal padrone del magazzino al quale l'uomo, che aveva sempre avuto una condotta esemplare, era andato a chiedere scusa piangendo. Si chiamava Albert Francis e non era l'uomo adatto a difendere il nostro onore collettivo: si era da poco amputato, infatti, il cognome che lo legava indissolubilmente al padre: Al Capone.

Né andò meglio la minaccia, da parte della Federazione delle Organizzazioni italoamericane, di boicottare le sigarette (tra cui le popolarissime Chesterfield) della Ligget & Meyers, colpevole di sponsorizzare l'odiata serie televisiva che inutilmente aveva tentato di mettere una toppa aggregando tra i «buoni» un agente di cognome Rossi. Il deputato Alfred Santangelo e gli altri ideatori della protesta, che arrivarono ad affiggere 250.000 manifestini per invitare tutti a non fumare prodotti di «quella» marca, avevano ragione. Come ce l'aveva l'uomo-sandwich la cui foto apparve sui giornali con lo slogan che strillava: «21 milioni di italoamericani non sono criminali».

Una protesta civile e sacrosanta. Che avrebbe però avuto più successo, c'è da scommetterci, se non fosse stata appoggiata dal Fronte del Porto. Il quale intimò la sospensione dei telefilm pena il blocco totale di tutti i moli dove dovevano essere scaricati, da camalli in gran parte italiani, i prodotti delle aziende che all'interno del popolarissimo programma della catena televisiva compravano spazi pubblicitari. Un'azione legittima, guastata da un dettaglio: il leader degli scaricatori, quello che da decenni controllava la famigerata «sezione 1814» addetta alle merci deperibili e cuore pulsante del porto, era Antonio Anastasia. Meglio noto come «Tough Tony», «Tony il Duro». Fratello di quell'Albert che, per arginare la guerra per bande che metteva a rischio gli affari, si era inventato una specie di tribunale interno controllato dalle «famiglie»: l'Anonima Assassini.

CAPITOLO TREDICI

«NON NE TROVI UNO ONESTO»

L'export di criminali: luoghi comuni e realtà imbarazzanti

«Il guaio è che non si riesce a trovarne uno che sia onesto.» Quel giorno che venne fuori l'intercettazione del 1973 in cui Richard Nixon parlava con John Ehrlichman, tra i suoi collaboratori più stretti alla Casa Bianca, destinato a finire in galera per lo scandalo Watergate, non fu un buon giorno per gli italiani d'America. In poche battute, quel presidente che pure era stato massicciamente votato dalla nostra comunità, riuscì a condensare un po' tutti gli stereotipi contro i nostri emigrati che si sperava fossero stati, trent'anni dopo gli studi di Enrico Fermi a Los Alamos e quattro anni dopo lo sbarco sulla Luna che aveva avuto tra i protagonisti assoluti lo scienziato Rocco Petrone, finalmente sepolti.

Disse: «Non sono, ecco, non sono come noi». Precisò: «La differenza sta nell'odore diverso, nell'aspetto diverso, nel modo di agire diverso». Sospirò con bonaria strafottenza yankee: «Dopo tutto non si possono rimproverare. Non si può. Non hanno mai avuto quello che abbiamo avuto noi». E chiuse con quella frase che, anche alla luce della sua integrità non proprio cristallina, non gli sarebbe mai stata perdonata: «Il guaio è che non si riesce a trovarne uno che sia onesto».

Un cialtrone. Che tuttavia diceva, senza immaginare che la sua conversazione privata sarebbe finita su tutti i giornali, ciò che gli americani hanno a lungo pensato e ancora sotto sotto pensano. Anzi: non solo gli americani. Uno studio del novembre 1996 della McCann-Erickson, fatto analizzando per sei mesi 60 giornali del mondo (Usa, Gran Bretagna, Svizzera, Germania, Francia e Spagna: tutti paesi, meno l'ultimo, ad alta immigrazione italiana), dimostra che la parola più usata all'estero in abbinamento all'Italia non è «amore», «pizza», «spaghetti» o «moda», ma ancora e sempre la stessa: «mafia».

E possiamo scommettere che se l'inchiesta fosse stata estesa ai giornali canadesi o australiani il risultato sarebbe stato identico. La paranoia sull'equazione «italiano-mafioso» è stata tale da toccare qua e là vette inarrivabili di idiozia razzista: era sufficiente avere un cognome che finiva in una vocale per essere automaticamente bollati come criminali. Basti ricordare il caso di James Riddle Hoffa, il potentissimo capo dell'International Brotherhood Teamsters (il sindacato dei camionisti statunitensi), scambiato per un mafioso siciliano anche se con ogni probabilità era di origini galiziane.

O il caso limite, comico se non ci fossero risvolti infami, di due tizi accusati d'avere ucciso il 17 dicembre 1922 in una rapina a Thorold, un paese sull'Ontario in faccia a Toronto, una guardia notturna chiamata Joseph Trueman. I «bravi cittadini» canadesi non ebbero dubbi: erano stati i soliti italiani. E al sindaco della cittadina arrivò una lettera del Ku Klux Klan firmata da «Capo Kleagle» e pubblicata in prima pagina dall'*Hamilton Spectator*: «Signor sindaco: se lo straniero che ha sparato e ucciso il nostro simile, l'ufficiale Trueman, non verrà catturato entro il prossimo 2 gennaio, i membri del clan della croce infuocata prenderanno l'iniziativa contro la comunità italiana di Thorold: 1800 uomini armati della Divisione Scarlatta stanno ripulendo segretamente questo distretto e aspettano l'ordine per sterminare questi topi». Come sia finita non si sa. Ma si sa come si chiamavano i due uomini che le Giubbe Rosse arrestarono e diedero in pasto all'opinione pubblica: Jim Cicovichi e Frank Cachane. Due cognomi assurdi. Ridicoli. Che però all'orecchio yankee «suonavano» italiani.

Quella era l'idea che i canadesi si erano fatti dei nostri immigrati. Lo si era già visto prima, lo si sarebbe visto poi. Come il 14 agosto 1930 quando, dopo l'ennesimo omicidio nel giro del contrabbando di liquori, l'*Hamilton Herald* scriverà in un editoriale in prima: «È spiacevole per la reputazione della razza presieduta dal signor Mussolini che essa abbia quasi monopolizzato questo traffico e detenga la leadership nei crimini a esso collegati. Ci sono molti tra i migliori della razza italiana, specialmente i settentrionali, che deplorano questa faccenda... Ma questi cercatori di vendetta e gangster inclini all'omicidio sono una disgrazia per qualsiasi paese e una piaga nelle comunità civilizzate. Necessitano misure estreme e il procuratore generale non dovrebbe esitare a prenderle. Se fosse necessario rastrellare tutta la comunità italiana, che venga fatto».

Un mese dopo, rincarando la dose contro «l'istinto omicida di questi assassini», il giornale accantonerà ogni distinzione tra italiani del Nord e del Sud mettendo tutti nel mucchio: «La grande maggioranza dei cittadini non desidera discriminare tra una razza e l'altra, ma se una razza si pone deliberatamente a rovesciare l'ordine e la pace della comunità, i compatrioti di questi colpevoli devono essere ritenuti responsabili». Ed è lì la tragedia personale e collettiva dei nostri emigrati: nelle continue, ripetitive, aggressive campagne xenofobe condotte per oltre un secolo contro l'intera nostra comunità, dalla California al Belgio, dalla Germania all'Australia.

Il posto più strano e interessante per vedere quell'Italia sospettata che sta dall'altra parte del pianeta, un posto dove quelli della Locride parlano un irreale dialetto calabro-trevisano («*Semo vegnù via quandu u diluviu el se gà portà via tuto el paese e i morti al cimitero i vegneva su gonfi de aqua*»), è quel centro a due ore di volo da Sydney di cui già abbiamo scritto: Griffith. Una strada centrale, trattorie che si chiamano «La Scala», farmacie «Musumeci», bar «Corso» e 30.000 abitanti per metà italiani. A loro volta per metà veneti e metà calabresi. Quasi tutti di Platì, emigrati dopo la disastrosa alluvione che nel 1951 devastò il paese.

Si sono incrociati tutti, laggiù tra le vigne e i frutteti della Riverina. I Bepi hanno sposato le Rosarie e i Turi le Giuliete e i Toni le Carmele. E non ne trovi uno, sia calabrese o sia veneto, che non difenda a spada tratta la cittadina dalle brutte chiacchiere che ogni tanto riemergono tra gli australiani nel ricordo dell'unico vero «giallo» successo da queste parti in un secolo d'immigrazione: la scomparsa nel 1977 di Donald Mackay, un agente immobiliare che era in lista alle elezioni coi liberali e indagava su certi misteriosi arricchimenti dovuti quasi certamente alla coltivazione, tra i frutteti e i campi di cipolle, di qualche ettaro di marijuana.

Un delitto senza cadavere, senza killer e senza mandanti ma additato subito come un caso di «lupara bianca» e caricato in groppa ai calabresi. Una maledizione che, nonostante l'arresto di gente che non c'entrava con gli *italians*, pesa ancora dopo un quarto di secolo come se tutto fosse accaduto ieri. Colpa della fama conquistata dalla lontanissima Platì, con le sue decine di sequestrati rilasciati dall'Anomima nel territorio comunale. Colpa di qualche bandito vero. Ma colpa soprattutto di un pregiudizio anti-italiano che in terra australe è ancora duro a morire. Erede di mille offensive giornalistiche e politiche. Come le campagne della Water Conservation and Irrigation Commission perché le terre fossero «riservate agli australiani». Gli articoli sull'*Age* di Melbourne contro «l'arrivo sulle nostre sponde di inferiori tipi umani del Sud-Europa». O ancora le accuse razziste ai nostri emigrati: «bevono vino come noi beviamo tè», «usano rasoi e coltelli invece del pugno come nell'uso australiano», «fino alla quarta generazione conservano la loro lingua e i loro costumi», «vogliono cacciar via australiani e britannici...».

In nessun altro posto come a Griffith puoi vedere come certe verità siano ambigue. E come, nella saldatura tra la buona volontà dei veneti e quella dei calabresi, i «nostri» abbiano saputo mostrare di che pasta sono fatti. Quando arrivarono, a partire dagli anni Venti, la piana che gli esploratori avevano descritto come inabitabile e che era stata inutilmente sottoposta a lavori di irrigazione, era in fase di degrado. I nostri cominciarono come mezzadri, risparmiarono, comprarono le prime fattorie. Oggi Dino De Bortoli, che vive con un cappellaccio di traverso in una casetta a un piano tra centinaia di cisterne luccicanti, è uno dei primi produttori di vino d'Australia e intorno a lui decine di Bonomi e di Barbaro, di Bianchin e di Macrì, hanno fatto fortuna. Tutti, salvo eccezioni, onestamente.

Eppure, a leggere i giornali australiani, lo stereotipo è rimasto immutato. È sufficiente un episodio di cronaca per tornare indietro di anni. Come nell'autunno del 1998, quando la polizia arrestò a Sydney Giovanni Farina, il rapitore di Giuseppe Soffiantini. Una banale cattura di un ricercato fuggito il più lontano possibile. Eppure, come scrisse Giovanni Maria Bellu in un reportage sul *Venerdì* dal paesotto veneto-calabrese, tutti in Australia pensarono che il latitante fosse diretto lì, «tra i suoi amici italiani». E il poliziotto confidava al giornalista: «Per trovare il corpo del povero Mackay dovremmo demolire le case di alcuni italiani importanti». E l'anonima gola profonda suggeriva un'inchiesta su Tony Sergi, che «non sa né leggere né scrivere ma è diventato ricchissimo e ha un'immensa tenuta vinicola». E il solito ben informato ricordava lo stupore provato quando «improvvisamente negli anni Settanta alcune famiglie calabresi cominciarono ad acquistare terre, case, a realizzare vigne per migliaia e migliaia di acri».

Come non sospettare di certe fortune, se si tratta di italiani? È radicato da così tanto tempo e così profondamente sotto la pelle altrui questo sospetto che i nostri emigranti abbiano sempre qualcosa da nascondere, che Jerre Mangione e Ben Morreale, ne *La storia*, scrivono che in America il pregiudizio ha quasi quattro secoli. Allo sbarco in Virginia di un gruppo di veneziani di Murano chiamati a costruire una vetreria a Jamestown nel 1621, infatti, il commento della gente del posto sarebbe stato questo: «*A more damned crew Hell never vomited*». L'inferno non ha mai vomitato una ciurma più dannata. Un'idea offensiva. E rintracciabile uguale identica un po' ovunque. A migliaia di chilometri o decine di anni di distanza.

«È diffusissima in Germania l'opinione che la criminalità degli immigrati italiani sia di gran lunga superiore a quella dei nazionali e degli immigrati di altre nazionalità», scrive alla vigilia della prima guerra mondiale il già citato Giacomo Pertile. «E questa triste opinione è tenuta viva da frequenti notizie pubblicate sui giornali, talvolta esagerate e tendenziose, tal'altra inventate di sana pianta.» Tipo quella narrata con grande ricchezza di particolari da giornali tedeschi e francesi secondo i quali «alcuni operai italiani, incontrato sulla strada che da Joef conduce a Gross-Moyeuvre un doganiere che passeggiava con la moglie incinta», lo avevano assalito e legato a un albero dopo di che, «estratto con un coltello dal ventre della madre, dinnanzi agli occhi del marito, il feto ancora vivo», lo avevano «gettato in un torrente che scorreva lì appresso».

Una schifosa bugia. Doleva ammettere però, proseguiva il regio ispettore dell'Emigrazione, che la delinquenza degli italiani era davvero «assai elevata». Superati percentualmente nella somma dei reati solo dai russi, erano infatti primissimi nelle truffe, nello sfruttamento della prostituzione, nei ferimenti e negli omicidi: «Le contese tra gli italiani terminano spesso, troppo spesso, con spargimento di sangue, perché essi hanno la triste abitudine di portare seco sempre delle armi; non vi è operaio, specialmente dell'Italia centrale e meridionale, che non sia sempre munito di un revolver o di un pugnale che esso adopera con facilità sorprendente».

Né era diverso, stando alle relazioni di Raniero Paulucci de Calboli, il panorama in Inghilterra. In Hatton Garden, a pochi passi da una «scuola moralizzatrice», si aprivano al pubblico «sedicenti "Circoli Italiani", immondi recessi di ozio, di alcolismo e di prostituzione». Posti dove i nostri potevano sfogare i loro istinti che, assicurava John Moore in *A View of Society and Manners in Italy* [Una visione della società italiana e dei suoi costumi], consistevano nella «orrenda pratica di estrarre il coltello e di pugnalarsi l'un l'altro».

Un quadro quasi identico a quello dipinto per la Svizzera da un rapporto pubblicato su *La Riforma sociale* del

1899: «La criminalità degli italiani è diventata un argomento di moda ed ha servito a radicare sempre di più nel convincimento di tutti l'idea che gli italiani siano un popolo delinquente per eccellenza. In molti luoghi la parola italiano è diventata quasi sinonimo di accoltellatore». Quattro anni dopo Giuseppe De Michelis, sul *Bollettino dell'emigrazione* edito dal ministero degli Esteri, conferma: «Tutti parlano della grande criminalità fra i nostri emigranti come di un fatto acquisito. I giornali, appena viene commesso un delitto, un furto, un'azione riprovevole, cercano l'italiano».

«Purtroppo, sovente, è la verità», sospira l'autore dell'inchiesta. E ammette come «innegabile che la delinquenza non è un fatto trascurabile tra i nostri connazionali e contribuisce largamente a renderli invisi agli svizzeri. Soprattutto l'uso del coltello – mezzo criminale pressoché sconosciuto tra i delinquenti indigeni – nei reati di sangue, ci ha fatto la nomea di un popolo accoltellatore per eccellenza, tanto che ci chiamano – con eccessiva insistenza – *les chevaliers du couteau!*».

Una fama non del tutto immeritata. E guadagnata, come si è visto nel capitolo sugli stereotipi letterari, in patria. Basti guardare la tabella del nostro istituto centrale di statistica sui condannati per omicidio in Europa negli anni 1880-1881, riportata in appendice: furono 1,5 ogni 100.000 abitanti in Francia, 1,8 in Belgio, 1,2 in Germania, 0,5 in Gran Bretagna, 1,1 in Irlanda, 2,7 in Austria, 6,1 in Ungheria e nei paesi slavi dell'impero asburgico, 8,7 in Spagna e 10,1 in Italia. Sei volte più che in Francia, dieci più che in Germania, venti più che nel Regno Unito.

Certo, c'è chi dirà che ad alzare così spaventosamente la nostra media erano gli emigrati del Mezzogiorno, bollati dal *New York Times* come gente che usava il coltello «come il pungiglione le vespe». Ed è anche vero. In parte. Lo dimostra la tabella degli omicidi commessi nella penisola nel 1881. Media italiana: 16,8 delitti ogni 100.000 abitanti l'anno (oggi sono 1,25) ma con differenze abissali: 46,9 nel distretto giudiziario di Palermo,

32,5 di Cagliari, 31,2 di Catanzaro e giù giù fino a 6,5 persone uccise ogni 100.000 nel territorio del tribunale di Venezia, 5,8 di Brescia, 5,4 di Parma, 3 di Milano. Insomma: la Lombardia era allora da sei a tredici volte meno violenta della Sicilia. È innegabile però che la propensione al coltello e allo schioppo era non solo troppo alta anche nel Nord (si uccide oggi nove volte di meno che un secolo fa nella Lombardia orientale, otto volte di meno nel Veneto, venti volte di meno in Toscana), ma assolutamente incredibile in alcune sacche del Nord.

In Piemonte e in Toscana venivano ammazzate oltre 10 persone l'anno ogni 100.000 persone, in Liguria 9, in Emilia-Romagna addirittura 12. Al punto che Guglielmo Ferrero, allievo e genero di Cesare Lombroso, arrivò a scrivere nel 1893 un saggio dal titolo *I violenti e i fraudolenti in Romagna*. Nel quale descriveva una regione dominata dalla violenza, «ad esempio nella difesa dell'onore delle donne. Il romagnolo è geloso di questo onore ed è pronto per difenderlo a sparger sangue come il Sardo, come il Corso, come il Beduino. Nessun vero romagnolo esiterà a sparare sull'amante della moglie». Non solo: «Tutti vanno armati, a dispetto delle leggi e dei carabinieri; c hanno una specie di affetto e di tenerezza per i loro fucili e revolvers che ricorda quella dei popoli primitivi. Senza armi un buon romagnolo non si sente interamente vestito e interamente uomo».

Per non parlare, al di là della facilità con cui si uccideva, degli altri reati: «Questa terra dei violenti è diventata anche la terra dei frodolenti. Nell'orgia affaristica italiana, che corse dal '60 all'80, in quel banchetto così vorace in cui fu divorata tutta l'Italia senza che restassero a noi nemmeno più gli ossi da rosicchiare, i romagnoli hanno avuto la loro parte e hanno adoperato la mascella a dovere. La Romagna fu allora un semenzaio di appaltatori; e oggi è piena di gente che si è arricchita nella costruzione di opere pubbliche e specialmente delle ferrovie, frodando, naturalmente, lo Stato in tutti i modi».

Tirava un'aria tale, in quel pezzo di Italia settentrionale oggi benedetto dalla ricchezza e visto nell'immaginario collettivo come terra allegra e solare, che il brigante Stefano Pelloni non solo passò alla storia col nome di «Passator Cortese» ma ricevette, grazie a questo equivoco sulla natura dei suoi delitti, perfino gli omaggi di un uomo come Giuseppe Garibaldi che dall'esilio di New York dopo la caduta della Repubblica Romana scriveva: «Le notizie del Passatore sono stupende... Noi bacieremo il piede di quel bravo italiano che non paventa, in questi tempi di generale paura, di sfidare i dominatori ed insegnar loro che la nostra terra è fatta solo per i loro cadaveri. Noi ambiamo essere soldati del Passatore».

Furono contate a Bologna al momento dell'Unità d'Italia 483 aggressioni a mano armata in un anno. Un'enormità, per una città di 101.615 abitanti. Tanto per capire: un assalto ogni 210 abitanti, contro uno ogni 2005 registrati in Emilia Romagna nel 2001. Tanto violento era, il capoluogo felsineo, spiega Claudio Santini ne *La Causa Longa*, che nel dicembre 1860, «dopo l'omicidio per rapina di Alberto Guidi, figlio di un noto commerciante, il *Corriere dell'Emilia* tuona: "È vergogna! Che in una delle principali città d'Italia, sotto un governo di libertà e progresso, il cittadino non possa passeggiare sicuro per le vie, né ridursi tranquillo la sera al domestico tetto. È vergogna che gli assassini con un ardire straordinario assaltino di giorno e di notte, spoglino, feriscano e uccidano e nelle case e nelle piazze e nei vicoli e alla vicinanza degli stessi corpi di guardia"».

Allarmato, il governo piemontese invia un uomo di ferro, Antonio Grasselli: neanche il tempo che disponga i primi ordini di cattura e lo uccidono in Strada Maggiore insieme col suo braccio destro. Il governo manda allora un nuovo prefetto, Pietro Magenta: lo accolgono assaltando travestiti da carabinieri la stazione di Bologna per rubare una enorme somma spedita al duca di Torlonia. Decide di procedere ad alcuni arresti: fanno saltare per aria il questore. Il tutto sfocia nel 1864 in un maxiprocesso (la «Causa Longa», appunto) simile a quelli dei nostri giorni alla mafia: 178 giorni di udienze, 104 imputati, imputazioni del tutto uguali a quelle previste oggi per i mafiosi. E quella è infatti l'accusa principale: «L'affiliazione avviene con giuramento che fra l'altro prevede la divisione del provento dei reati e il mutuo soccorso in caso d'arresto». Il tutto coperto da quella omertà che lo stesso Giovanni Pascoli denuncerà nella *Cavalla storna*, quando la madre si aggrappa alla criniera e dice: «Tu fosti buona [...] Ma parlar non sai! / Tu non sai, poverina; altri non osa». Esattamente come oggi chi teme la mafia. È poi così stupefacente che all'arrivo dei nostri emigrati, gli stranieri non riuscissero a fare tante distinzioni?

Non c'è paese che non abbia reagito con diffidenza astiosa all'arrivo dei nostri. In nessun posto, però, neppure in Australia o in Canada, dove ancora oggi la grande criminalità organizzata (come spiegano Antonio Nicaso e Lee Lamothe in *Bloodlines*) è in pugno alle famiglie agrigentine dei Cuntrera e dei Caruana, l'ossessione anti-italiana è stata forte come negli Usa.

Da sempre. Sapete come comincia sul *Bollettino dell'emigrazione* lo studio di Napoleone Colajanni, nonno dell'omonimo esponente della sinistra, deputato nel regno dopo aver fatto il medico di bordo sui transatlantici? «L'avversione vivissima che si prova e si manifesta negli Stati Uniti contro gli *undesirables* in genere e particolarmente contro gli italiani deriva soprattutto dalla loro criminalità.»

Siamo nel 1910, New York è ormai con Napoli la più popolosa città italiana, l'America è sotto choc per l'uccisione a Palermo di Giuseppe «Joe» Petrosino, il leggendario poliziotto italo-statunitense che per primo aveva intuito i legami tra mafia americana e siciliana, e il *New York Word* – prendendo per oro colato il racconto di un anonimo «principe romano» della nobiltà nera anti-italiana – scrive che «tutta la polizia napoletana e siciliana è affiliata con la camorra e con la mafia. La premura con cui la polizia di Palermo si è impadronita dei documenti segreti di Petrosino dettaglianti i risultati delle sue investigazioni è molto significativa e lamentevole. I delinquenti di qui in America segnati sui libri di Petrosino adesso sono salvi. Sono stati ben avvisati».

Gli States, in realtà, hanno una storia segnata dalla violenza, dai Jesse James e Butch Cassidy e Billy The Kid, dai *pistoleros* dell'epopea western, dai banditi diventati sceriffi e dagli sceriffi diventati banditi. Ma è una storia che cercano di lasciarsi alle spalle. I nostri irrompono sulla scena (2.806.577 arrivi dal 1901 al 1904, più i clandestini) mentre ancora dominano le bande irlandesi ed ebraiche. Bastano pochi anni e Theodore A. Bingham, commissario capo della polizia newyorkese citato da Colajanni, afferma che per quanto sia grande la delinquenza degli ebrei, «quella degli italiani sta alla prima come cinquanta a venti, mentre il numero degli italiani sta a quello degli ebrei come uno a due. I malfattori, i banditi italiani, gli affiliati alla mafia e alla camorra [...] costituiscono la più grande minaccia».

Lo studioso italiano, che per passione civile finirà per diventare un grande statistico nello sforzo di dimostrare come siano la miseria e la disperazione a condurre da una parte al crimine e dall'altra alle malattie, fa i salti mortali per smontare i luoghi comuni. Quali l'idea che la mafia vada intesa come un'organizzazione politica segreta nata nel 1282 coi Vespri Siciliani (M.A.F.I.A.: Morte Ai Francesi l'Italia Anela) o altre sciocchezze pubblicate dai giornali americani. Precisa, mette a punto, distingue...

E spiega la cosa più ovvia, quella che anche oggi qualche razzista nostrano finge d'ignorare nei confronti degli immigrati in Italia. E cioè che prima di starnazzare sul tasso di criminalità di un popolo rispetto al paese ospitante, occorre tener conto di un dato. E cioè che una comunità di immigrati recenti è composta in stragrande maggioranza da maschi adulti senza i vecchi, le donne e i bambini, che fanno abbassare ogni media di devianza tra la popolazione di casa. Vale oggi in Italia per gli immigrati slavi, che il deputato razzista di An Marco Zacchera considera così «geneticamente avvezzi alle efferatezze» da averli accusati del delitto di Novi Ligure commesso in realtà da Erika e dal suo fidanzatino. Valeva ieri per gli italiani in America.

Detto questo, lo stesso Napoleone Colajanni doveva capitolare: i numeri assegnavano infatti «indiscutibilmente una superiorità nella più grave delinquenza agli italiani». In cifre assolute, nel 1904 nelle galere americane erano detenuti per omicidio, tra gli stranieri immigrati, 26 austriaci (compresi gli slavi che facevano parte dell'impero asburgico), 22 canadesi, 6 francesi, 9 inglesi, 16 irlandesi, 13 polacchi, 10 russi, 13 svedesi, 33 tedeschi, 7 ungheresi e 96 (novantasei!) italiani. Una sproporzione assoluta confermata dai carcerati per tentato omicidio: 175. Pari a tutti gli austriaci, canadesi, francesi, inglesi, irlandesi, polacchi e russi messi insieme.

Nei reati minori i nostri erano quasi dei bravi ragazzi: per ubriachezza, ad esempio, stavano in cella in 113 contro i 1478 canadesi o i 6100 irlandesi. Ma nei delitti più gravi, di sangue, nessuna comunità era peggiore della nostra: su 100 detenuti 13 erano reclusi per aver commesso reati contro la società, 30 contro la proprietà e ben 57 contro la persona. Quanto agli assassini, fra i nostri galeotti erano il 16,2%. Record assoluto, davanti a svedesi e austriaci (13), polacchi (7), tedeschi (5), russi (4).

Con gli irlandesi, che pure si erano guadagnati una brutta nomea con la microcriminalità (il 36% dei reati complessivi degli «stranieri» era loro), non c'era confronto: noi eravamo il 4,7% degli immigrati in America ed eravamo responsabili del 14,4% dei delitti gravi, loro erano il 15,6% ed erano accusati del 10,7%. Né le cose sarebbero cambiate negli anni a venire. Nel 1908, ad esempio, tra i «forestieri» rinchiusi nelle prigioni statunitensi con le imputazioni più pesanti (*major offenders*), i francesi sarebbero stati 341, gli irlandesi 395, gli inglesi 679 e gli italiani 2077.

Nel 2001, dice il nostro ministero della Giustizia, gli immigrati extracomunitari in Italia hanno commesso il 38% di tutti i reati denunciati (il 30% delle rapine, il 21% dei tentati omicidi, il 12% degli omicidi) e hanno rappresentato circa un terzo dei 53.000 detenuti nelle carceri della penisola. Diceva un secolo fa, nel 1904, il *Report of the Commissioner of Immigration*, che gli stranieri detenuti da New York alla California erano il 23,7%. Ma negli stati del Nord Atlantico, dov'era concentrata la grande maggioranza dei nostri emigrati, la percentuale saliva al 32,7%.

Strillano oggi gli xenofobi nostrani, a dimostrazione dell'«invasione barbarica», che degli stranieri ospiti delle carceri nazionali il 31% (ma la percentuale è fluttuante: talvolta sono di più i marocchini...) è albanese. Spiegava nell'ottobre 1921 Tommaso Sassone nel saggio *Italy's Criminals in the United States* sulla rivista *Current History*, che tra i detenuti stranieri delle carceri newyorkesi di Auburn, Clinton, Great Meadow e Sing-Sing i nostri erano i più numerosi: «Su 928 rinchiusi in questi penitenziari nel 1920, gli italiani sono 378, cioè circa il 40%. [...] Secondi vengono i russi con 171. [...] I crimini più comuni tra gli italiani sono le aggressioni, le rapine, i sequestri di persona, gli omicidi». Come stupirsi dunque, si sfogava lo studioso, se «gli italiani vengono ormai così evidentemente identificati in America con il ricatto, il rapimento, l'assassinio, le bombe?».

Né le cose andavano meglio con i minorenni: dei giovani stranieri in prigione nel 1904 in tutti gli Usa, gli italiani (in larga parte siciliani) erano il 28,2%. Percentuale che saliva negli Stati nord-orientali al 34%. Insomma: i dati erano tali che il siciliano Colajanni, infischiandosene del turbamento che avrebbe scatenato tra i benpensanti con lo scomodo paragone, cercò un parallelo con una sola altra comunità di emarginati: i neri.

Davanti a un panorama come questo, il *Report* denunciava preoccupatissimo: «Noi dobbiamo combattere una criminalità medievale con metodi anglosassoni. Contro di essa le nostre leggi sono fiacche». L'America del Nord, ringhiava Bingham, «pare diventata la terra promessa dei delinquenti italiani!». «Sono fortemente e interamente contrario alla politica detta delle porte aperte. [...] A meno di qualche seria iniziativa, questa ondata [di immigrati] avvelenerà o quanto meno inquinerà le sorgenti stesse della nostra vita e del nostro progresso. Ospitiamo nelle nostre città più grandi un numero enorme di stranieri fra i quali proliferano il crimine e le malattie», dichiarava il commissario generale all'Immigrazione Frank P. Sargent. E non c'era articolo o polemista xenofobo che non citasse Charles Dickens il quale, passato per i Five Points, era rimasto sconvolto dalle «viuzze rigurgitanti infamia e sporcizia» e ne aveva parlato come dei «Cinque Punti degli assassini».

Quando ci va lo scrittore Giuseppe Giacosa, a cavallo tra Ottocento e Novecento, resta senza fiato: «È impossibile descrivere il fango, il pattume, la lercia sudiceria, l'umidità fetente, l'ingombro, il disordine». «Al numero 36 di Cherry Street in uno stabile di cinque piani (due gabinetti per piano)», scrive Giuseppe Dall'Ongaro nella biografia su madre Francesca Cabrini, «si ammassano 800 persone in stanze di metri 2,70 per 4,20.» «Dove l'uomo non potrebbe vivere, secondo le teorie scientifiche», sogghigna perfidamente il prete irlandese Bernard J. Lynch in un rapporto al vescovo, «l'italiano si ingrassa.»

L'abbrutimento, in realtà, è spaventoso: «I ferimenti e gli omicidi sono purtroppo molto frequenti nel quartiere italiano», conferma Adolfo Rossi in *Un italiano in America*, «prima perché esso è infestato da una quantità di farabutti sfuggiti alla giustizia del proprio paese dopo avere ucciso, rubato e commesso ogni sorta di delitti, e poi perché anche il bracciante onesto nato e cresciuto in un pacifico villaggio che si è deciso ad emigrare spinto dalla miseria [...] diventa spesso in America moralmente peggiore. La nostalgia, il pensiero dei parenti lontani, il soggiorno in un lurido quartiere, la camorra che regna fra gli operai delle province meridionali, tutto ciò inasprisce il carattere del povero diavolo. Vi si aggiungano [...] il baccano della città, la numerosa società in cui è costretto a vivere, l'imbarazzo della lingua straniera, gli insulti che riceve spesso per la sua ignoranza, l'avidità del denaro e l'invidia che prova per quei compaesani che fanno fortuna. [...] L'emigrato diventa nervoso, irascibile, vive in continuo sospetto di essere ingannato, frodato, tradito e, anche se non l'aveva, acquista l'abitudine di portare sempre qualche arma addosso».

È in quella violenza dei ghetti italiani delle metropoli che si fanno strada sparando e taglieggiando i giovanotti destinati a diventare i capi di Cosa Nostra. «È vero quello che dicono di te?», chiede un giorno ad Albert Anastasia, capo dell'Anonima Assassini, il giovane fratello prete, don Salvatore, arrivato dalla Calabria con l'angoscia d'aver scoperto d'essere l'ultimogenito di una famiglia di mafiosi. Albert, che in realtà si chiamava Umberto e nella sua sanguinaria avventura americana aveva trascinato altri tre fratelli, gli risponde di aver deciso il grande salto – lui che era figlio di Bartolomeo, un povero ma onesto casellante di Tropea che di cognome in realtà faceva Anastasio (con la «o») – «a venti passi dalla sedia elettrica» dove stava per finire a vent'anni (prima di una miracolosa revisione del processo) per avere ammazzato un portuale: «Non ho scelto il malaffare, ma ho fatto in modo di non averlo contro». Una scelta condivisa da molti. Prima di lui, dopo di lui.

Spiegano Mangione e Morreale nella loro *Storia* che a un certo punto l'ondata di intolleranza fu tale, tra Ottocento e Novecento, che la polizia «attribuiva ingiustamente molti degli omicidi ai siciliani e passava in alcuni casi ogni limite arrivando a italianizzare i nomi degli assassini». Coi padrini veri no, non ce'ne fu bisogno. Semmai furono loro, per dar meno nell'occhio, a dotarsi di un nome all'americana. Come Francesco «Ciccio» Uale, che diventò Frank Yale e mise il suo faccione sulla scatola gialla dei sigari che produceva la sua manifattura. O Paolo Antonio Vaccarelli, che si diede il nome di Paul Kelly. O ancora Michele Gnaula, un killer professionista che si ribattezzò Mike Kety. O ancora l'avellinese Giuseppe Doto, che ritenendosi bello assai si scelse il nome d'arte di Joe Adonis.

In genere, però, chi aveva un cognome dei nostri se lo teneva stretto come marchio di qualità. Tutta la storia della grande criminalità americana è segnata da nomi italiani. Tipo quello di don Vito Cascio Ferro che, come ricostruisce Arrigo Petacco nella biografia di Petrosino, fu forse il primo a trapiantare nel nuovo mondo la struttura mafiosa siciliana e fece inorridire Manhattan facendo trovare in un barile nell'Undicesima Strada un uomo immerso nella segatura dalla quale spuntava solo la testa con i testicoli infilati in bocca.

O quello di «Jim» Colosimo, un cosentino che con la moglie Vittoria controllava gran parte dell'impero dei bordelli di Chicago e diventò immensamente ricco e girava con l'Isotta Fraschini guidata da un autista in livrea blu-arancione e baciava le mani solo al tenore Enrico Caruso, finché non si innamorò pazzamente di una diciannovenne sventola dell'Ohio tirandosi addosso le ire degli amici che decisero di farlo fuori: «Non tiene più il cervello».

O ancora quello di Giovanni Torrio, che era nato vicino ad Amalfi e non fumava e non beveva e non tirava tardi al night perché preferiva starsene a casa tranquillo a canticchiare le arie di Giuseppe Verdi, ma fu l'«inventore» della grande rete mafiosa che avvolse Chicago e il *talent scout* che scoprì Alfonso Caponi, il quartogenito di un barbiere napoletano poi diventato sinistramente leggendario col nome di Al Capone.

«La mafia in questo paese è parte di un sogno americano», spiega anni dopo lo scrittore Gay Talese a Maurizio Chierici, autore de *Gli eredi dei gangsters*. «Gli Stati Uniti sono una nazione di gente interessata a migliorare la propria situazione, a far soldi, a rincorrere benessere e successo. [...] Ma le strutture di questo paese non consentono una facile realizzazione del sogno americano. Al contrario: l'emigrante deve soffrire, schiacciato, avvilito, per due o tre generazioni. L'unico modo per realizzarsi e per migliorare rapidamente la propria situazione è di lottare. Lottare per diventare uguali agli altri. Avere i soldi degli altri: le auto, le pellicce, le vacanze, la casa in campagna. Ma qui non si dà niente per niente. L'America non è un paese di filantropi.

«La mafia non era composta da uomini di buona volontà: la maggior parte degli italoamericani non aveva voglia di partire dal gradino più basso, non aveva voglia di scavare fossati, lustrare scarpe, fare i sarti, i barbieri, i camerieri. Da un certo punto di vista erano pigri: per altri aspetti erano troppo attivi. [...] Diventarono ricchi durante il proibizionismo, cioè in quegli anni in cui il governo americano si opponeva al consumo di bevande alcoliche, mentre tutta l'America non chiedeva che di bere whisky. E allora gli oppressi, i più poveri, che niente avevano da rischiare, perché niente dovevano difendere se non la loro miseria, si misero a contemplare con cinismo la realtà che li circondava.

«Scoprirono, nella loro incultura, di avere uno spiccato senso della storia» continua Talese, «l'occasione per fare un salto di tre generazioni era a portata di mano. La presero. E si misero a soddisfare i desideri degli americani – di quasi tutti gli americani – per cose proibite dalla legge americana. Guadagnarono milioni di dollari. Essere un gangster negli anni Trenta era un modo per diventare un capitalista, che è quello che tutti gli americani desiderano diventare. Gli irlandesi prima degli italiani, e gli ebrei prima degli irlandesi. È una strada che porta alla "bella vita", che è diversa dalla "dolce vita": un'aspirazione materialistica ad avere grandi cose. Belle case, automobili enormi, denti d'oro. I mafiosi sono i più materialisti degli italiani d'America.»

Non era facile crescere nelle Little Italy stando alla larga dalle cattive compagnie. E nessuno avrebbe potuto spiegarlo meglio di Sadie Mulvaney, che faceva la maestra nel cuore della New York italiana e si trovò per uno scherzo del destino ad avere tra gli scolari, a distanza di due anni perché il primo era della classe 1899 e il secondo del 1897, il futuro Al Capone e Salvatore Lucania, un bambino di Lercara Friddi in provincia di Palermo, destinato a fare fortuna buttandosi per primo sulla *hot money* del traffico di droga e a raggiungere la fama con il nome di Lucky Luciano.

Certo, non erano solo i nostri a sconvolgere quotidianamente la vita degli americani. C'erano irlandesi come Jack «Mitra» McGurn, il quale ci teneva tanto a essere in piena forma per sventagliare al meglio le sue raffiche da volere oltre ai soldi anche una piccola palestra ogni volta che veniva assunto per fare un lavoretto. Olandesi come Arthur «Dutch» Schultz. Ebrei di origine russa come Meyer Lansky, un genio del male che sarebbe diventato il consigliori di Lucky Luciano e avrebbe poi messo le mani con il consenso del dittatore Fulgencio Batista sui ricchi bordelli e i casinò di Cuba.

Ma erano gli italiani a comandare. Gente come Salvatore Maranzano, un trapanese di Castellammare del Golfo che controllava il traffico di immigrati clandestini ed essendo stato da ragazzo in seminario si vantava di sapere inglese, francese e latino e d'essere un profondo conoscitore di Giulio Cesare. O il suo nemico acerrimo Giuseppe Masseria detto «Joe the Boss», l'uomo che nel 1922 riuscì a far assorbire dalla sicula Cosa Nostra i napoletani fino ad allora restii a una fusione che avrebbe visto la camorra in posizione secondaria. O ancora Carmine Galante, indicato tra l'altro come l'uomo che per conto di Cosa Nostra tolse un sassolino dalla scarpa di Benito Mussolini assassinando l'anarchico Carlo Tresca.

E proprio quella fu una delle caratteristiche di quei nostri emigrati che da decenni ci mettono in imbarazzo: un rapporto ambiguo con le autorità, sia italiane, sia americane. Prendi ad esempio Francesco «Ciccillo» Castiglia, detto Frank Costello, il figlio di un guardacaccia di Cassano Jonio che più di tutti cercò di gestire la criminalità come un business e di darsi un'immagine di rispettabilità col paravento di una fabbrica di forni a raggi infrarossi, una televisione privata, una compagnia petrolifera.

Diplomatico abilissimo, al punto che sarebbe stato tra i pochi a morire di vecchiaia nel proprio letto dopo aver condotto una vita da manager molto riservato (niente vizi, niente droga, a letto alle undici, sveglia alle sei), pare fosse riuscito non solo a incontrare riservatamente Mussolini ma perfino a farsi dare dal Duce, attraverso Dino

Grandi, un'alta onorificenza. Segno tangibile di un potere discreto ma immenso. Clamorosamente confermato dall'intercettazione nel 1943 d'una telefonata a «Ciccillo» fatta da Thomas Aurelio, appena nominato per scelta del Partito democratico alla Corte Suprema degli States contro la volontà del presidente Franklin Delano Roosevelt, che appoggiava un altro candidato.

«Buongiorno Francesco, grazie di tutto», diceva cerimonioso l'altissimo magistrato. «Congratulazioni», rispondeva Costello. «È andato tutto liscio. Quando io dico che una cosa è a posto vuol dire che è a posto.» «È stato splendido.» «Bene, una sera dobbiamo pranzare insieme, con le nostre signore.» «Ottima idea. Voglio assicurarti la mia eterna riconoscenza per ciò che hai fatto.»

La reazione degli americani alla divulgazione di questo scambio telefonico fu durissima. E si tradusse in editoriali frementi d'indignazione: «Che paese è questo in cui il signor Costello può addirittura nominare un giudice facendola in barba al presidente?». Meno indignazione ci sarebbe stata anni dopo davanti a un'altra scoperta: quella che per lo sbarco in Sicilia gli americani non si erano fatti scrupolo di cercare l'appoggio di Cosa Nostra. Una decisione forse utile ma scellerata, riassunta in una foto del 1943 in cui Salvatore Giuliano è col futuro capo dei capi Vito Genovese, che nei panni d'un emigrato napoletano benedetto dalla buona sorte, ai tempi dei trionfi mussoliniani, aveva regalato al comune di Nola 250.000 dollari per costruire una sontuosa Casa del Fascio avendone in cambio l'onore di essere ricevuto dal Duce e la nomina a commendatore.

Nella foto, racconta Alfio Caruso nel libro *Da Cosa nasce Cosa*, «Giuliano dimostra molto più dei ventuno anni che ha e appare serio, frastornato. Genovese invece sorride e s'atteggia a compagnone; si è messo in posa con gli occhiali da sole tipici dei soldati americani. Infatti ne indossa la divisa: fa l'interprete alle dipendenze del colonnello Charles Poletti, ex vicegovernatore dello Stato di New York e responsabile degli affari civili nella Sicilia occupata. E dire che Genovese è ricercato negli States per omicidio: è fuggito nel '37 per evitare un processo che l'avrebbe potuto condurre alla sedia elettrica. Riparato in Italia, "don Vitone" ha compiuto atto d'ossequio al fascismo e si è piazzato buono buono in un cantuccio, pronto a rendere qualche favore ai nuovi protettori. Dopo lo sbarco, è regolarmente arruolato dagli americani, benché penda su di lui un nuovo procedimento penale aperto dalla procura di New York».

In un contesto così, non fu solo don Salvatore Anastasio a vivere il trauma dei sospetti altrui. «La tragedia della mia vita», avrebbe raccontato anni dopo a *Famiglia Cristiana* il prete che sarebbe stato impersonato nel film *Anastasia, mio fratello* da Alberto Sordi, «cominciò con un giornale deposto da una vecchia signora sui banchi della chiesa della Cromwell Avenue.» Mancavano pochi giorni al Natale del 1950, lui era in America da meno di due anni e scoprì su quel quotidiano che la Commissione sul Crimine avrebbe interrogato «il ras della malavita newyorkese» e «giustiziere dell'Anonima Assassini», Albert Anastasia, quel fratello che ogni tanto lo invitava a cena e si affaccendava col mestolo intorno ai fornelli. Don Salvatore restò fulminato: «Vidi nero, mi coprii di freddo e di sudore, un fiotto di sangue mi uscì dal naso; ho ripreso conoscenza il giorno dopo, mi tennero per ventiquattr'ore sotto la tenda a ossigeno».

Da quel momento non ebbe pace finché, rimasto solo dopo la morte di Albert (ucciso dal barbiere), e uno a uno di tutti gli altri fratelli, non tornò a Tropea: «Ci sono avventure liete e avventure brutte. La mia è stata un'avventura brutta». Non riusciva più a vivere in mezzo alla diffidenza altrui. La stessa che ha pesato per decenni su milioni di italoamericani. Una diffidenza ostile, dura, accanita. Che non sarebbe stata intaccata se non parzialmente dall'esempio di uomini come Fiorello La Guardia, straordinario e integerrimo sindaco di New York. E che ancora molti anni dopo l'uscita di scena dei grandi gangster italiani avrebbe fatto dire allo storico Arthur Schlesinger jr. che la candidatura del governatore Cuomo alla Casa Bianca era impossibile: «Gli americani non eleggeranno mai uno che si chiama Mario».

Un'ingiustizia storica. Ma dettata in qualche modo anche da ambiguità che agli occhi degli americani, e della stessa comunità italiana nella stragrande maggioranza onesta, erano del tutto inaccettabili. Ambiguità che abbiamo voluto rimuovere. Ma che vanno ricordate. Come la storia della Unione Siciliana. Era un'associazione formalmente pulita, si batteva per assicurare i soci contro gli infortuni sul lavoro, aveva nello statuto, come ricordò nel 1927 il vicepresidente della sede di Chicago Costantino Vitiello, la regola «che non può essere ammesso chi non ha un passato pulito e che chi commette qualche reato deve essere espulso». Però...

Però proprio quella filiale di Chicago dell'Unione non portava tanto bene a chi era eletto presidente. Ci andò Angelo Genna, che coi fratelli Antonio e Michele s'era inventato col proibizionismo la distilleria diffusa sul territorio (ogni casa un alambicco per fare il *dago red*, il liquore italiano) e fu ammazzato. Ci andò Antonio Lombardo: ammazzato. Pasquale Lolordo: ammazzato. Peter Rizzuto: ammazzato. Giuseppe Ajello: ammazzato (quando l'aprirono per l'autopsia, racconta la leggenda, gli trovarono dentro un chilo di pallottole). Una mortalità alta, per un'associazione benefica. Possibile che non avessero dei dubbi, i suoi 50.000 iscritti?

Memorabile, agli occhi di un osservatore disincantato e di un americano medio legittimamente scettico, resterà la grande manifestazione in difesa dell'italico onore del 29 giugno 1971. C'erano, al Columbus Circus di Manhattan, 150.000 persone. Nella stragrande maggioranza, possiamo scommetterci, perbene e giustamente indignate contro l'insopportabile stereotipo sull'italiano mafioso. Ma chi aveva organizzato tutto? La Lega italoamericana, 35 sedi newyorkesi, 54 filiali sparse per gli States, 135.000 iscritti, un simbolo inconfondibile (un enorme «Uno» bianco, rosso, verde) e un piccolo difetto: l'indiscussa leadership di Giuseppe «Joe» Colombo. Il quale, oltre a essere il formidabile promotore di una campagna lobbistica che dopo una serie di picchetti davanti al *New York Times* aveva spinto lo stato di New York a varare una legge che proibiva l'uso delle parole «mafia» e «Cosa Nostra» nei rapporti ufficiali, nelle trasmissioni televisive e nei film, era accusato di essere anche il padrino della «famiglia» Profaci.

Spararono, quel giorno, a «Big Joe». E lo ferirono gravemente. Ma più ancora che il ricordo dell'attentato, compiuto da un nero appena uscito di galera e mandato forse da un implacabile nemico, Joey «Crazy» Gallo, colpisce oggi la lettura di quanto, a Maurizio Chierici che li intervistava, dissero Natale «Nat» Marcone, che della Lega era ufficialmente il presidente, e il suo vice Tony Colombo, figlio dello strenuo portavoce del buon nome degli italiani. «Ma cosa vuol dire mafia?», s'indignò il primo. «La mafia non c'è, non c'è mai stata, lo sai anche tu.» Quanto al secondo, rispose che sì, aveva letto *Il Padrino*: «Un bel libro, una storia tutta inventata. Ha della fantasia, Puzo! La si dovrebbe considerare proprio così: l'opera riuscita di uno che lavora soltanto di fantasia. Purtroppo in America troppa gente ha interesse a spacciarla per una testimonianza. Invece non esiste una sola pagina ispirata a qualcosa di vero. Tutte figure da romanzo. Come *Pinocchio*. È un *Pinocchio* per adulti».

CAPITOLO QUATTORDICI

COLPEVOLI O INNOCENTI, TUTTI IMPICCATI
La carneficina perbene della «brava gente di New Orleans»

«*Latins.*» Disse solo questo, il capo della polizia di New Orleans David C. Hennessy, prima di piegare la testa di sbieco e render l'anima a Dio: «*Latins*». E basta. Ma fu sufficiente perché si sollevasse in Louisiana la più violenta ondata di odio anti-italiano che mai si fosse vista. Un odio che, gonfiato ulteriormente dall'assoluzione degli imputati per mancanza di prove, venne montato fino a spingere 20.000 «brave persone» ad assaltare la prigione della contea, tirar fuori gli assolti, linciarli, coprirli già morti di sputi. E che si placò solo davanti ai corpi stesi a terra, in fila, immersi in pozze di sangue nelle quali le mamme col bimbo in braccio inzuppavano il fazzoletto per tenerlo come souvenir. Era il 1890.

«Un'ottima cosa», commentò Theodore Roosevelt allineandosi ai commenti di plauso di giornali come il *New York Times* o il *Washington Post*. E che lo dicesse lui, che undici anni dopo sarebbe diventato il ventiseiesimo presidente degli Stati Uniti per arrivare a vincere perfino il Nobel per la Pace nel 1905 come protagonista dell'accordo seguito alla guerra russo-giapponese, rivela quanto fosse profondo negli americani questo sentimento di diffidenza, di disprezzo, di astio nei nostri confronti.

La notte in cui cominciò tutto fu quella del 15 ottobre. L'acquazzone, così violento da trasformare in poche ore tutte le strade della città in pozzanghere fangose, stava dando una tregua. David C. Hennessy, in compagnia di Bill O'Connor, un ex poliziotto amico suo che ora era il capo di un corpo di polizia privato, stava tornando a casa, dove viveva con la madre, dopo aver mangiato una mezza dozzina di ostriche in un bar nel cuore del centro storico francese di New Orleans. Quello che oggi si è riempito di locali dove i turisti sorseggiano cocktail tropicali e le orchestrine suonano il dixie, ma che allora cadeva in pezzi ed era stato via via occupato dai neri e dai nostri immigrati.

A trentadue anni, scrive in *Vendetta* Richard Gambino, «Hennessy era uno dei più giovani capi di polizia del paese. Ed era inoltre il più famoso. I giornali di tutta la nazione avevano pubblicato le sue imprese con grande rilievo durante quegli anni, fin da quando era un giovane investigatore. Magro e muscoloso, aveva fama di non conoscere la paura, di essere abile e aggressivo». Insomma: un tipo sveglio e sbrigativo.

Anche troppo, sorride in *Petrosino* Arrigo Petacco: «Figlio di un soldato di ventura ucciso in una rissa da osteria, Hennessy aveva girovagato a lungo per il West alternando l'attività di fuorilegge con quella di cacciatore di taglie. Era stato processato per due omicidi, ma i giudici lo avevano assolto. Più tardi era approdato a New Orleans dove un suo cugino, già comandante della polizia, ne era stato espulso per indegnità». Compiuto il miracolo di farsi eleggere al suo posto, aveva messo a segno qualche colpo grosso, come la cattura di «un famoso brigante calabrese, certo Giovanni Esposito, ricercato in Italia per 18 omicidi».

Un successo che non gli era tuttavia servito, precisa Gambino, a evitare che venissero riprese anche dai giornali alcune voci antipatiche. Come quella che lui fosse pericolosamente vicino ai Provenzano, una delle «famiglie» dominanti. Al punto di essere loro socio nella proprietà di un bordello chiamato Club della Lanterna Rossa e di esser pronto a testimoniare a loro favore in un processo d'appello che si sarebbe dovuto celebrare di lì a una settimana per un'imboscata a lavoratori siciliani appartenenti all'altra famiglia di spicco nella capitale della Louisiana, quella dei Matranga. Testimonianza che sarebbe potuta essere così rischiosa, per i Matranga, da spingerli a organizzare l'omicidio.

Gli spararono con fucili e pistole in quattro o cinque,

lui si gettò con le ultime forze all'inseguimento prima di stramazzare nella melma, Bill O'Connor fece appena in tempo a raccogliere quel suo ultimo fiato: «*Latins*». Dettaglio che non gli sarebbe mai stato chiesto di ripetere in tribunale. Cosa piuttosto strana, in un caso di omicidio: si è mai visto un processo dove non viene convocata l'ultima persona ad aver visto viva la vittima? E non sarebbe rimasta l'unica stranezza. Fu curiosa la scomparsa dall'elenco dei feriti di due agenti che sulle prime avevano detto di essere stati coinvolti nella sparatoria, curioso che a un testimone fosse consentito di riconoscere una giacca dato che non aveva visto la faccia degli assassini, curioso che solo due dei dieci agenti pronti a deporre di essere arrivati sul posto un istante dopo il delitto e di aver sorpreso i killer in fuga (dieci: esempio di tempestività unico al mondo) fossero chiamati come testi.

Più curiosa di tutti, però, nota Gambino, fu la rapidità con cui il sindaco Joseph A. Shakespeare individuò gli assassini ordinando di «arrestare tutti gli italiani» e «mettere un agente a ogni angolo di ogni quartiere abitato da italiani». Al che il vicecapo della polizia si mise sull'attenti rispondendo che i suoi erano già «al lavoro per ispezionare tutti i trabaccoli e tutti i luoghi di riunione delle classi più basse dei siciliani lungo le rive del fiume; che nessuno di questi ultimi avrebbe potuto allontanarsi inosservato dalla città e che tutti coloro che non fossero in grado di fornire un esatto resoconto delle proprie azioni durante le ultime ventiquattro ore sarebbero stati prontamente tratti in arresto». Tutti sospettati.

Due ore dopo il delitto, gli italiani arrestati erano già decine e decine. Secondo il *New York Times* gli agenti entrati in un bar avevano arrestato «tutti e trenta gli italiani presenti». Cosa che avrebbe destato perplessità perfino dentro il quotidiano newyorkese: «La polizia li trascinò in carcere sottoponendoli a un trattamento abbastanza pesante, ma la principale accusa che si poteva muover loro era quella di non saper parlare in inglese».

Pietro Monasterio faceva il ciabattino, abitava accanto al luogo dell'imboscata e gli fu imputato di essersi affacciato in mutande per poi girarsi urlando verso due coinquilini, il carrettiere nero John Beverly e una certa Emma Thomas: «Emma, Emma! Il capo della polizia, il capo, le scarpe di mamma!». Al che la Thomas «capì che Monasterio, che parlava assai poco l'inglese, stava cercando di dirle che avevano sparato a qualcuno e che si trattava di Hennessy, da lui riconosciuto perché una volta aveva riparato le scarpe di sua madre». Dopo l'arresto, il *Daily Picayune* confermò: «Non c'era nessuno lì in grado di capire le sue spiegazioni in italiano».

A tre ore dall'omicidio, cinque dei fermati e interrogati erano già incriminati per omicidio. Incriminazione che via via sarebbe stata estesa ad altri tredici, tra i quali un ragazzino di quattordici anni, Gaspare Marchesi, accusato d'aver fatto il palo avvertendo i killer con un fischio. Colpevoli o innocenti? Storici e giornalisti si sono man mano divisi. Per John Kendall, che tentò di ricostruire i fatti a distanza di quarant'anni, quattro erano «probabilmente colpevoli». Per Richard Gambino, par di capire, probabilmente no. Anzi: lui sostiene che fosse inesatto anche parlare di una guerra di mafia tra i Provenzano (Joseph, George, Vince e Peter) e i Matranga (Charles e Antony) per il controllo del porto e del commercio della frutta tropicale: «In realtà era lo scontro tra due fazioni sindacali».

Certo, «entrambi i gruppi erano inclini alla violenza» ma questa faceva parte dell'epoca storica, come la corruzione che «nell'ambiente sindacale, affaristico e politico era diffusa e nota a tutti nelle città americane durante gli anni intorno al 1890. E non era affatto limitata agli "apparati" politici degli immigrati come vuol far credere qualche testo di storia». Colpevoli o innocenti? Un secolo dopo, per quanto l'ascesa dei Provenzano e dei Matranga avesse indubbi margini di ambiguità, la cosa è quasi indifferente: il nocciolo della storia è un altro. E cioè l'uso scientifico del delitto, da parte di un gruppo di potere locale, per bloccare la crescita economica della comunità siciliana. E attaccare la «razza» italiana.

Basti rileggere due documenti di Shakespeare. Il verbale di ciò che disse in Consiglio comunale e la lettera che inviò a un signore dell'Ohio. Nel primo il sindaco diceva che c'era «la certezza» che il delitto fosse opera dei siciliani che avevano «scelto un bersaglio splendente sul quale scrivere con mano assassina il proprio disprezzo per la civiltà del Nuovo Mondo». Nella seconda scriveva: «Il clima mite, la facilità con la quale ci si può assicurare il necessario per vivere e la natura poliglotta dei suoi abitanti ha fatto sì che, sfortunatamente, questa parte del paese [il Sud della Louisiana] sia scelta dai disoccupati e dagli emigrati appartenenti alla peggiore specie di europei, i meridionali italiani e i siciliani, [...] gli individui più pigri, depravati e indegni che esistano tra noi».

E giù accuse: «Per un'altissima percentuale sono ricercati dalla giustizia o ex galeotti facilitati nell'emigrazione dal governo e dalle comunità che sono ben contente del loro allontanamento. Di rado acquistano una casa, si radunano sempre in bande, non imparano la lingua e non hanno rispetto per il governo o obbedienza per le leggi. Monopolizzano il commercio della frutta, delle ostriche e del pesce e sono quasi tutti venditori ambulanti, calderai o ciabattini (i due ultimi mestieri sono quelli che hanno insegnato loro nelle patrie galere)». Ma non basta: «Sono sudici nella persona e nelle abitazioni e le epidemie, qui da noi, scoppiano quasi sempre nei loro quartieri. Sono codardi, privi di qualsiasi senso dell'onore, di sincerità, di orgoglio, di religione e di qualsiasi altra dote atta a fare di un individuo un buon cittadino. New Orleans potrebbe permettersi (se una cosa del genere fosse legale) di pagare per la loro deportazione».

Contemporaneamente, il Consiglio comunale autorizzava la formazione di un Comitato di cittadini che aiutasse il sindaco nel suo obiettivo: «Dobbiamo impartire a questa gente una lezione che non dimenticherà mai». Vennero scelti in 83: non un solo nero, non un solo italiano. E come prima cosa pubblicarono sui giornali cittadini una lettera aperta agli italiani che li incitava alla delazione anonima: «Inviateci nomi e storie [...] di ogni persona poco raccomandabile, di ogni criminale, di ogni individuo sospetto della vostra razza...». E finiva dicendo che la «brava gente di New Orleans» intendeva mettere ordine nella città alle foci del Mississippi, «pacificamente e legalmente, se ci sarà possibile, con la violenza e i metodi sommari se vi saremo costretti». E chi lo firmava, questo programma «garantista»? Il presidente del Comitato Edgar H. Farrar, destinato a diventare presidente dell'Associazione avvocati americani.

Che gli italiani fossero responsabili dei «94 assassinii compiuti dalla mafia» a New Orleans, come diceva il sindaco contando, spiega Gambino, i delitti degli ultimi venticinque anni compresi quelli d'onore e quelli che avevano riguardato immigrati spagnoli il cui cognome «suonava italiano», era una balla. Destinata a essere smentita dalle statistiche ufficiali e dalle stesse commissioni d'inchiesta governative. Che vivessero in condizioni di assoluto degrado è invece verissimo.

I siciliani, che rappresentavano la stragrande maggioranza dei nostri, erano arrivati con la terza ondata di immigrati chiamati a rimpiazzare i neri liberati dopo l'abolizione della schiavitù. Prima erano venuti gli irlandesi, poi i cinesi, poi loro. E di *Nov'Orlenza* avevano occupato, come sempre accade nei paesi di immigrazione, le parti del centro storico più disastrate. Bollate dalle «persone perbene» della Louisiana, con eleganza molto yankee, come *Dago Street* o *Vendetta Alley*.

La casa tipica è impressa in un quadro della rivista *Popular Monthly* del 1891: «Un caseggiato di 10 appartamenti, dal tetto che fa acqua, dove 50 famiglie mangiano, dormono e tengono i propri averi; vecchie megere, ubriachi, giovani madri dai volti smunti e spettrali, bambini dagli occhi sfrontati, ammassati insieme nella miseria e nel sudiciume. Un cortile comune, ricettacolo di verdura marcia e indumenti smessi, serve da spogliatoio comune. Una conduttura arrugginita scarica un getto d'acqua fangosa in una vasca dal bordo viscido, dove occhi cisposi di sonno e grinzosi rapanelli sbiaditi vengono lavati per le vendite sulle bancarelle di primo mattino. Da questo cortile una decina di scale traballanti conduce ad altrettanto insalubri stanze, intorno alle quali corrono balconate, dove, al riparo dell'acqua e delle mani dei bambini famelici, pendono festoni di maccheroni, peperoni e aglio».

Non avevano pretese, i nostri. E in quella Louisiana dove venivano prodotti 8 milioni di ettolitri di zucchero e 12 di melassa l'anno e dove c'era un disperato bisogno di braccia, spiega ancora Gambino, «la manodopera italiana parve un dono di Dio, la soluzione che avrebbe consentito di sostituire tanto i neri quanto i muli. I siciliani lavoravano accontentandosi di bassi salari e, in contrasto con lo scontento dei neri, dimostravano di essere più che soddisfatti dei quattro soldi che riuscivano a raggranellare. E quel che più contava, sottolineavano i piantatori, erano di gran lunga più efficienti come lavoratori e meno turbolenti come individui.

«Sulle prime i piantatori parvero ben felici di corrispondere ai siciliani una paga uguale a quella dei braccianti neri, da 75 centesimi a un dollaro per una giornata lavorativa che andava dalle 12 alle 16 ore nel periodo della semina e sovente arrivava alle 18 ore in occasione del raccolto. Inoltre, durante la stagione agricola, i siciliani erano più che disposti a lavorare sette giorni la settimana sotto il sole cocente della Louisiana rivoltando il terreno in primavera, badando al raccolto durante l'estate e tagliando le canne col machete. In autunno era difficile trovare un italiano che si rifiutasse di fare gli straordinari di notte, negli zuccherifici, macinando, cuocendo, badando ai recipienti in ebollizione, e rifinendo il prodotto del lavoro giornaliero.

«Era normale per un siciliano, già deperito al suo arrivo negli Stati Uniti, perdere da 10 a 30 chili di peso nel suo primo anno in Louisiana. Molti riuscivano a sopportare quelle fatiche; un numero imprecisato morì, sovente a causa delle terribili malattie tropicali [...], aggravate dalle pessime condizioni di salute di coloro che le contraevano.» Mangiavano pane, bevevano acqua, accantonavano i soldi per pagare i biglietti di viaggio ai fratelli, ai figli, ai cugini.

Nel 1890 a New Orleans erano già diventati 30.000, su una popolazione di 242.000 anime. E a forza di sgobbare erano arrivati a produrre pro capite (lo disse la Federal Commission for Immigration, ridicolizzando implicitamente l'accusa che fossero tutti «mafiosi e fannulloni») il 40% in più di zucchero e di cotone rispetto ai neri e a trasformare ogni pezzetto di terra di New Orleans in un orto dove avevano piantato «una quantità di carciofi, cocomeri, melanzane, pomodori...». Creavano complessivamente ricchezza per 43 milioni di dollari l'anno, avevano acquistato proprietà immobiliari per 59 milioni, dominavano il mercato del pesce e della frutta. Insomma: davano fastidio. Per di più, spiega Gambino, forse per i secolari contatti con gli arabi e gli africani, «avevano un altro grave difetto: si mostravano troppo indulgenti coi neri, addirittura amichevoli nei loro confronti».

Peggio ancora: sputtanavano la razza bianca lavorando (solo loro: gli unici) nei ruoli dei «negri». Il commissario della ferrovia centrale dell'Illinois lo disse fuori dai denti: «Il cittadino bianco medio considererebbe offensivo lavorare in un cotonificio». Era troppo: l'assassinio di David Hennessy, scrive Gambino, «procurò la "copertura" per schiacciarli e forse fu studiato apposta a questo scopo». A partire dalla scelta del mandante: Joseph Macheca, il più ricco e potente degli italiani (chissà se poi italiano lo era davvero, con quel cognome che nell'Italia di oggi non ha lasciato una sola traccia), «re della frutta» e accusato di essere in affari coi Matranga.

Il processo fu diviso in due tronconi: prima sarebbe stata giudicata una metà degli imputati, poi l'altra. Il 28 febbraio 1891 erano alla sbarra: Joseph Macheca, Charles Matranga, Emmanuele Polizzi (un minorato mentale: l'unico che avesse confessato per poi ritrattare), Pietro Monasterio, Antonio Scaffidi, Bastiano Incardona, Antonio Marchesi e il figlio quattordicenne, Gaspare. La campagna contro gli italiani era furibonda, le colline delle aree dove vivevano i siciliani vedevano spuntare nelle notti le croci in fiamme del Ku Klux Klan, molte fattorie erano qua e là incendiate, la gente accoglieva a sassate le nuove carrette del mare che arrivavano col loro carico di immigranti, i giornali della Louisiana pubblicavano vignette raffiguranti i nostri «mestieri pittoreschi» con didascalie tipo quella fatta a un arrotino: «Si affila lo stiletto di un assassino di New Orleans». Non bastasse, la giuria era composta solo da bianchi anglosassoni.

Ma le prove del delitto Hennessy non c'erano. E due settimane dopo, la sentenza fu obbligata: vizi di procedura per tre, assolti gli altri. Fu lì che il giudice Joshua G. Baker la fece proprio sporca. Decise infatti che tutti gli imputati, compresi gli assolti, sui quali disse che smontata l'ipotesi del delitto restava l'accusa di «essersi appostati con l'intenzione di commettere l'omicidio», tornassero nella prigione della contea.

Fuori, davanti al tribunale, la folla eccitata per mesi era invelenita. E a gettare benzina sul fuoco arrivarono altre due iniziative. Prima la dichiarazione del procuratore distrettuale C.H. Luzemberg che voleva aprire un'inchiesta sulle voci che la giuria fosse stata «corrotta con 100.000 dollari». Poi un appello, firmato da 61 «brave persone» tra cui il «garantista» Farrar e il direttore del *New Delta*, pubblicato la mattina dopo sui giornali locali: «Tutti i buoni cittadini sono invitati a partecipare a un raduno di massa, sabato 14 marzo alle dieci del mattino, alla Clay Statue, per compiere i passi necessari atti a porre rimedio all'errore giudiziario nel caso Hennessy. Venite e tenetevi pronti ad agire».

Era il ritorno della Lega Bianca. Cioè del movimento dei razzisti, degli adepti del Ku Klux Klan e degli sconfitti della guerra di secessione che nel 1874 si erano rivoltati, con una sommossa che aveva visto 27 morti e un centinaio di feriti, contro il governo ricostruzionista. Cioè l'amministrazione voluta dagli Stati vincitori del Nord per ricostruire il paese ma che di fatto era vissuta come occupante. Un ritorno pubblicamente annunciato. Nei toni, nell'obiettivo xenofobo e anche nei nomi degli aderenti del Comitato: in gran parte protagonisti dei moti di vent'anni prima.

Alle dieci del mattino di quel 14 marzo, mentre il sindaco Shakespeare faceva il pesce in barile facendosi negare alla martellante e preoccupatissima richiesta d'intervento del console italiano Pasquale Corte, il suo braccio destro William Parkerson arringava una folla che montava come il Mississippi in piena. Contro la «giuria infame», contro i siciliani, contro la festa fatta la sera prima nei quartieri italiani per celebrare come ogni anno il compleanno di re Umberto ma vista (le bandiere e i gagliardetti stessi dei Savoia furono scambiati per simboli della Mano Nera) come «la festa della Mafia». Sintesi finale: «È disposto ogni uomo qui presente a seguirmi per vedere vendicato l'assassinio di David Hennessy?». E i «bravi cittadini»: «Sì, impicchiamo i latini!».

Quando si mossero da Congo Square (così ribattezzata con ironia razzista perché era una zona di «negri») pare fossero 12.000. Quando arrivarono alla prigione, rinforzati da un centinaio di uomini armati di fucili ben organizzati dal giorno prima, erano ormai 20.000. Compresi molti neri aggregati per mostrare che l'odio contro gli italiani era corale. Dentro il penitenziario il direttore Davis, che aveva visto «misteriosamente» sparire i poliziotti municipali davanti ai portoni e capito che non casualmente era diventato impossibile parlare col sindaco, il capo della polizia e il governatore, fece chiudere ogni detenuto nella sua cella, tranne gli italiani: «Non posso fare niente per voi, nascondetevi dove potete».

Fecero irruzione in 60, gli altri 40 armati restarono al cancello per impedire alla folla di sfondare. Seguiamo la cronaca di Richard Gambino sugli sventurati che si erano rifugiati nell'ala femminile: «Quando udirono i passi che salivano su per le scale, i sei corsero all'altro estremo del corridoio, giù per un'altra rampa che conduceva a un cortile. Il cancello per uscire dal cortile era chiuso; gli uomini non avevano più via di scampo. Di lì a un momento i loro inseguitori sbucarono all'aperto, avendo saputo dalle donne da che parte si erano diretti i fuggiaschi. Gli italiani si strinsero gli uni agli altri in fondo al cortile e la squadra omicida aprì il fuoco da circa sei metri di distanza. Più di cento colpi di fucile e di pallottole di carabine crivellarono i corpi degli uomini, straziandoli.

«Quando la sparatoria ebbe termine, gli uccisori esaminarono le loro vittime. Uno degli uomini vide la mano di Monasterio fremere e urlò: "Ehi, ce n'è uno ancora vivo!". "Sparagli un altro colpo", gli rispose uno dei compagni. "Non posso, non ne ho il coraggio." Allora, un altro dei presenti si avvicinò al corpo disteso a terra, puntò la carabina e sparò a bruciapelo, letteralmente asportando la sommità del cranio a Monasterio. Qualcuno rise. Ci furono uno o due applausi. Uno o due degli uomini distolsero lo sguardo, come se si sentissero male. Nel frattempo, un altro gruppo di "giustizieri" rincorse Macheca, Scaffidi e il più anziano dei Marchesi lungo un corridoio ai piani superiori della sezione maschile e li spinse in un angolo del raggio della prigione destinato ai condannati. I tre si voltarono per affrontare i loro inseguitori. Macheca aveva preso un attrezzo ginnico, una clava, per difendersi. Prima che potesse brandirla, molti degli inseguitori fecero fuoco dal corridoio, proprio a pochi passi dalle vittime, attraverso le sbarre di una finestra che si apriva sul raggio...».

Massacrarono tutti quelli che trovarono: 11 persone. Compreso il demente Polizzi che «seduto sul pavimento nell'angolo di una cella borbottava tra sé. Quattro o cinque uomini lo trascinarono nel corridoio. Egli rimase lì in piedi, di fronte ai suoi nemici, fissando il vuoto con occhi folli, e fu colpito da due o tre pallottole». Fuori, «la folla cominciava a diventare incontrollabile e l'ultima cosa che tutti volevano era una ribellione generale. Avevano un ricordo molto vivido delle truppe federali che entravano nella città per ripristinare l'ordine» nel 1874.

«I soldati federali avrebbero significato il crollo di tutto ciò che i caporioni del linciaggio volevano per sé, cioè il governo *de facto* della città. Per quanto si fossero fermati nella prigione meno di venti minuti, e non avessero trovato 8 dei 19 italiani, presero una rapida decisione. Avrebbero consentito alla folla di sfogare la furia sanguinaria sugli uomini già uccisi e poi Parkerson avrebbe cercato di disperdere l'assembramento. Scelsero prima gli italiani che avevano causato più scalpore tra il pubblico al processo terminato il giorno precedente. Ordinarono che Polizzi, il quale respirava ancora, venisse consegnato alla folla.

«La marmaglia impazzì vedendo l'italiano ancora semicosciente, "con i lunghi capelli scarmigliati, la sua naturale espressione ebete intensificata dal terrore". Venne scagliato qua e là sopra le teste della turba per l'intera lunghezza di un isolato finché non raggiunse l'angolo di St. Ann Street. Lì qualcuno passò una corda sulla sommità della sbarra di un lampione e il nodo scorsoio a una delle estremità venne fatto scivolare intorno al collo di Polizzi. Le mani gli furono legate davanti, e una decina di uomini tirarono l'altro capo della corda sollevando l'impiccato per aria. [...] Polizzi si rizzava e cercava di issarsi aggrappandosi alla corda verso la sommità del lampione [...] per salvarsi la vita ma una decina di individui con fucili e pistole prese a spargli.

«La folla si divertì, mentre gli assassini continuavano a crivellare di colpi il cadavere di Polizzi, ma ben presto [...] tornarono alla prigione, chiedendo nuove vittime. Questa volta Parkerson ordinò di portare fuori Bagnetto dal momento che sembrava non fosse ancora morto. La folla ripeté la sua impresa scaraventando di qua e di là il corpo inerte e poi procedette di nuovo a un'impiccagione, questa volta al ramo di un albero. [...] Parkerson uscì dalla prigione fra gli entusiastici applausi della marmaglia, e venne sollevato sulle spalle dai presenti. Infine salì su un tram rovesciato in Congo Square per rivolgere un discorso ai seguaci. Incominciò con l'elencare i nomi degli italiani uccisi, facendo una pausa tra l'uno e l'altro per il frastuono assordante che saliva dalla folla e si diffondeva a ondate...»

E chiuse così: «La violenza della folla è la cosa più terribile sulla faccia della terra. Vi ho convocati per eseguire un compito. Avete assolto al vostro compito. Adesso tornate a casa e, se avrò bisogno di voi, vi chiamerò a raccolta. Andate e che Dio vi benedica». «Che Dio la benedica signor Parkerson.»

Ma non era finita. Migliaia di persone eccitate dal sangue «rimasero ad aggirarsi intorno alla prigione dopo che Parkerson era stato portato via, schiamazzanti e urlanti perché le lasciassero entrare a verificare i risultati della loro impresa. Houston e Wickliffe fecero disporre in fila alcuni dei cadaveri in una vasta stanza, per consentire alla gente di sfilarvi davanti. Migliaia di individui, tra i quali si stimò ci fossero circa 2500 fra donne e bambini, continuarono ad affluire per cinque ore. [...] Alcune delle donne inzupparono i propri fazzoletti di pizzo nel sangue dei morti per ricordo, e un gran numero di cacciatori di souvenir asportarono strisce di corteccia dal tronco dell'albero dal quale pendeva Bagnetto».

La notte, continua Gambino, «in molti bar di New Orleans si celebrò l'impresa». Un cantautore che già aveva fatto una canzone per Hennessy, dove gli italiani erano «demoni satanici per i quali non esisteva altro luogo se non l'inferno», compose una ballata destinata a diventare popolare che finiva così: «La condanna a morte è stata rapida / e sono stati gentiluomini quelli che l'hanno eseguita. / E saranno tutti d'accordo nel dire / che mai un peccato potrà venir considerata».

Più indecente ancora tuttavia (fatta eccezione per il *Republic* di St. Louis, secondo il quale i linciati erano stati assassinati «in forza dell'unica prova disponibile, quella di essere *dagoes*») fu la reazione dei giornali e del mondo politico. Il *New York Times* scrisse che il linciaggio aveva «messo al sicuro la vita e la proprietà» della gente di New Orleans. Il *Washington Post* che la folla omicida era stata «provocata» e costretta a «spezzare il regno del terrore». Il *Globe-Democrat* che quelle brave persone si erano limitate a esercitare i loro diritti «di sovranità popolare e di legittima difesa». E il primo aprile successivo si aprì una gara oscena, tra le testate, sulla pubblicazione del «pesce d'aprile» più idiota nei confronti degli italiani. Gara vinta dal *New York Times*, il quale scrisse che alcune grandi compagnie avevano «dichiarato guerra» all'Italia come rappresaglia alla concorrenza di un venditore di noccioline.

Una spiritosaggine che rispondeva con la consueta sobrietà yankee alla indignazione delle autorità italiane che, su pressione delle manifestazioni di piazza, avevano ritirato l'ambasciatore. Decisione commentata dal senatore Plumb del Kansas, tra risate e applausi, così: «La sua partenza non avrà maggiori conseguenze per il popolo americano di quelle che avrebbe la decisione del venditore di banane del carretto all'angolo tra la Quindicesima e la F Street di chiudere bottega e di tornarsene in patria».

Alti magistrati, governatori, ministri, grandi firme del giornalismo furono nella sostanza d'accordo: gli italiani se l'erano cercata. Il Consiglio comunale di New Orleans assegnò con una delibera il controllo di tutto il traffico portuale a una neonata società che aveva tra gli otto azionisti uno dei capi del linciaggio, uno dei firmatari dell'appello al raduno e uno dei membri più influenti del Comitato anti-italiano, lo stesso che tempo prima aveva salvato con la sua testimonianza Hennessy da un'imputazione di omicidio.

Il Gran Giurì sul linciaggio si riunì a porte chiuse per rispetto della figura pubblica dei gentiluomini assassini, il presidente Robert H. Marr preannunciò ai cronisti che comunque nessuno sarebbe mai stato incriminato perché «non esiste legislazione sotto la quale un intero paese possa essere incriminato» e mise sotto accusa piuttosto il Collegio di difesa dei linciati assolti. Dopo di che, non riuscendo a provare la corruzione della giuria, ebbe un colpo di genio giacobino inventandosi l'accusa di «tentata corruzione di possibili giurati» che avrebbero potuto far parte del processo. E sull'ondata dell'assoluzione generale, le brave persone della Lega Bianca della Louisiana trovarono la spinta popolare che avrebbe portato nel 1898 all'abolizione del diritto di voto dei neri (che costituivano la maggioranza e dopo la guerra di secessione avevano avuto due vicegovernatori) e, grazie a una «clausola sul nonno» che escludeva chi non avesse già votato trent'anni prima e con lui pure i suoi figli e i nipoti, anche di gran parte degli italiani.

Peggio: la generosa regalia fatta a una parte dei nostri immigrati della conservazione del diritto elettorale (motivi bassamente politici: erano voti che andavano al partito dei «Sociali») sarebbe stata contestata dal *Times-Democrat* in quanto avrebbe permesso di votare «a tutti i votanti bianchi analfabeti della Louisiana, a tutti i vagabondi, ai braccianti stagionali e ai latini appena arrivati». Ma il *Franklin News* sarebbe andato più in là, contestando le nuove regole con un peloso commento ipocritamente anti-razzista. Infatti «avrebbero reso i latini uguali agli altri cittadini e segregato i neri, e lo sa Dio che, se c'è una differenza tra loro, questa va largamente a favore dei più scuri».

L'unico che sembrò tenere la testa sul collo fu il presidente degli Stati Uniti, Benjamin Harrison. Che si rammaricò per ciò che era successo, offrì alla famiglia di ogni vittima un risarcimento di 125.000 lire e definì il linciaggio «un'offesa contro la legge e l'umanità». Investito dalle polemiche, da una richiesta di impeachment, dall'accusa di aver usato «soldi dei contribuenti per ricompensare gli assassini di Hennessy», tenne duro. Ma quando si andò a votare fu spazzato via e sparì. Come sarebbero spariti, negli anni, tutti i documenti processuali. Sottratti da qualche misteriosa «manina» perché la verità fosse sepolta per sempre.

CAPITOLO QUINDICI

CATTOLICI, SOZZI, CREDULONI
Le ostilità razziste contro la religiosità popolare «pagana»

Vermi e pidocchi, che bontà! L'acutissimo William Hazlitt, un polemista inglese di largo successo del XIX secolo, mise tutto il suo talento nella dimostrazione di una tesi a suo avviso centrale per capire il mondo: i protestanti sono puliti, i cattolici sozzi. E in particolare sono luridi gli italiani: forse perché «di fatto sono meno scrupolosi, e mandano giù tutto ciò che viene posto davanti a loro, in materia di fede come in altre cose». Insomma: se ti bevi il miracolo di san Gennaro, che ti frega se l'insalata è piena di lumachine e moscerini?

Il saggio intitolato *Il caldo e il freddo*, formidabile esempio di come una scemenza possa essere intellettualmente sostenuta con brio, riassume tutta una serie di stereotipi che hanno fatto parte per secoli della ostilità nei nostri confronti del mondo protestante, e su certi temi anche di gran parte degli stessi austeri cattolici del Nord. E nasce da una osservazione fatta dall'autore a Briga, al di là del Sempione, vedendo alla pompa dell'acqua certe ragazze elvetiche, «Fillidi dalle mani linde», che «sciacquavano la verdura finché non potesse strisciarvi il più piccolo bruco, e strofinavano i loro secchi e mastelli perché non vi restasse nemmeno una macchia».

«Non ho mai visto una cosa simile in Italia», nota Hazlitt nel pamphlet, scritto nel 1825 e contenuto nel suo libro *Il piacere dell'odio* curato da Marina Valensise: «Là non provano nessun gusto nel tuffarsi e sguazzare in freschi ruscelli e fontane; hanno un terrore per le abluzioni e detersioni, che sconfina quasi nell'idrofobia. [...] Nelle comuni locande da questo versante del

Sempione, le stesse lenzuola hanno una reputazione di bianchezza da difendere; e le colonnine e i baldacchini dei letti hanno l'aria di bastoni scorticati. Dall'altro versante devi esser grato quando non vieni introdotto in una stanza simile a una scuderia a tre stalle, con coperte da cavallo come copriletti per nascondere il luridume, e letti di crine o foglie secche come rifugio per gli insetti. Tanto più, tanto meglio; più è sporco, più è caldo; vivi e lascia vivere, sembrano massime inculcate dal clima».

È vero, «non è che la differenza di latitudine tra un versante e l'altro delle Alpi possa significare molto», precisava lo scrittore, «ma il sangue flemmatico degli antenati tedeschi si è riversato come acqua nelle valli degli Svizzeri, e si è ghiacciato lungo il percorso; mentre quello degli Italiani, a parte l'origine vigorosa, è arricchito e reso maturo dal crogiolarsi in più ridenti pianure». Scientifico: la contaminazione coi luterani e i calvinisti ha ripulito loro, l'arroccamento controriformista ha unto noi.

«Io stesso», proseguiva Hazlitt, «non ho difficoltà a concepire come una contadina svizzera possa trascorrere un'intera mattinata alla pompa a lavare cavoli, cavolfiori, insalate, e a liberarsi per oltre mezza dozzina di volte della sabbia, della sporcizia e degli insetti che contengono: poiché il fatto di incontrare le prime in tavola non potrebbe che irritarmi e inorridirei del tutto imbattendomi negli ultimi.» Al contrario, «un Francese o un Italiano», si sa come sono i cattolici, «si torcerebbero dalle risa di fronte a tanta delicatezza, e riterrebbero il loro pasto arricchito o comunque affatto peggiorato da simili ingredienti supplementari.

«Questa riluttanza a nutrirsi di un essere vivo o di ciò che un tempo lo è stato, sembra sorgere da un senso di incongruenza, dalla repulsione esistente tra la vita e la morte [...] nonché dalla circostanza di quell'essere portato alla bocca e divorato come cibo», sdottoreggiava il nostro. «Vi è una contraddizione tra l'animato e l'inanimato, avvertita con particolare fastidio dai temperamenti più freddi e rigidi, che non riescono a passare tanto facilmente dall'uno all'altro; mentre la stessa avversione è accettata con facilità dall'abitante di regioni più liete e feconde, così pieno di vita da poterla trasmettere a tutto ciò che incontra sulla sua strada – e che dunque in ogni caso non si preoccupa più di tanto della differenza.»

Conclusione: «Il bandito napoletano toglie la vita alla sua vittima con scarso rimorso, poiché [di vita] ne ha a sufficienza in se stesso, anzi, da vendere. Il suo polso continua a battere tiepido e vigoroso; mentre il sangue di un più mite nativo del freddo Nord raggela alla vista del cadavere irrigidito: e questo lo fa esitare prima di interrompere in un altro quella fonte zampillante, di cui egli stesso è debolmente provvisto». Insomma: luridi, creduloni e *naturaliter* criminali.

Del resto, cosa pretendere dagli europei del Sud? «Vanno in giro pieni di parassiti, ma la cosa non li fa soffrire né sentire a disagio. Per le vie e le strade maestre, danno apertamente la caccia alla preda abituale in mezzo ai ricci aggrovigliati, senza manifestare vergogna o disgusto. Il pettine è un'invenzione dei nostri climi nordici.»

Che importa, a questi selvaggi spensierati, della cultura o della stessa proprietà? «Non vogliono né l'una né l'altra. Il loro buon umore rimpiazza il cibo, gli abiti e i libri. Che necessità hanno di ingombrarsi di mobilio, ricchezze o affari, quando tutto ciò di cui sentono l'esigenza (per la maggior parte) è l'aria aperta, un grappolo d'uva, pane e muri di pietra nuda? Gli Italiani, parlando in generale, non possiedono nulla, non fanno nulla, non han bisogno di nulla.»

Va da sé che «in Svizzera vengono consacrate cure maggiori, per tenere in ordine la più rozza e comune mobilia, di quante ne ricevano in Italia i più splendidi capolavori». E tutto perché? Lì torniamo: «I Protestanti, in quanto tali, sono esigenti e minuziosi; cercano di scovare le falle e di trovare i difetti; hanno un'immaginazione arida, povera, meschina. I Cattolici si tengono a galla tra dubbi e difficoltà grazie a una maggiore esuberanza della fantasia, e asserviscono la religione al senso del piacere». Si bevono tutto. Anche per colpa del «numero eccessivo di feste e ricorrenze dei loro Santi, che li distoglie dal lavoro e conferisce alla loro mente un corso pigro e disordinato».

Questo concentrato di stereotipi non era il raffinato delirio d'un polemista. Era tutto dentro a un sentimento di diffidenza, di avversione, di disprezzo per la religiosità «all'italiana» largamente condiviso nel mondo protestante. E non molto diverso da quello che oggi viene riservato in Italia agli elefantini degli induisti, o alle nenie degli arancioni di Hare Krishna o più ancora al sistema coranico di sgozzare i montoni praticato dagli immigrati musulmani.

Era, quella dei protestanti egemoni in paesi di forte immigrazione italiana quali gli Stati Uniti, la Germania o la Gran Bretagna, un'ostilità dura. Affondava le radici nelle invettive di Martin Lutero contro quel mondo di Leone X che, come scrisse Ferdinand Gregorovius, «era tutto un grande teatro e il Papa sembrava il *tribunus voluptatum* dei romani, quando si mostrava in Vaticano attorniato da una torma di musicanti, attori, ciarlatani, poeti, artisti, cortigiani e parassiti». Un mondo così corrotto che le feste religiose erano diventate dei baccanali e perfino l'«Archibestia» ironicamente cantata da Machiavelli, un elefante di nome Annone, aveva avuto dal Pontefice l'onore di un funerale grandioso manco fosse un cristiano.

E da lì, di padre in figlio, questa ostilità si era trasmessa e perpetuata fino alle campagne xenofobe contro gli italiani «adoratori di statue». «La differenza di prospettiva tra le culture era tale», spiega ad esempio Robert F. Harney nel libro *Dalla frontiera alle Little Italies* parlando del Canada, «che predicatori e assistenti sociali vedevano l'immigrato come un "buon selvaggio", bisognoso d'elevazione morale, assimilazione e organizzazione. I manovali non sembravano assomigliare molto alle stilizzate litografie di Garibaldi; in qualche modo, pensavano i canadesi colti, la greve cappa del cattolicesimo e della povertà rurale li aveva trascinati al di sotto delle altezze civili del Risorgimento.»

Non c'è paese, dagli States all'Australia, in cui non siano state registrate accanite resistenze dei vescovi, dei preti, degli stessi fedeli cattolici più sobri e rigorosi come gli irlandesi, i tedeschi, gli scozzesi o i polacchi, verso la riproposizione nelle terre di immigrazione di certe feste patronali esagerate fino a sembrar pagane. Tipo quella per i Tre Santi (i fratellini martiri Alfio, Filadelfio e Cirino che secondo la tradizione sarebbero stati mandati a morte dal crudele romano Tertullo) a Silkwood, nell'australiano Queensland. Dove i nostri immigrati di Sant'Alfio e dei paesi vicini, fatte venire tre statue dei santuzzi esattamente uguali a quelle sotto la cui protezione erano cresciuti in Sicilia, furono a lungo osteggiati dagli altri parrocchiani.

I cattolici locali, infatti, soffrivano già di tutti i problemi di una minoranza che fin dalla colonizzazione aveva dovuto fare i conti con una maggioranza anglicana arrogante giunta a vietare per sedici anni (1804-1820) la celebrazione della messa e a teorizzare per bocca del governatore Brisbane: «Tutti gli assassinii o altro crimine diabolico commessi in questa Colonia sono stati perpetrati dai cattolici».

Così quando i nostri chiesero di adottare i santuzzi lì a Silkwood costruendo per loro una bella nicchia nella chiesa, spiega Stefano Girola nel saggio *I Tre Santi* citando documenti di allora, la cosa fu presa male: «Portare queste devozioni fuori dalla Chiesa era un aspetto della religiosità italiana che i preti australiani, e i cattolici in generale, trovavano strano e persino offensivo per la religione cattolica, soprattutto perché queste devozioni erano esibite di fronte a molti protestanti che potevano ben considerarle come delle pratiche superstiziose». Quindi «aliene dal modo di pregare e di festeggiare» anglosassone.

Niente di strano: non bastassero la processione con le statue in groppa, le bancarelle coi dolci, le bevute di vino, certe ritualità teatrali e l'atmosfera caciarona da sagra paesana, racconta Girola, gli australiani non apprezzavano un ulteriore dettaglio: poiché mancavano i fuochi d'artificio e «per un devoto siciliano una festa senza un po' di chiasso [...] è una celebrazione manchevole, incompleta» le statue venivano gioiosamente accolte «all'uscita dal tempio con lo scoppio di rudimentali ordigni di dinamite».

A parte i pianti dei bambini terrorizzati e l'istantanea sterilità delle galline «che smettevano per qualche giorno di fare le uova», le due visioni del mondo erano inconciliabili. Lo erano da quando Lutero, come ricordano nel saggio *Se la processione va bene...* Antonio Paganoni e Desmond O'Connor, si era dato l'obiettivo di superare la religiosità popolare di chi era abituato «a vivere come "il buon bestiame"» senza saper «recitare i dieci comandamenti, il Padre Nostro e il Credo». Da quando Calvino aveva ordinato di «distruggere ogni immagine, statua e altare nelle chiese e nei monasteri». Da quando una delle prime edizioni del *Grand Dictionnaire Larousse* aveva scritto che la colpa della malaria a Roma era dei preti perché «l'avidità del clero cattolico» aveva fatto scempio dei boschi sacri.

E via via era cresciuto, questo anti-clericalismo anti-cattolico, anti-romano e anti-italiano. Con le note di viaggio di Theodore Mundt (*Rom und Pius IX*) che nel 1859 descrivevano il contrasto tra una Roma sfatta e cialtrona e lo sfarzo del corteo papale coi «dragoni con la sciabola sguainata» e le carrozze orlate d'oro trainate da sei cavalli e le «guardie nobili a cavallo ed i palafrenieri vestiti di damasco rosso». I commenti caustici sulla linea di Mark Twain (*Gli innocenti all'estero*), indignato dall'aver visto che «per quindici secoli l'Italia ha rivolto tutte le proprie energie, tutto il denaro, tutta l'abilità alla costruzione di una immensa serie di chiese, e per riuscirvi ha ridotto alla fame metà dei suoi abitanti».

Ma soprattutto era montato lo stereotipo dell'italiano credulone, superstizioso, bigotto, cattolico dichiarato ma legato a riti trascinati secolo dopo secolo dai tempi del paganesimo. Quello descritto a Napoli da Montesquieu, che irrideva al miracolo di san Gennaro spiegando che comunque è impossibile accorgersi del sangue liquefatto perché «vi mostrano il reliquiario solo per un momento ed il vetro è appannato dai baci della gente» e che si tratta semplicemente di «un termometro: questo sangue o questo liquido, che viene da un luogo fresco, trovandosi in un luogo riscaldato dalla moltitudine del popolo, e da un gran numero di candele, deve liquefarsi per forza». E malignava: «C'è da notare che il miracolo si rinnova per otto giorni di seguito; che avviene tre volte all'anno: il giorno del Santo, il giorno della sua translazione e quello della sua decollazione. Ma il miracolo di san Gennaro è rovinato dal fatto che anche la testa di san Giovanni Battista fa, ogni giorno, lo stesso miracolo».

Anzi, una volta la concorrenza era ancora più ampia, scrive l'antropologo Marino Niola nella prefazione al libro intitolato *Urbs sanguinum*. E tornava a farsi liquido il sangue di santa Patrizia e dei santi Lorenzo, Pantaleone, Andrea Avellino... Nel Seicento «è tale il numero delle ampolle miracolose, orgoglio e vanto dei monasteri più potenti, che Jean-Jacques Bouchard, l'abate parigino dottore *in utroque* e dal 1631 al 1641 gentiluomo di camera del cardinal Barberini, dopo aver soggiornato a Napoli nel 1632 si riferisce alle reliquie ematiche e alle loro liquefazioni prodigiose come prerogativa "*particulière à Naples, qui pour cela s'appelle* urbs sanguinum"». Cioè città dei sangui.

A noi, dopo tanti secoli, sembra oggi tutto pittoresco ma in qualche modo «normale». Da guardare laicamente, perfino, con divertito interesse culturale. Normale che ad Agrigento il giorno della festa di san Calogero, il quale secondo la tradizione era un monaco nero che raccoglieva pane per gli appestati, la gente butti addosso alla statua in processione non solo mollica o *muffulette* da un etto ma pure certe pagnotte da un chilo che ogni volta riempiono di feriti il pronto soccorso. Normale che la testa e il torace di sant'Agata siano a Catania, una mammella (trovata «in bocca a un bambino») a Galatina, un'ulna e un radio a Palermo, un pezzo di braccio a Messina, un dito a Sant'Agata dei Goti e così via per un totale di 18 reliquie sparse da Capri a Ferrara. Normale che uno degli ultimi arrivati, il fraticello di Pietralcina, abbia scatenato un bazar mondiale di statuine di Padre Pio, accendini di Padre Pio, zoccoletti di Padre Pio, ventagli di Padre Pio, abat-jour di Padre Pio e perfino profumi di violette di Padre Pio da appendere allo specchietto in macchina: «Respiro celeste».

Gli altri no, non lo trovano e non l'hanno mai trovato «normale». E all'arrivo dei nostri emigrati, i quali individuavano nella conservazione dei santi patroni il cuore stesso della vita comunitaria e il puntello della loro identità etnica, la reazione fu durissima. Spiega Silvano M. Tomasi nel suo saggio *Piety and Power* [Pietà e potere] sul ruolo delle parrocchie italiane a New York che «molte delle pratiche sembravano, comunque, un insulto alla ragione e sembravano essere state istituite per tenere le persone legate come schiavi dalla casta sacerdotale».

Il conflitto fu immediato. E durissimo. Racconta Domenico Pistella in *La Madonna del Carmine e gli italiani d'America* che verso la fine del XIX secolo, ad East Harlem, zona di forte insediamento italiano e soprattutto siciliano, «la popolazione [...] era prevalentemente irlandese e anche qui le poche chiese nelle quali gli italiani erano ammessi riservavano loro gli scantinati se essi stessi erano in grado di procurarsi il sacerdote capace di intenderli e di prendersi cura di loro».

Thomas Lynch, il già citato rettore della Chiesa della Trasfigurazione, lo confermò senza tanti giri di frase, scrive Dall'Ongaro, alla stessa Francesca Cabrini: «Nella sua parrocchia gli italiani dovevano frequentare soltanto il sotterraneo perché (testuale) "non sono molto puliti e gli altri non vogliono averli vicini"». Qualcuno si era infatti scandalizzato per le pittoresche processioni a Little Italy, «con tutto quel fracasso di ottoni e fuochi d'artificio». Se persino dei preti cattolici ragionavano così, si chiedeva la Suorina di Ferro, «come avrebbero reagito i protestanti turbolenti agli insediamenti italici nelle asettiche riserve anglosassoni?».

«Tutti gli scrittori non italiani che hanno preso interesse, da differenti punti di vista, al folklore degli italiani ne hanno descritto le feste come un'inspiegabile baldoria, fenomeno tipico dei popoli latini, troppo esuberanti nell'espressione della loro gioia», spiega Pistella. Era una festa enorme, quella del Carmine ad East Harlem. Coinvolgeva, in mille attività di devozione, di volontariato, di commercio, di svago, mezzo milione di persone. Facendo per qualche giorno dimenticare ai nostri la lontananza da casa e riemergere negli altri il sentimento di diffidenza. Basti leggere, come sottolinea Corrado Augias nei *Segreti di New York*, lo studio *The Madonna of 115th street* nel quale l'antropologo Robert A. Orsi riporta lo stupore schifato che provavano gli «altri» nell'assistere al «fatto piuttosto impressionante che fino a qualche decennio fa, durante la festa della Madonna (16 luglio), si usava trascinare alcune donne fino all'altare facendogli leccare il pavimento con la lingua. Una pratica giudicata rivoltante».

Ma era solo un esempio tra i tanti. Qui c'erano le donne che leccavano per terra e lì le tarantolate di san Pietro e Paolo stravolte dal ritmo infernale del «pizzica pizzica», qui le fedeli che insultavano san Gennaro urlandogli «santo guappone!» e lì la processione degli «spinati» di san Rocco, che marciavano a torso nudo flagellandosi e portando in testa una corona di spine. Tutte cose sulle quali la nostra Chiesa italiana, «maestra benevola», chiude un occhio da sempre. Ma gli altri no.

«Gli antagonisti più duri degli italiani erano gli irlandesi, che in qualità di compagni di lavoro, capisquadra, capireparto e preti spesso li trattavano con odio e disprezzo», spiegano in *The Invention of Ethnicity* Kathleen Neils Conzen, David A. Gerber, Ewa Morawska, George E. Pozzetta e Rudolph J. Vecoli. Gli stessi irlandesi venivano «incolpati di non nutrire sentimenti di lealtà verso gli Stati Uniti e di essere una forza sovversiva che avrebbe aiutato il Papa a distruggere la Repubblica americana»: figuratevi gli italiani. Racconta nel libro di Tomasi il missionario Giacomo Gambera che gli stessi preti inviati dall'Italia erano «guardati con sospetto da una buona parte del clero americano perché venivano introdotti e raccomandati da lettere papali» ed erano trattati con «ingiusta diffidenza» come fossero infiltrati o peggio «agenti segreti».

E se i nostri chiedevano più parrocchie autonome per custodire gli antichi riti popolari fulcro della loro devozione, la Chiesa americana vedeva al contrario queste nostre parrocchie etniche come sette più o meno pagane. «Gli italiani non sono un popolo sensibile come il nostro», teorizzava padre Reilly, pastore della Nativity Church. «Quando si dice loro che sono i peggiori cattolici venuti nel nostro paese, non se ne risentono e non lo negano. Se fossero stati un po' più sensibili a queste critiche sarebbero migliorati più velocemente. Gli italiani sono indifferenti alla religione.»

E quell'attaccamento commovente alle processioni patronali? Solo facciata: «Queste performance non sono per niente religiose, se fossero tali verrebbero celebrate nelle loro chiese, nelle loro case, nei loro cuori», risponde un gruppo di cittadini stizziti in una lettera del 1915 al cardinale Farley. «Al contrario [...] sono seccature, con i rumori stridenti delle bande e lo scoppio di fuochi d'artificio. [...] La maggioranza dei membri di questa società non va in chiesa nemmeno nei giorni di festa, quasi tutti restano fuori durante la cerimonia religiosa. In tutto il processo non c'è fervore religioso. È un semplice caso di trasferimento di un'usanza da qualche piccolo paese dell'Italia.»

Difficile, in molti casi, dare loro torto. Giuseppe «Joe» Conforte era il re della prostituzione del Nevada, possedeva il celeberrimo *Mustang Ranch*, viveva circondato da vistose sgualdrine, sosteneva che gli italiani controllavano le case da gioco da Las Vegas a Beirut non perché il settore è da sempre in pugno a Cosa Nostra ma perché «amano l'avventura» e giurava che la mafia è «una cosa inventata». Ma il 19 marzo di ogni anno, con una Cadillac stracolma di regali e coniglette, arrivava puntuale ad Augusta, il paese natale in provincia di Siracusa, per essere presente alla processione di san Giuseppe, lasciare la sua offerta insieme con le zucche, i galli, le colombe, le pizze o gli attrezzi depositati dalla gente in chiesa e soprattutto partecipare all'asta per avere il più bello dei *vastuni 'i san Giuseppe*, gli enormi torroni simbolo pagano della festa. Era una questione di potere e di prestigio. E dal 1965, si vantava ancora all'esordio del terzo millennio, il bastone è sempre finito a casa sua. Finché ha potuto l'ha comprato personalmente lui, pagandolo fino a una quarantina di milioni di vecchie lire. Poi, dallo sventurato momento in cui ha dovuto darsi alla latitanza, ha mandato un parente. Mettetevi nei panni di un luterano, di un anglicano o di un cattolico irlandese o polacco: che idea vi fareste?

E cosa pensereste vedendo la fotografia in bianco e nero della cattura del boss Joe Bonanno, che offre in pigiama i polsi alle manette mentre sopra il letto campeggia il quadro della Madonna? O leggendo l'intervista data a Maurizio Chierici in cui Maria Doto, la figlia di Joe Adonis, spiega che il papà, inventore con Albert Anastasia dell'Anonima Assassini, «credeva in Gesù Cristo e in Dio», che «in un certo senso era più religioso della mamma che va a messa ogni mattina» e «le cose da lui fatte nell'arco della sua vita sono uguali alle azioni compiute da Cristo» perché «amò la gente, aiutò i più deboli, non si permise di giudicare nessuno»? O scoprendo che molte feste patronali nelle Little Italy sparse per l'America (ad esempio quella di san Gennaro a New York ripulita nel 1995 da Rudolph Giuliani) erano egemonizzate dai padrini di questa o quella famiglia?

Questo è stato, per decenni, il grande problema della Chiesa americana nei nostri confronti. Acutizzato in alcuni momenti da un vero e proprio esodo: scrive Dall'Ongaro che nella febbre di inserirsi meglio in quella società ostile, gli italiani che si convertirono al protestantesimo furono nel solo 1918 e nella sola New York ben

25.000. La gerarchia cattolica locale aveva ben chiaro che gli States non avrebbero mai accettato una Chiesa «con aspetti stranieri». E la scelta fu netta: meglio l'assimilazione: «C'era la convinzione profondamente radicata», spiega Tomasi, «che gli italiani dovevano diventare americani prima possibile adottando un cattolicesimo come quello degli irlandesi».

Una scelta condivisa, diocesi per diocesi, da un po' tutte le Chiese dei paesi ad alta immigrazione italiana. O i nostri si adeguavano ai modi della religiosità locale o dovevano arrangiarsi. Basti leggere le testimonianze dei minatori in Belgio raccolte dal già citato Seghetto. Come quella di Giuseppe Sanson, di San Vendemiano: «Il clero belga da parte sua ha sempre cercato di sbarazzarsi degli italiani. [...] Nelle nostre manifestazioni, nelle nostre cerimonie, alle nostre feste, il parroco belga non si faceva vedere. Per di più non mi risulta che facesse una visita alle famiglie neppure in certe occasioni, come per esempio, incidenti in miniera. Quello invece che mi risulta è che telefonavano ai missionari italiani: "C'è una persona che è ammalata, o che è morta in miniera". In tutta la mia esperienza, quando facevo la visita alle famiglie per un decesso, mi trovavo sempre di fronte un missionario italiano e mai un sacerdote belga. Come pure posso affermare che ai funerali di italiani a cui ho assistito, raramente un prete belga si faceva vedere».

«Il parroco belga non l'ho mai visto. La moglie ha avuto da questionare con lui ogni volta che c'era da fare la comunione e la cresima dei figli» ricorda il casertano Armando Di Nuccio. «Per questo motivo i figli hanno fatto tutti la comunione e la cresima in Italia. L'unico prete che ho visto e che mi ha fatto fare Pasqua è stato don Narciso. L'unico prete che mi ha fatto visita all'ospedale e a casa è sempre stato il prete italiano e le suore.»

Il massimo del nazionalismo religioso anti-cattolico e automaticamente anti-italiano, però, è stato probabilmente registrato in Australia. Lo racconta Pino Bosi in *Mandati da Dio*. Era il 1922, i cattolici italiani «continuavano a essere guardati con sospetto da parte dei protestanti che li consideravano "una razza a sé, marchiati come capi di bestiame in una terra straniera"». E nella scia degli allarmi apocalittici lanciati un secolo prima dal reverendo Samuel Marsden («Se le autorità permetteranno la pratica della religione cattolica, entro un anno la causa dell'impero britannico sarà perduta!») vennero presentati al parlamento un po' di libri di testo cattolici nei quali si vedevano dei santi «che offrivano l'Australia alla Vergine Maria». Scandalo e interpellanze parlamentari: «Che diritto hanno di offrire l'Australia alla Vergine Maria? Non gli va bene re Giorgio?».

Dall'altra parte del Pacifico, negli Stati Uniti, padre Louis Gigante aveva una visione del mondo del tutto rovesciata. Era cresciuto tra i teppisti destinati a diventare i manovali di Cosa Nostra, faceva il parroco nel Bronx, fumava enormi sigari da trenta cents, guidava una Pontiac rossa ed era fratello di quel Vincent Gigante che, pagato da una famiglia rivale, aveva tentato di assassinare Frank Costello. Quando lo incontrò Chierici, all'inizio degli anni Settanta, viveva con la mamma in una casa coi divani coperti dal pizzo ricamato, due altarini della Madonna di Pompei e le fotografie dei morti con il lumino acceso. Era amico di tutti i mafiosi, diceva che Vito Genovese era «una persona degna di rispetto» e che aveva letto *Il Padrino* di Mario Puzo con ammirazione: «Non voglio lodare nessuno, ma il carattere di Vito Corleone mi piace. Sul punto di essere rovinato da un ricattatore, lo uccide per difendere la sua famiglia. Mostra agli altri la propria forza e diventa – di colpo – un personaggio importante. Non dico che i rapporti tra gli uomini debbano essere questi, ma a volte la giustizia non la si amministra solo in tribunale. Lo affermo come prete e come italoamericano. Ho visto molte persone morire sulla sedia elettrica, conosco persone condannate ingiustamente dalla società. Mi chiedo: la società ha il diritto di fare questo? E se lo ha, perché non riconoscere le stesse prerogative a chi amministra moralmente una certa comunità e vuole l'ordine e la disciplina nell'ambiente in cui opera? Non so se il modo più equo per vivere deve essere copiato dai codici o dalle regole d'onore di uomini come Genovese. Ma non sarò certo io a condannare chicchessia. Lascio questo compito a Dio: lui è il vero giudice». Meglio se stava zitto. Come prete e come italoamericano...

CAPITOLO SEDICI

TRENTAMILA FIGLI COME ANNA FRANK

Il caso svizzero: cent'anni di disprezzo, referendum, sfruttamento

Alla borsa di Zurigo la quotazione di Attilio Tonola era di due cigni e sedici merli. Lo stabilì il tribunale di Coira, che diede al più feroce dei suoi assassini due anni di galera. Una condanna che ebbe sui giornali svizzeri molto meno spazio e sollevò meno scandalo della notizia che certi italiani pazzi di fame, e ignari di quanto quella carne facesse schifo, si erano mangiati come un cappone il cigno di un parco. Gesto indegno ripetuto da altri *tschingge* (così erano chiamati i nostri: dal suono che faceva alle orecchie elvetiche il grido *cinq!* lanciato dai giocatori di morra) con lo spiedino non meno immangiabile di tre merli. Crudeltà punite dai giudici locali rispettivamente con quattro e con tre mesi di carcere.

Era il 1° marzo 1969, quando si svolse il processo. Gli imputati erano un manesco elettricista, Erich Bernardsgrutter, e due fratelli: Joseph e Armin Schmid. Li accusarono d'aver ammazzato Tonola, un tranquillo operaio valtellinese di Villa Chiavenna, sposato e padre di quattro bambini, massacrandolo di botte e urlando «*caiba cincali!*». Un insulto in dialetto intraducibile che significava più o meno «lurido bastardo italiano» e veniva come *tschingge* dal gioco della morra.

Congiurava tutto, contro i tre razzisti. Avevano ucciso con le aggravanti dei motivi ignobili e di esser stati totalmente ubriachi dopo una serata passata a bere per festeggiare il compleanno di Armin. Avevano precedenti penali per reati di vario genere compresa, nel caso di Armin, una tentata evasione dal penitenziario di Celerina, nei Grigioni. Avevano cercato, prima di andarsene a dormire, di sbarazzarsi del corpo trascinandolo in un garage dove l'Attilio, avrebbe accertato l'autopsia, era morto soffocato dal sangue colato in gola dalle ferite che gli avevano inferto, già a terra, prendendolo a calci in faccia con gli stivali. Congiurava tutto meno un dettaglio: loro erano svizzeri, il morto italiano.

Durò due giorni, il processo. Due giorni. I giornali locali gli dedicarono poche righe. Il dibattimento si svolse senza che mai venisse nominata la parola xenofobia nonostante i tre si fossero allontanati barcollando dopo il pestaggio bofonchiando ancora «*caiba cincali!*». L'aggressione (si sa che gli italiani sono attaccabrighe...) fu derubricata in rissa. L'occultamento di cadavere o almeno l'omissione di soccorso sparirono davanti a una spiegazione ridicola presa per buona: «Era ancora vivo, l'abbiamo posto al riparo, faceva freddo e non volevamo lasciarlo in strada». E per finire il pubblico ministero, cosa mai vista al mondo in una causa per omicidio, rinunciò alla replica dopo le arringhe dei difensori. Sentenza: 2 anni a Bernardsgrutter, 15 mesi a Joseph Schmid e assoluzione per suo fratello Armin.

Un verdetto vergognoso, seguito dal rifiuto dell'Istituto nazionale svizzero di assicurazione di pagare un solo franco (se fu una rissa non fu un omicidio) alla vedova e ai quattro bambini del poveretto. Ma niente affatto isolato. Tre anni prima, nel 1966, il tribunale di Araau aveva condannato per omicidio premeditato (ripeto: premeditato) un falegname, Kurt Haeberle, che aveva confessato d'avere ucciso a martellate l'operaio Vincenzo Rossi e di averlo poi buttato dentro un altoforno: 6 anni. Tre anni dopo, nel 1972, quello di Briga avrebbe giudicato con la stessa «imparzialità» la strage di Mattmark.

Ricordate? Ottantotto operai, quasi tutti stranieri di cui 55 italiani, che lavoravano in un cantiere sotto il ghiacciaio dell'Allalin, rimasero sepolti il 30 agosto 1965 da una gigantesta frana. Si accertò che il ghiacciaio aveva già dato evidentissimi segni di smottamento. Che i responsabili del cantiere lo sapevano. Che ciò non li aveva dissuasi dal fare costruire i baraccamenti proprio sotto la linea di caduta. Che non avevano previsto alcun servizio di monitoraggio per controllare se per caso un pezzo di montagna si fosse mossa. Eppure il pubblico ministero, pur accusando del disastro 17 persone, fu clemente: non solo rinunciò a chiedere ogni forma di pena detentiva (che per l'omicidio colposo prevedeva fino a tre anni), ma propose per tutti multe dieci volte inferiori a quelle fissate dal codice. Uno schifo. Superato dalla sentenza: tutti assolti e spese processuali a carico dello Stato. Il capolavoro, però, doveva ancora venire. E sarebbe arrivato appunto nell'ottobre 1972 col verdetto d'appello: tutti assolti e spese per metà a carico dei parenti dei morti. Imparassero a non rompere le scatole.

Tutto rimosso, abbiamo. Tutto cancellato.

Sepolto. Come la strage del 1875 a Goeschenen raccontata dal giornalista Remo Griglié in una storia della costruzione della galleria del San Gottardo rimasta sciaguratamente inedita. Storia segnata da un'ecatombe tra gli italiani che costituivano il 90% degli operai: 144 furono ammazzati dalle esplosioni di dinamite o dai crolli, altre decine da una serie di malattie, prime fra tutte le infezioni intestinali, dovute alle condizioni di lavoro. Condizioni bestiali all'origine anche del massacro.

«In galleria faceva un caldo torrido» racconta Griglié. «A causa dei gas scaturiti dallo scoppio di una volata di mine si respirava a fatica. E forse quel giorno non funzionavano a pieno ritmo i ventilatori aspiranti. A un certo punto, pare in seguito agli ordini impartiti con contorno di ingiurie da un capo squadra molto duro che intimava di accelerare il ritmo per la rimozione del materiale scavato, alcuni operai buttarono le pale. "Ora basta – presero a urlare – Smettiamola." E presero la corsa in direzione dell'uscita. Si formò così un gruppo di fuggiaschi che via via andò a ingrossarsi sino a raggiungere la consistenza di un'ottantina di uomini. L'uscita però era lontana; vi erano da percorrere quattro o cinque chilometri di tunnel appena abbozzato, lungo il quale lavoravano i rifinitori. Questi, vedendo i fuggiaschi, pensarono al rischio di uno scoppio imminente per qualche "mina gravida" e a loro volta corsero via terrorizzati.» Era il 27 luglio.

«Nel volgere di mezz'ora tutti cessarono di lavorare e uscirono. Così presso l'imbocco di Goeschenen si formò un assembramento di uomini molto agitati, collerici, esasperati. E forse già timorosi delle conseguenze che sarebbero arrivate dall'abbandono collettivo del lavoro.» Fu solo nel tardo pomeriggio che il direttore dei lavori, l'ingegner Ernst Der Stockalper, ricevette una delegazione dei minatori: «Ascoltò le confuse e balbettanti lamentele sul clima, sull'aria irrespirabile, sui ritmi forzati di lavoro, sulle paghe inadeguate. "Avete ragione. Qui la vita è dura e probabilmente ingiusta. Chi non se la sente di continuare non ha che da andarsene. Passi dalla cassa e sarà liquidato. Chi, invece, desidera continuare a lavorare con noi, torni subito al suo posto. Subito." Girò i tacchi e uscì dalla stanza».

Ormai si era fatto buio. Furenti per la risposta sprezzante, i minatori decisero di entrare in sciopero e di picchettare l'ingresso alla galleria. Visto come buttava, l'ingegnere non perse tempo. E spedì un telegramma alla direzione della società, ad Altdorf: «I minatori sono in sciopero e bloccano i lavori. Mandare 50 uomini armati e franchi 30.000». I soldi dovevano servire forse per liquidare gli operai costretti ad andarsene, forse per pagare le spie tra i manifestanti. A cosa servissero i fucili, invece, si sarebbe visto il giorno dopo.

La notte passò senza incidenti. Bastonati dal vino e dalla fatica, i minatori si misero a dormire. E dormirono fino a tardi. Quando si svegliarono, a metà mattinata del 28 luglio, un certo sergente Troesch, «una specie di sceriffo privato, era già al lavoro giù ad Altdorf, allo sbocco della vallata del Reuss, per raccogliere in giro per le osterie un po' di mercenari disposti per dieci franchi al giorno a dare una lezione agli italiani. Una decina ne trovò lì, un'altra lungo la strada a Wassen dove lavoravano molti austriaci del Voralberg molto ostili verso i nostri emigrati, un'altra ancora all'arrivo a Goeschenen. Trenta persone in tutto, armate con fucili Milbank-Amsler nuovi fiammanti, comperati "precauzionalmente" prima ancora che cominciassero i lavori al traforo, e dieci cartucce a testa».

Alle dieci di sera, la soldataglia arruolata dalla società si mosse. E marciò verso la piazza dov'era l'ufficio postale, che era un po' il punto di riferimento degli immigrati. Tutti gli operai, come avrebbe dimostrato l'inchiesta, erano disarmati. Appena videro quella "truppa dei padroni" arrivare, cominciarono a tirar loro addosso dei sassi. La risposta fu terribile: fuoco a volontà. Per cinque, sei minuti. Un inferno. Quando fu tutto finito, le luci delle lanterne illuminarono i corpi di 4 minatori morti e altri 10 feriti gravemente. Il giorno dopo, rimossi i cadaveri e licenziati ottanta operai, i lavori riprendevano. Tra le ironie del *Basler Nachrichten*, un giornale di Basilea che irridendo ai poveretti in fuga sotto le pallottole degli assassini, scrisse: «L'italiano è molto spavaldo quando tiene lui solo il pugnale in mano. Ma diventa molto incerto non appena si trova di fronte la forza».

Tutto rimosso. Cancellato. Sepolto. Come i cartelli affissi per decenni, fino agli anni Settanta del Novecento, sulle vetrine di bar e ristoranti: «Vietato l'ingresso ai cani e agli italiani». Come i sondaggi che vedevano il 76% degli svizzeri, che oggi hanno cambiato radicalmente idea, considerare «assolutamente negativa» la nostra immigrazione. O come la sentenza che nel 1974, l'anno in cui Claudio Baglioni cantava *E tu*, Mario Monicelli girava *Romanzo popolare* e Pippo Baudo faceva *Senza rete*, vide il tribunale di Zurigo chiudere in una sola udienza (una!) il processo a Gerhard «Gerry» Schwizgebel, un balordo alto due metri e pesante 130 chili che nel 1971 aveva ammazzato a pugni e calci un bellunese, Alfredo Zardini, venuto a cercar fortuna nella dolce Helvetia lasciando a Cortina d'Ampezzo la moglie e un figlioletto.

Era asfissiato dalla malinconia, quella sera, Zardini. Aveva bevuto, camminato ore e ore nella notte, bisticciato con una puttana tedesca, vomitato e pianto. Finché era finito, alle cinque di mattina, in un caffè che non sapeva avere una pessima fama. «Gerry» l'aveva visto entrare e l'aveva preso di punta. Un insulto buttato là, una risposta brusca. Il colosso gli era piombato addosso e l'aveva fatto a pezzi. Quindi l'aveva sollevato come uno straccio e, con l'aiuto di altri avventori, l'aveva buttato fuori, sul marciapiede. Lasciandolo agonizzare lì, nella neve, per due ore. Senza che uno solo dei clienti che andavano e venivano si chinasse a vedere. All'arrivo dell'ambulanza era morto.

Diciotto mesi: questa fu la condanna per il gigante omicida. Ma solo perché i giudici, come avrebbe spiegato il *Corriere*, lo riconobbero colpevole, oltre che di eccesso colposo di legittima difesa, anche di furto continuato, violazione della legge sugli stupefacenti e omissione di soccorso. E perché erano intestati a suo nome, negli archivi di polizia, 150 rapporti per reati violenti. Sennò se la sarebbe forse cavata con meno.

Guai a toccargli i merli però, agli svizzeri. Lo dicevano già i regolamenti stabiliti dopo la Grande Caccia all'italiano del 1896. Tre giorni di furia selvaggia che, scatenata dalla morte di un arrotino tedesco ucciso da un italiano (poi condannato a tre mesi perché perfino la magistratura elvetica aveva dovuto riconoscere che si era trattato di legittima difesa dopo un'aggressione), avevano visto migliaia di persone assaltare i bar, i negozi, le case dei nostri emigrati, spaccare le ossa a tutti i malcapitati, attaccare le stazioni di polizia per liberare i più fanatici dei loro che erano stati arrestati, seminare un panico tale da spingere le autorità a organizzare addirittura dei treni speciali per rimpatriare i nostri, terrorizzati.

Die Italianer-Revolt in Zurich fu il titolo dell'opuscolo stampato a ricordo del pogrom. Come se i protagonisti, e non le vittime, fossero stati gli italiani. E le nuove norme decise dalla municipalità, in linea con la tesi del sindaco secondo il quale i disordini andavano interpretati come una «esplosione degli offesi sentimenti di diritto della nostra popolazione indigena», puntarono a regolamentare la convivenza dettando ai nostri come dovevano comportarsi per non urtare la suscettibilità dei padroni di casa.

Con un secolo di anticipo sul sindaco Giancarlo Gentilini – che dopo aver visto vicino alla stazione di Treviso «decine di negri seduti sulle spallette del ponte e altri extracomunitari sulle panchine» avrebbe fatto togliere le panche e conficcare spuntoni nelle spallette così che non «ci potesse più posare sedere umano» – gli indesiderati ospiti vennero messi in riga così: fu vietato calpestare i prati pubblici (art. 30); sostare sui marciapiedi intralciando il passaggio (art. 67); ballare nei locali pubblici senza l'autorizzazione dell'ispettore di polizia se non per sei domeniche l'anno (art. 94); scrivere o disegnare graffiti sulle pareti dei locali o sui muri pubblici (art. 117); bighellonare alticci per la strada (art. 118); tenere bambini nelle osterie o mandarli a elemosinare (art. 120). «In sostanza lo spazio pubblico venne riservato alla circolazione delle merci», spiega nel suo saggio sul pogrom anti-italiano lo studioso Heinz Looser. «I singoli potevano usufruire di percorsi ristretti.»

Le lagnanze popolari e i rapporti di polizia contro gli italiani, per decenni e decenni, son rimasti quelli illustrati dall'italo-svizzero Peter Manz. Tipo un verbale del 1896: «Il Maulbeerweg e la Isteinerstrasse sono diventati invivibili a causa degli italiani che li frequentano. Non si può più camminare sui marciapiedi dalle sette di sera, quando gli italiani si accampano e fanno tanto chiasso che non si sente neppure la propria voce». O la denuncia di un abitante del quartiere Petersberg del 1893: «Gli italiani tengono le finestre spalancate per tutta la domenica, dal primo mattino fino a sera. Le loro stanze sono affollate per tutto il giorno. Fanno tutto con le finestre aperte, anche vestirsi, come i selvaggi. Siedono intonando da mattina a sera canzoni oscene e alcuni giocano a carte sulle note dei loro strumenti d'ottone. La cara domenica ci viene guastata da questo indicibile e vergognoso comportamento. Abbiamo l'impressione di esserci trasferiti in una regione selvaggia».

La petizione al consiglio di Stato di Basilea del giugno 1901 è una sintesi di tutto: «Le condizioni dei servizi igienici al n. 8 e n. 10 sono preoccupanti. In uno dei caseggiati il gabinetto è guasto e una puzza spaventosa si diffonde in tutto il vicinato. Al n. 8 il gabinetto – *horribile dictu* – è sostituito da un mastello. Specialmente nella Bartenheimerstrasse si son formati degli accampamenti di massa ed è spaventoso pensare quali conseguenze potrebbe avere lo scoppio di un'epidemia in queste condizioni [...]. I giardini di notte spesso vengono danneggiati e i fiori strappati, cosicché è fatica sprecata volerli tenere in ordine».

E via così: «Nessuna massaia osa più stendere la biancheria in giardino poiché questa, a causa della vicinanza degli italiani, sparisce. [...] Uomini e donne gironzolano nei giardini e nelle strade rivelando nell'abbigliamento una trascuratezza che supera ogni senso di vergogna. La loro spudoratezza è così grande che alcuni di questi italiani fanno i loro bisogni apertamente per strada, nei giardini o attraverso le finestre. [...] Anche da un punto di vista morale le condizioni sono inquietanti. In questi accampamenti di massa vi sono famiglie, donne sole, pensionanti e ospiti per la notte tutti mescolati insieme. [...] Non possiamo permettere ai nostri bambini di andare per strada se non vogliamo rischiare che tornino a casa con i pidocchi o altri parassiti presi dagli sporchi bambini italiani. [...] Noi riteniamo che una convivenza fra abitanti civili e questi semiselvaggi alla lunga sia insostenibile».

Settant'anni dopo, quando si scatena la nuova ondata xenofoba che avrà come «effetti collaterali» gli omicidi e le sentenze di cui ho scritto, tutto è immutabilmente uguale. «Le mie quattro figlie non rincaseranno mai in compagnia di italiani. Le ho ammaestrate troppo bene perché lo facciano», dichiara il signor Fritz Meier, un costruttore che ha fondato la National Action gegen die Überfremdung von Volk und Heimat, l'Azione nazionale contro l'inforestamento del popolo e della patria. «Versano il vino sulla tovaglia, molestano le cameriere, parlano a voce alta!», barrisce Albert Stocker, un altro leader di Azione nazionale che verrà emarginato perché troppo fanatico perfino per i fanatici. «Non siamo più padroni in casa nostra!», si sfoga il suo successore Rudolf Dinier con Fiorenza Venturini, autrice di *Nudi col passaporto*. «Gli stranieri dominano in molte fabbriche. E i risultati? Mancanza sempre più grave di alloggi, di letti negli ospedali, di personale curante, prezzi alle stelle, speculazioni...» «Per quella gente lì», spiega alla stessa scrittrice Walter Früh, il comandante della polizia che confida a bassa voce d'esser figlio di una immigrata siciliana, «greci, turchi, ungheresi sono tutti *Italiener*.»

Per James Schwarzenbach, no. Lui sa distinguerli benissimo. Fa l'editore, fuma la pipa, si compiace di somigliare a Jean-Paul Sartre, ha scritto un libro sulla Belle Epoque dedicato «a Giovanni Segantini, un italiano dai sentimenti svizzeri» e passa per un raffinato intellettuale. È lui, a cavallo tra gli anni Sessanta e i Settanta, che sferra l'attacco più pesante. Tre referendum di fila, per fermare l'«orda degli invasori». E la prima volta, a fine ottobre del 1969, pur avendo tutti ufficialmente contro sfiora il colpaccio, vincendo in 8 cantoni su 25, prendendo il 46% dei voti, gettando le basi per il futuro trionfo alle politiche del 1971 in cui prenderà 110.000 voti personali. Sforna cartine con l'Italia, la Francia, la Germania e in mezzo, al posto della Svizzera, la «Cosmopolitania». Pubblica vignette in cui un tizio tira su una forchettata di spaghetti che diventano cappi dai quali penzolano tanti omini. Attacca i nostri, in un'intervista data a Maurizio Chierici, perché non sanno stare al loro posto di servi: «Gli italiani sono venuti qui per evitare agli svizzeri i lavori più pesanti: ma ecco che, dopo due, tre, cinque anni cominciano ad aspirare a posti più comodi, fanno studiare i figli. Come dovremmo reagire? Accettare le loro aspirazioni significherebbe due cose: o costringere gli svizzeri meno preparati a fare un passo indietro, o chiamare altra gente dall'estero per sbrigarle, certe incombenze, il che significherebbe inquinare sempre più le nostre strutture sociali e le nostre tradizioni». Prego notare il verbo: «inquinare».

Eppure le leggi elvetiche, in quegli anni, sono già

spietate. «I lavoratori italiani in Svizzera sono divisi in tre gruppi: annuali, stagionali e frontalieri», spiega la rivista *Tempo* nel febbraio 1974 alla vigilia d'un nuovo referendum xenofobo. «Gli annuali sono i lavoratori che hanno il diritto, in base all'accordo italo-svizzero del giugno 1972, e a partire dal 1° gennaio di quest'anno, di stabilirsi nella Confederazione a patto di aver lavorato per almeno due anni consecutivi nello stesso cantone e nella stessa azienda. Quindici mesi dopo aver ottenuto la qualifica di annuale, l'immigrato può chiamare in Svizzera la famiglia.» Chiaro? Il rapporto è tale che all'inizio non puoi manco passare, se sei bravo e ti offrono di più, dalla ditta Schmid alla ditta Roth: servitù della gleba.

Ma non basta: «L'avvenire dell'immigrato annuale è sottoposto a numerose condizioni: anzitutto è Berna a decidere quanti possono esser gli "stagionali" che diventano "annuali". E soprattutto, per dieci anni dopo la sua promozione da cittadino di serie C a cittadino di serie B, l'immigrato annuale può ancora essere espulso dalla Confederazione se commette qualche reato. Per avere un'idea di quanto sia facile commettere un reato in Svizzera, basta ricordare che tre operai italiani di Zurigo (Nicola Tomasello, Bernardo Tomasello e Antonio Vengari) furono sottoposti nel 1971 a procedura di espulsione per aver fatto uno sciopero simbolico di quindici minuti in memoria di Alfredo Zardini». Cioè del bellunese ucciso a calci e pugni di cui abbiamo scritto.

Non è finita: «Dopo aver atteso per anni la qualifica di "annuale" (la maggior parte dei lavoratori italiani non riesce a ottenerla), l'immigrato deve così superare anche questi dieci anni di buona condotta, durante i quali al minimo sciopero, alla minima protesta, la Fremdenpolizei gli mette le mani addosso. Dopo dieci anni, finita la condizionale, arriva il *Niederlassungsbewilligung* cioè il diritto a non essere messo alla porta alla prima infrazione».

Ma cosa vuol dire, ancora a metà degli anni Settanta, «stagionale»? «Sembrerebbe indicare lavoratori che vanno in Svizzera per qualche mese a fare la stagione (come in agricoltura o nell'industria alberghiera) e restano a casa, in Italia, il resto dell'anno», risponde la rivista. «Per alcuni è effettivamente così, ma la maggior parte degli stagionali fa una "stagione" di undici mesi, ed è costretta a tornare in Italia per un mese l'anno in modo che non scatti per loro il diritto al permesso di soggiorno annuale.»

Questo permesso infatti «dura undici mesi; allo scadere dell'undicesimo mese, la Fremdenpolizei controlla che il lavoratore straniero se ne vada. Quando tornerà, un mese dopo, potrà strappare solo un nuovo permesso di undici mesi. In base all'accordo italo-svizzero del giugno 1972, lo "stagionale" diventa "annuale" se riesce ad accumulare trentasei mesi di lavoro in quattro anni». Il che significa che se il quarto anno qualcosa si inceppa o se la Fremdenpolizei si mette di traverso impedendo allo stagionale il diritto al passaggio di grado, questi deve ricominciare da capo. Se invece gli va bene, «lo aspettano i dieci anni di condizionale prima di approdare, ormai anziano, al permesso di residenza. Che garantisce all'immigrato tutti i diritti, tranne quelli politici». Che se ne farebbe di questi, se in base a una legge del 1936 lo straniero non ha il diritto di prendere la parola in pubblico?

Per non parlare delle schedature: 300.000 italiani erano catalogati, negli archivi della polizia. Lo ha raccontato nel 1996 ancora Chierici, sul *Corriere*. Nessuno, pare, se n'era mai accorto. Unico sospetto: «La posta arrivava con ritardi scandalosi in un paese dove la puntualità resta virtù ambita e, quando arrivava, le buste avevano l'aria sofferta». Quando il segreto è caduto, Leonardo Zanier, poeta e animatore politico della comunità italiana a Zurigo, si è fatto dare il suo fascicolo: «11 maggio 1967. Alle 19.35 il soggetto entrava al ristorante Ciro, Militastrasse 16. In un tavolo riservato lo aspettavano Maria Delfino Bonado e Adriano Molinari. Più tardi arriva un altro italiano...».

Eppure, in quegli anni di febbre xenofoba, a James Schwarzenbach tutto questo non basta. Gli stagionali sì, gli stanno benissimo. Come stanno benissimo a quel giornale di Zurigo che prima del referendum del 1974 ironizza: «Volete vedere che a vincere sarà la paura di dover pulire i cessi?». E come stanno benissimo alla grande maggioranza degli svizzeri che ancora nel 1982 voteranno perfino in Ticino contro un minimo aumento dei diritti di questi precari a vita. Ma lui, che in gioventù è stato nazista e salutava felice «la missione delle giovani armate di Hitler e Mussolini di unire l'Europa», vuole di più. Vuole l'espulsione di almeno la metà degli immigrati. E lo dice con toni tali da far ribrezzo addirittura a Egidio Sterpa, allora inviato del *Corriere della Sera.*

Tre decenni dopo, il 4 giugno 2002, in un'Italia «inquinata» da un 3% di stranieri, Sterpa darà entusiasta il suo voto di deputato berlusconiano alla legge Bossi-Fini bollata dalla Caritas come gonfia di xenofobia. Ma in quel novembre 1969, in una Svizzera che conta 970.000 stranieri, di cui 630.000 italiani, su 4 milioni e mezzo di abitanti (percentuale dieci volte superiore alla nostra di oggi: 21%), la posizione di Schwarzenbach pare al nostro bravo giornalista mostruosa. Indignatissimo, lo strapazza: insomma, se non è xenofobo lei, «come si definisce: patriota per caso?». Titolo del pezzo: «Il crociato del razzismo elvetico».

Un razzista vero. Che scatenò l'iradiddio, sordo all'insegnamento della celebre frase dello scrittore Max Frisch («Volevamo braccia, sono arrivati uomini»), contro la richiesta dei nostri emigrati di portare in Svizzera i vecchi genitori, le mogli, i figlioletti: «Sono braccia morte», scrisse di suo pugno, «che pesano sulle nostre spalle. Che minacciano nello spettro d'una congiuntura lo stesso benessere dei cittadini svizzeri. Dobbiamo liberarci del fardello. Dobbiamo, soprattutto, respingere dalla nostra comunità quegli immigrati che abbiamo chiamato per i lavori più umili e che nel giro di pochi anni, o di una generazione, dopo il primo smarrimento, si guardano attorno e migliorano la loro posizione sociale. Scalano i posti più comodi, studiano, s'ingegnano: mettono addirittura in crisi la tranquillità dell'operaio svizzero medio, che resta inchiodato al suo sgabello con davanti, magari in poltrona, l'ex guitto italiano».

«Non sono razzista. Sono un realista», spiegò affabile a Maurizio Chierici del *Giorno*, in quel 1969, Daniel Roth, l'allora direttore e proprietario del periodico *Schweizer Spiegel* e presidente di un movimento dalla sigla («Per una Svizzera viva») apparentemente innocua: «Gli operai stranieri costituiscono una massa informe che non può legare, per livello culturale, per tradizioni religiose e politiche, con l'ambiente che li accoglie. Non è colpa nostra se provengono da paesi dove il disordine sociale ha per norma scioperi, manifestazioni di piazza, la lotta tra sindacati e imprenditori. La nostra è una piccola nazione tranquilla. Pensi un po': l'ultimo sciopero generale risale al 1919. Tenere in casa gente di quel tipo costituisce un pericolo non sottovalutabile. Per difendere lo spirito svizzero è nostro dovere allontanare i potenziali disturbatori».

Per questo, diceva il braccio destro di Schwarzenbach rovesciando un luogo comune, «in Ticino, come a Zurigo, amano più gli italiani del Sud. Li sentono docili e sottomessi. Quelli del Nord hanno invece ambizioni che si scontrano con le nostre». Domanda di Chierici: «Nei suoi discorsi parla dei popoli mediterranei come di popoli inferiori. Sul serio lo crede?». Risposta: «Penso sia proprio così. Conosco bene la razza mediterranea. Ho cominciato a studiarla molti anni fa, nel Sud della Francia. La mia idea non è cambiata. Dalla Provenza in giù esiste un altro popolo. Anche in Italia si può tracciare un confine: 70% di gente sottosviluppata come civiltà e cultura, un 30% di persone che possono ricordare gli svizzeri».

Persero tutti i referendum, quei fanatici razzisti: la Svizzera era migliore e più ospitale di quanto loro immaginassero. Culturalmente, però, vinsero un po' anche loro. Lo dimostra lo strascico di prove referendarie indette dai suoi eredi fino al 1986. La storia di molti italiani costretti come Paolo Melillo ad assumere la propria moglie come domestica per poterla portare a Zurigo.

Ma più ancora un libro di Marina Frigerio e Simone Burgherr, *Versteckte Kinder* [Bambini nascosti], mai tradotto da noi ma ancora una volta fatto conoscere in Italia da Chierici. È la storia di migliaia di bambini italiani nascosti in casa dai genitori che non avevano il diritto, secondo le rigidissime leggi svizzere, di portare la famiglia a Berna o a Ginevra. Piccoli fatti entrare di straforo e costretti a vivere come Anna Frank. Sepolti vivi, per anni, in un appartamento di periferia. Senza poter ridere, giocare, piangere. Senza poter uscire, andare ai giardini, farsi qualche amichetto.

Lucia, una delle protagoniste dell'inchiesta, viveva con i genitori in una stanza di un appartamento abitato anche da altre famiglie. Quando il padre e la madre andavano al lavoro, la chiudevano dentro a chiave. Uscì fuori per la prima volta quando aveva tredici anni.

Anna restò sepolta quattro anni: «Di giorno resta chiusa in casa. Le rare volte che può scendere in cortile non deve parlare con nessuno: sa solo l'italiano e i vicini possono accorgersi della diversità. Per spaventarla, la madre le racconta che basta una parola, una sola e arriva la polizia a punirla. [...] Non sa cos'è l'altalena. Non ha mai sfiorato la sabbia con le dita. Non riesce a correre perché le manca il fiato. Quando esce dal nascondiglio e può andare a scuola, ha otto anni. La maestra la descrive assente, spesso impaurita. Disegna animali minacciosi di fronte a una piccola bambina».

Erano trentamila quei nostri bambini nascosti, secondo la Frigerio, verso la metà degli anni Settanta: «Erano così tanti che qua e là, protette in genere da qualche parrocchia o qualche comunità religiosa, esistevano perfino delle scuole clandestine. Elementari. Anche medie. E sono andate avanti fino agli anni Ottanta». Quando uscì il libro era il 1992. Le prime navi cariche di profughi albanesi erano arrivate a Brindisi da pochi mesi. E avevamo ancora in Svizzera almeno un migliaio di figli clandestini.

Grazie a Ulderico Bernardi, Bruna Bianchi ed Emilio Franzina, amici generosi di libri, documenti e consigli. E grazie a tutti coloro che con grande disponibilità mi hanno aiutato a trovare del materiale straordinario, spesso di primissima mano: Corrado Augias, Enzo Barnabà, Anna Camaiti Hostert, Alfio Caruso, Paola Casella, Maurizio Chierici, Paola Corti, Francesco Durante, Mario Isnenghi, Barbara Maggiolo, Peter Manz, Francesca Massarotto, Antonio Nicaso, Oscar Piovesan, Eugenia Scarzanella, Ilaria Serra, Lucio Sponza, Maddalena Tirabassi.

Un grazie anche a Danilo Fullin e a tutti gli amici del Centro Documentazione del *Corriere della Sera*: Daniela Angelomô, Maurizio Asperges, Cristina Bariani, Carlo Bonfanti, Paola Colombo, Michele Finadri, Guido Francalanci, Silvia Gioia, Enrica Girotto, Stefania Grassi, Dante Isonio, Danilo Leo, Mara Leonello, Loredana Limone, Marco Loretis, Giancarlo Martinelli, Cesare Minero, Adriana Pedrazzini, Marco Pedrazzini, Filippo Senatore, Luigi Seregni, Susy Sergiacomo, Patrizia Trevisan, Paola Trotta, Luigi Maria Tunesi, Giuliano Vidori. E grazie in particolare a Davide Marchini, amico ricco di suggerimenti e infaticabile cacciatore di preziosi dettagli su Internet e dintorni.

«*Volli un tetto per ogni famiglia, un pane per ogni bocca, una educazione per ogni cuore, la luce per ogni intelletto.*»
Bartolomeo Vanzetti

APPENDICE UNO

AGLIO, COLTELLO E PEPERONCINO
I nostri emigrati visti da giornali e libri dei paesi d'accoglienza

Forse nessun'altra comunità di emigrati è stata al centro di una massa di articoli, saggi e documenti ingenerosi, ostili, ridicoli o spietati come la nostra. Al punto che Salvatore J. LaGumina, un docente universitario del Nassau Community College, ha raccolto in un celebre libro, *Wop!*, il peggio del peggio di quanto è stato scritto in America. Una collezione che si apre con una vignetta della rivista *Judge* in cui il vecchio zio Sam assiste corrucciato allo sbarco, da una nave proveniente «direttamente dalle topaie dell'Europa», di migliaia di sorci coi baffi alla figaro che hanno scritto sui cappelli o sul coltello che reggono tra i denti: «Mafia», «Anarchia», «Assassinio». Al fior fiore della sua raccolta ho aggiunto tutta una serie di «ritagli» colti qua e là. In particolare nei saggi *L'immagine dell'immigrante italiano nella stampa americana del primo decennio del Novecento* di Ilaria Serra, e in *Emigrazione italiana a Basilea e nei suoi sobborghi 1890-1914* di Peter Manz.

Usano lo stiletto come un pungiglione
«È noto che gli uomini provenienti dal Sud Italia e dalla Sicilia hanno minor controllo su di sé. [...] Fra di loro l'impulso omicida scoppia come una fiammata di polvere da sparo e il loro stiletto è sempre pronto come il pungiglione delle vespe.»
(*New York Times*, Usa, 25-8-1904 – Serra, p. 269)

Mafiosi o socialisti, sempre criminali
«Si tratti di mafia, di socialisti, nazionalisti o di altri qualsiasi, siano essi residenti a Nuova Orleans, Chicago o Nuo-

va York, le adunanze dei loro associati creano e propagano opinioni sediziose con manifesta tendenza ad atti criminosi, la cui perpetrazione sa del più brutale tradimento.»

(«Gli italiani nel rapporto del Gran Giurì sul massacro di New Orleans», *L'Italo-Americano*, 9-5-1891)

Assassini dopo due bicchieri
«Si suppone che l'Italiano sia un grande criminale. È un grande criminale. L'Italia è prima in Europa con i suoi crimini violenti. [...] Il criminale italiano è una persona tesa, eccitabile, è di temperamento agitato quando è sobrio e ubriaco furioso dopo un paio di bicchieri. Quando è ubriaco arriva lo stiletto. [...] Di regola, i criminali italiani non sono ladri o rapinatori – sono accoltellatori e assassini.»
(*New York Times*, Usa, 14-5-1909 – Serra, p. 269)

I peggiori rifiuti d'Europa
«Alcuni uomini della Società Italiana dichiarano che le persone che arrivano in America appartengono alla "classe più pericolosa d'Europa; sono carbonari e banditi e non aspettano altro che la più piccola provocazione per manifestare il proprio carattere"; così New York diventerà "una colonia penale per i rifiuti dell'Italia".»
(«Gli immigranti italiani: una classe pericolosa», *New Herald*, Usa, 12-12-1872 – LaGumina, p. 26)

Pigri, venali e camorristi
«Perciò, se ci mettiamo a osservare l'Italia, scopriamo uno stato di cose davanti al quale i nostri racket, le tangenti e gli affari sporchi impallidiscono per un'evidente inferiorità di scelleratezza. Nella misura in cui l'italiano è più pigro, più pettegolo e più adatto agli intrighi rispetto all'americano, è anche più che un artista a "gestire le cose". [...] D'altra parte, Cavour stesso, per realizzare l'unità d'Italia, dovette trattare con i Borboni, venali e corrotti. Eppure questi furono i capi politici che Cavour dovette conquistare [...] e poté farlo solo in un modo: promettendo loro la possibilità di continuare le loro atti-

vità di monopolio e arricchimento. [...] Le ramificazioni della camorra arrivano al foro e alla magistratura, al Governo e non risparmiano nemmeno la Corte del re.»

(«Una naturale tendenza alla criminalità», *New York Times*, Usa, 16-4-1876 – LaGumina, pp. 28-31)

Detentori del record di criminalità

«Arrivati a New York nel 1886, i fratelli [Pelletieri] trovarono un terreno fertile per le loro operazioni tra circa mezzo milione di loro connazionali (e più di un milione negli altri stati), 85% dei quali arrivavano da Sicilia e Calabria, e quindi tutti a conoscenza dei metodi della mafia [...]. I Pelletieri si trovarono in un ambiente congeniale, con 3000-5000 altri pregiudicati della mafia e della camorra in città, che minacciavano i loro stessi compatrioti onesti e laboriosi, mentre le condizioni per questi criminali erano talmente favorevoli che i giornali scandalistici diedero il nome di Mano Nera a questa aggregazione di assassini, ricattatori e ladri [...]. È impossibile fare delle stime precise a proposito del numero dei delinquenti che si trovano in città tra gli italiani [...]. Di sicuro, essi hanno raggiunto un record di criminalità durante gli ultimi dieci anni che è ineguagliato nella storia di un paese civile in tempo di pace.»

(«L'ingresso dei criminali stranieri», *Harper's Weekly*, Usa, 8-5-1909 – LaGumina, pp. 89-93)

Compatti solo nel difendere gli avanzi di galera

«È davvero disgustosa la prontezza che hanno gli europei del Sud a depredare i propri simili. Mai gli inglesi o gli scandinavi sono stati così salassati dai propri compatrioti come lo sono gli italiani del Sud, i greci e gli ebrei immigrati. Il loro [degli europei del Nord] spirito di mutuo soccorso li ha salvati dal padrone e dalla Mano Nera. Tra gli italiani del Sud questo spirito emerge solo quando si tratta di proteggere dalla giustizia americana qualche avanzo di galera della loro razza...»

(Edward Alsworth Ross, «Italiani in America», *Century Magazine*, Usa, giugno 1914 – LaGumina, pp. 135-141)

Mandrie di ignoranti viziosi

«La presenza di immigrati indesiderati nelle grandi città rafforza la popolazione delle loro aree degradate. Queste zone povere forniscono il grosso della criminalità alla polizia e ai tribunali. Sono i punti caldi del vizio e della corruzione. È soprattutto l'ignorante a essere terreno fertile per l'agitatore irresponsabile e il boss corrotto. [...] Otto volte su dieci un immigrato che raggiunge questo paese ha un lavoro ad aspettarlo, anche se poi non c'è alcun lavoro per gli americani. Ho potuto constatare molte volte quale grande ingiustizia si fa verso i lavoratori americani nell'interesse degli stranieri. [...] Ho visto al loro sbarco gli immigrati italiani essere accolti da un "padrone" che li metteva in riga, li prendeva a calci, li frustava come bestiame e infine li conduceva via come mandrie al macello, fino ai quartieri di destinazione dove venivano prestati per lavori davvero sottopagati. Il "padrone" in genere prende da due a cinque dollari per ogni italiano e da due a tre dollari dalla ditta che li compra.»
(*Reports of the Immigration Commission*, Usa, 1911 – LaGumina, pp. 159-161)

Quinta Colonna di traditori

«[Gli italiani] erano felici di scappare [dall'Italia] e sebbene siano stati sfruttati negli Stati Uniti, è anche vero che questo sfruttamento veniva effettuato dai padroni italiani che arrivarono con loro e stabilirono nella nuova terra il sistema dell'estorsione e del terrorismo, che sono tratti tipici dell'Italia o difetti caratteristici come l'aglio. Il racket, originariamente conosciuto come denaro sporco, non è una caratteristica americana ma è importato dalla Sicilia e da Napoli e l'attuale governo italiano fu fondato su questo terrorismo e oggi costituisce un racket o una mafia di stato. [...] La patria, i "nobili romani" e gli sdegnosi italiani del Nord hanno sempre trattato abominevolmente e come degli intoccabili questi siciliani, napoletani e altri italiani del Sud. Adesso, improvvisamente, l'Italia mostra un grande amore per questo popolo e agenti del Duce stanno cercando di organizzare tra di loro una Quinta Colonna di traditori della Patria che ha offerto loro un rifugio dalle tenebre e dallo squallore dello Stivale.»

(*New York World-Telegram*, Usa, 4-6-1940 – LaGumina, p. 256)

Corruttori di giudici e politici

«Le attività criminali dell'Unione Siciliana, secondo il Dipartimento dei Narcotici, coprono tutte le maggiori imprese illegali. Aveva il controllo nazionale del bookmaking attraverso le informazioni telegrafiche fornite dall'agenzia giornalistica di Al Capone ed è la principale organizzazione in droga, prostituzione e racket della falsificazione in quasi tutte le parti degli Stati Uniti. [...] Dapprima usò i tremendi fondi derivanti dal racket per corrompere funzionari, giudici, giurie, impiegati pubblici e legislatori. Più recentemente, queste risorse vengono destinate alle campagne politiche per appoggiare quei candidati che favoriscano gli interessi della società.»

(*Final Report*, Special Crime Study Commission on Organized Crime, Usa, 1953 – LaGumina, p. 287)

Ventiquattro cartelli criminali: tutti italiani

«Oggi il cuore del crimine organizzato negli Stati Uniti consta di 24 gruppi che operano come cartelli criminali nelle grandi città di tutto il paese. I loro membri sono esclusivamente d'origine italiana, sono in costante comunicazione tra loro, e il loro insinuante funzionamento è assicurato dalla presenza di un corpo nazionale di capi. [...] Cosa Nostra è un'associazione criminale i cui membri sono italiani per nascita o origine ed essa controlla le maggiori attività di racket nel nostro paese.»

(Relazione della President's Commission on Law Enforcement and Administration of Justice, Usa, 1967 – LaGumina, p. 291)

Fannulloni invadenti come locuste

«[Sono] briganti, lazzaroni, fannulloni, corrotti nell'anima e nel corpo. [...] Se il boicottaggio vale a qualcosa, è in questo caso degli italiani che debbasi applicare. Siamo certi che i nostri capitalisti non ricaveranno beneficio alcuno dall'importazione di queste locuste.»
(*Australian Workman*, Australia, 24-10-1890)

Madri maledette dai figlioletti venduti

«Questo traffico di bambini è una vera e propria tratta di schiavi così come mai accadde negli Stati americani del Sud e si manifesta in forme ben più terribili. [...] C'erano dei bambini curati da una vecchiaccia terribilmente crudele, che li lasciava morire di fame se non tornavano col denaro che ogni giorno dovevano guadagnarsi, e qualche volta li legava mani e piedi, inserendo pezzi di corda bruciata tra le dita dei piedi. Si sentivano le urla e le grida dei piccoli in tutta la casa. [...] Tutti i loro guadagni andavano a questi uomini senza scrupoli che non avevano altro diritto su di loro che i contratti di "apprendistato" fatti dai genitori in Italia per una certa somma. Questo faceva sì che i ragazzi odiassero i loro genitori. Un ragazzino che amava la musica [...] morì l'altro mese [...] nelle braccia di un giovane italiano ridotto a uno scheletro, abbracciato al suo violino. Ma quando il suo amico gli chiese di dire la preghiera "Dio benedica tua madre", lui alzò la testa con fierezza e sussurrò: "Fu lei a vendermi". E ricadde morto.»
(*New York Times*, Usa, 7-7-1872 – LaGumina, pp. 32-38)

Bambini sfruttati, curvi e deformi come vecchi

«Con la penosa contrazione del corpo, la maggior parte [di questi bambini] diventano più o meno deformi e curvi come vecchi. [...] Talvolta capita anche di peggio: si sente un terribile grido e un bambino è dilaniato e mutilato dalle macchine o scompare nel trogolo, donde è estratto più tardi morto per asfissia. Nubi di polvere riempiono i frantoi e i bambini le respirano prendendosi l'asma e la tubercolosi dei minatori. Una volta sono rimasto in un frantoio per circa mezz'ora, tentando di fare lo stesso lavoro che giorno per giorno faceva un bambino di dodici anni [...]. Non ci riuscii, e non potei resistere; ma c'erano bambini di dieci o dodici anni che lo facevano per cinquanta o sessanta centesimi al giorno. Alcuni non erano mai stati a scuola, pochi a loro volta sapevano leggere il sillabario.»

(John Spargo, *Bitter Cry of the Children*, Usa, 1906)

Mendicanti per professione e per piacere

«Gli italiani delle classi inferiori si sono sempre distinti come mendicanti. Sembra che molti di loro lo facciano per il piacere di mendicare e questo costume nazionale è estremamente umiliante per le classi superiori, che cercano di spiegare questo fenomeno in ogni modo tranne quello giusto, e cioè che esiste uno spirito profondamente mendicante, generato da secoli di ignoranza, dipendenza e povertà.»

(*New York Times*, Usa, 26-9-1878 – LaGumina, p. 45)

Convinti che tutto sia loro dovuto

«Chi dispensa carità concorda nel dire che molti italiani del Sud sbarcano qui con idee piuttosto stravaganti su ciò che gli capiterà. Subito sembrano cercare soccorso con l'aria di chi dice: "Eccoci qui. Che cosa avete intenzione di fare per noi?". E addirittura insistono sull'aiuto come se gli fosse dovuto.»

(Edward Alsworth Ross, «Studio sugli effetti sociali degli immigrati», *Century Magazine*, Usa, vol. 87, dicembre 1913 – LaGumina, p. 124)

Caratteristici lazzaroni della sunny Italy

«Le persone che hanno fatto una passeggiata ieri mattina presto nel settore inferiore di Broadway hanno avuto il piacere di testimoniare uno spettacolo inusuale, perfino per questa città cosmopolita. Questo era un esemplare caratteristico di lazzaroni della *sunny Italy*, senza accompagnamento d'organetto e scimmietta. L'esemplare era evidentemente appena uscito da Castle

Garden, da poche ore presumibilmente, perché mentre svolgeva la sua professione di mendicante si fermava di frequente ad ammirare, in evidente meraviglia, gli enormi edifici ai lati della strada...»

(*New York Times*, Usa, 13-2-1882 – Serra)

Felici di sguazzare nella spazzatura
«In celle oscure sotto le strade, dove i raggi del sole divino si rifiutano di entrare, questi figli delle montagne d'immondizia siedono e selezionano i relitti della vita. [...] Lo sporco che li circonda, l'odore di muffa delle loro abitazioni umide, è per loro piacevole e fa la loro felicità, come fossero in un appartamento lussuoso.»

(Reportage sui «robivecchi» nel quale il cronista chiede di conoscere «le loro storie di vita sordida» a un gruppo di poveracci tra cui un «individuo dall'aria feroce, il cui labbro superiore era coperto da un baffone che faceva ritornare alla mente le fiabe sui briganti dell'infanzia», *New York Times*, Usa, 14-10-1906 – Serra, p. 263)

Vivono in una promiscuità ripugnante
«Vivono tra di loro, non si mescolano con la popolazione, mangiano e dormono in camerate come dei soldati accampati in paese nemico. [...] La squadra che va al lavoro è immediatamente rimpiazzata da quella che ne ritorna. Grazie a questa promiscuità ripugnante ma molto economica gli italiani riescono con un salario di 3 franchi e venticinque centesimi a mettere dei soldi da parte.»

(*Cri du Peuple*, 21 marzo 1885, quando il giornale era sotto il controllo diretto del leader socialista Jules Guesde, contro gli operai italiani addetti a una raffineria di zucchero presso Parigi)

Mostri malati che camminano come cani
«Tra i passeggeri di terza classe del *Vatorland*, da Antwerp, c'erano ieri 200 italiani, che il sovrintendente Jackson definì la parte più lurida e miserabile di esseri umani mai sbarcati a Castle Garden. Mentre sfilavano a

terra il personale rabbrividiva alla vista di un oggetto spaventosamente deforme che zoppicava su tutti e quattro gli arti come un cane. Le dita di entrambe le mani erano contorte in modo impressionante ed erano coperte di bitorzoli. Le gambe erano senza forma e corte in maniera anormale, una più lunga dell'altra e una era interamente paralizzata.»

(*New York Times*, Usa, 6-11-1879 – LaGumina, pp. 45-46)

Credono che bagno sia una brutta parola
«L'abietta povertà di centinaia di famiglie [...] infetta fisicamente e mentalmente i bambini.»
(*New York Times*, Usa, 27-8-1905, spiegando in un articolo dal titolo «Lo humor e il pathos fra i poveri malati» che le mamme dei bimbi italiani pensano che *bath*, cioè bagno, sia «una brutta parola» – Serra)

Zoppi, ciechi e storpi per chiedere la carità
«C'è una gran quantità di malattie organiche in Italia e molte deformazioni, molti zoppi e ciechi, molti con gli occhi malati. Questi, da bambini, prima di essere abbastanza vecchi da barattare le proprie afflizioni, vengono esibiti dai loro genitori o parenti per attirare la pietà e l'elemosina dei passanti. Questi dolori e queste deformazioni hanno un valore commerciale che non può a ogni costo essere tenuto celato. Bambini con le membra contorte e avvizzite, come in un racconto della Bibbia, vengono spinti nella tua carrozza, con pericolo per gli stessi bambini importuni, finché non ti decidi a dargli qualcosa per sbarazzartene, per risparmiarti quella vista.»
(Regina Armstrong, «Fatti allarmanti sui nostri poveri immigrati italiani», *Leslie's Illustrated*, Usa, 23-3-1901 – LaGumina, p. 120)

La popolazione più sporca mai incontrata
«Nella stessa stanza trovai scimmie, bambini, uomini e donne, con organetti e stampi di gesso, tutti ammucchiati insieme [...]; un caos di suoni e una combinazione

di odori derivanti da aglio, scimmie e dalle persone più sporche. Erano, senza eccezione, la popolazione più sozza che avessi incontrato.»

(Charles Loring Brace, *The Dangerous Classes of New York*, Usa, 1872, p. 50, scrivendo del quartiere italiano)

Vivono insieme con le capre e gli asini

«Se scendi fino allo sbarco delle chiatte a New York in un giorno qualsiasi subito dopo l'arrivo di un grande transatlantico, vedrai la ressa accalcata, derelitta e abietta di quell'umanità che brulica in uno stato di pietosa confusione, ma scaltra a cogliere qualsiasi vantaggio e occasione. Tra di loro, vedrai alcune piccole facce rugose, rese marroni dal sole italiano e indurite dalla fatica, dalla povertà e dall'oppressione. [...] Manca il riscaldamento nella loro umida dimora, dove le capre e l'asino o altri animali vivono con la famiglia.»

(Regina Armstrong, «Fatti allarmanti sui nostri poveri immigrati italiani», *Leslie's Illustrated*, Usa, 23-3-1901 – La-Gumina, pp. 116-119)

Buttano gli avanzi sul pavimento

«L'interno della casa, tuttavia, non è mai pulito come dovrebbe essere, anche se gli italiani del Nord sono molto più attenti all'igiene di quelli del Sud. Le donne italiane non sono massaie pulite e trascurano molto le condizioni sanitarie. La cucina è usata come salotto e sala da pranzo, e i minatori si lavano sempre qui al ritorno dal lavoro. Questo ovviamente produce una gran quantità di sporcizia, l'acqua si accumula sul pavimento, gli avanzi del pasto precedente non vengono eliminati, e spesso si usano gli stessi piatti sporchi nei diversi pasti; non si fa attenzione a gettare l'acqua sporca lontano dall'abitazione e poiché poche città sono provviste di fognature i cortili sono di solito in una condizione igienica terribile.»

(*Reports of the Immigration Commission*, Usa, volume 7, 1911 – LaGumina, p. 154)

Straccioni maleodoranti che infestano Manhattan
«A Napoli la povera gente cupa, disperata, volgare, dai volti giallastri e dagli occhi vacui, che schiamazza dall'immondizia dei pesci appesi al sole nelle spiagge, che urla nel biancore di angoli delle case seccate dal sole, che tende le mani ruvide abituate da infinite generazioni a chiedere le poche lire riluttanti, si intona allo scenario; ma trapiantare una manciata di questo angoscioso squallore in una parte della sua Manhattan a rattristare la giornata della donna che l'attraversa è molto ingiusto. [...] Non è affatto giusto deturpare una tal bella città con una manciata di questa miseria. [...] Può Manhattan esser responsabile per questo fagotto di stracci provenienti dalle macerie di paesi impoveriti che sciupano la sua bellezza? [...] Bambini straccioni, gialli, denutriti che si prendono cura maldestramente, ma con affetto, dei bimbi più piccoli [...], madri magre, consunte, pallide con i loro pallidi figli in braccio [...] sulla porta da cui fuoriescono maleodoranti aliti malarici [...], frutta in decomposizione sui carretti a mano, verdura mezza marcia sulle bancarelle, un posto spaventoso e fetido di marciume peggiorato dal calore ardente della canicola impietosa.»

(«Il pathos e lo humor di Poverty Hollow», *New York Times*, Usa, 9-7-1905 – Serra, p. 254)

Luridi scantinati pieni di stracci e ossa
«Non c'è mai stata da quando New York è stata fondata una classe così bassa e ignorante tra gli immigrati che si sono riversati qui come gli italiani meridionali [...]. Essi sono quelli che rovistano tra i rifiuti nelle nostre strade, i loro bambini crescono in luridi scantinati, pieni di stracci e ossa, o in soffitte affollate, dove molte famiglie vivono insieme, e poi vengono spediti nelle strade a fare soldi nel commercio di strada. I genitori sono del tutto indifferenti al loro benessere e non hanno il minimo interesse per la loro istruzione. I bambini trascorrono la giornata per le strade, letteralmente raccogliendo rifiuti, lucidando le scarpe, o dedicandosi ad altre attività di strada, ma di fatto venendo su come vagabondi e fannulloni.»

(*New York Times*, Usa, 5-3-1882 – LaGumina, p. 56)

Maccheroni, mandolini e dolce far niente
«Per quanto riguarda gli scopi della vita, molti non cercano di fare altro se non raggiungere il dolce far niente. Un po' di maccheroni a pranzo, una strimpellata alla chitarra o al mandolino per trascorrere allegramente la notte, suonando sotto le finestre e strappando qualche centesimo, e sono contenti.»

(Regina Armstrong, «Fatti allarmanti sui nostri poveri immigrati italiani», *Leslie's Illustrated*, Usa, 23-3-1901 – LaGumina, p. 118)

Sono gli ultimi a imparare l'inglese
«Gli italiani sono al livello più basso nell'adesione ai sindacati, nella capacità di parlare inglese, nello stadio di naturalizzazione dopo dieci anni di residenza, nel numero di bambini frequentanti le scuole, e sono al primo posto per la percentuale di minorenni che lavorano. [...] Gli insegnanti sono d'accordo nel dire che i figli degli italiani del Sud sono inferiori ai bambini settentrionali. Odiano studiare, fanno pochi progressi e lasciano la scuola alla prima opportunità.»

(Edward Alsworth Ross, «Italiani in America», *Century Magazine*, Usa, 1914 – LaGumina, pp. 137-139)

Sempre nei guai con la legge: troppo disordinati
«Sembra che siano nel complesso una classe onesta, ma vengono continuamente citati in giudizio per risse, violenze, tentati omicidi – crimini che derivano dal fatto che vivono accalcati e dalle gelosie e liti che naturalmente nascono da un simile stile di vita disordinato.»

(*New York Times*, Usa, 5-3-1882 – LaGumina, p. 56)

Siciliani spioni, vigliacchi e sgozzatori
«Questi spioni e vigliacchi siciliani, discendenti di banditi e assassini, che hanno portato in questo paese gli istituti dei fuorilegge, le pratiche degli sgozzatori, l'omertà delle società del loro paese, sono per noi un flagello senza remissione.»

(*New York Times*, Usa, marzo 1891, dopo il linciaggio di New Orleans)

Mano al pugnale: «Lo sistemo io!»
«Nei vent'anni della mia esperienza come reporter non credo che ci sia stata una settimana in cui non si venisse a sapere dai rapporti della polizia qualcosa legato a un crimine di violenza, un omicidio o una rissa con coltelli. Accadeva di solito di domenica, quando gli italiani che vivevano lì stavano in ozio e litigavano giocando a carte. Ogni rissa era il segnale per almeno altre due risse, a volte una dozzina, dato che essi sono legati alle loro tradizioni e rispondono a tutti gli sforzi della polizia per affrontare i problemi con il loro ostinato "lo sistemo io".»
(Jacob A. Riis, «Visione scandalistica degli italiani», *The Making of an American*, Usa – LaGumina, p. 65)

Possono uccidere il loro miglior amico
«Memore di questi occhi vivaci e di queste mani, nessuno si stupisce nel sapere che un siciliano può pugnalare il suo miglior amico durante una lite improvvisa per una partita a carte. Gli slavi sono feroci quando sono brilli, ma nessuno è così lesto col coltello da sobrio come un italiano del Sud.»
(Edward Alsworth Ross, «Italiani in America», *Century Magazine*, Usa, luglio 1914 – LaGumina, p. 140)

«Cincali» sanguinari
«Hanno frugato in tutti gli alloggi e le trattorie italiani. Una delle case abitate dai sanguinari "cincali" è stata quasi completamente demolita, e un uomo gettato dalla finestra.»
(*Zurcher Volksblatt*, Svizzera, 30-7-1896, raccontando il violentissimo pogrom di Zurigo contro gli italiani)

Bruni figli del Sud che alzano troppo il gomito
«Le risse erano cominciate già verso sera poiché l'afosa temperatura pomeridiana aveva indotto – come sembra – i bruni figli del Sud ad alzare troppo il gomito. A ciò si aggiunge la circostanza che il giorno prima avevano ricevuto la paga che aveva riempito il loro borsellino,

cosa che esercita un effetto negativo su gran parte degli italiani.»

(*Basellandschaftliche Zeitung*, Svizzera, 27-7-1909 – Manz, p. 202)

Strade profumate di terrore transalpino
«Il quartiere di Spalen, a Bale, è diventato negli ultimi anni una vera colonia di operai italiani. La sera soprattutto, queste strade hanno un vero profumo di terrore transalpino. Gli abitanti si intasano, cucinano e mangiano pressoché in comune in una saletta rivoltante. Ma quello che è più grave è che alcuni gruppi di italiani si assembrano in certi posti dove intralciano la circolazione e occasionalmente danno vita a risse che spesso finiscono a coltellate. Non ci sono misure da prendere, forse difficili ma urgenti, da parte della polizia degli stranieri?»
(*La Suisse*, Svizzera, 17-8-1898 – Manz, p. 184)

Lo stesso coltello per tagliare il pane e la gola
«Il coltello con cui taglia il pane [l'italiano] lo usa indifferentemente per tagliare l'orecchio o il dito a un altro *dago*. La vista del sangue gli è tanto comune come la vista del cibo che mangia.»
(Frase fatta abusatissima e ripresa da J. Higham, *Strangers in the Land*, New York, Usa, 1963)

Per avere il riscatto amputano le orecchie
«Il fatto che un bandito, un bandito italiano genuino, dagli occhi neri, scuro di carnagione e malvagio, con orecchini alle orecchie, un tizio che ha realmente rubato e ucciso, che ha tenuto in ostaggio i viaggiatori, tagliando loro le orecchie quando il riscatto non perveniva, il fatto che appunto un tale individuo venga catturato da un detective di New York su una tranquilla imbarcazione di cocomeri sul Mississippi è una cosa talmente anormale da dover attirare l'attenzione di ogni curioso [...]. Quelle nazioni del Vecchio Mondo ci mandano troppi criminali nel corso dell'anno; raramente chiedono il rimpatrio di qualcuno di loro.»
(*New York Times*, Usa, 9-7-1881 – LaGumina, pp. 62-63)

Stanno in agguato dietro i comignoli

«Perché non dovremmo avere briganti italiani? Abbiamo in questa città circa 30.000 italiani, quasi tutti provenienti dalle vecchie province del napoletano dove, fino ai tempi recenti, il brigantaggio ha costituito l'industria nazionale. Non è strano che questi immigrati abbiano portato con sé una propensione per le loro attività patrie. All'epoca dei Borboni il brigantaggio era considerato una nobile carriera e il brigante occupava un alto livello nella stima popolare, come quella che hanno da noi i nostri assalitori di treni. Gli italiani che arrivano in questo paese con un rispetto innato per il brigantaggio, e scoprono che gli uomini più famosi qui sono i Jesse James dell'Ovest e i Jay Gould dell'Est, ovviamente pensano che ci sia un terreno ideale in America per praticare del genuino brigantaggio italiano. C'è anzi da stupirsi se per caso provano a impegnarsi in qualche altra attività. La città di New York offre meravigliose opportunità al brigantaggio di natura italiana. Una banda di briganti troverebbe le catapecchie di Mulberry Street molto più comode dei boschi calabresi e molto più sicure. I briganti, inseguiti dalla polizia, possono fuggire di tetto in tetto, stare in agguato dietro i comignoli, con degli strani cappelli, e infine riuscire a svignarsela con maggiore facilità di quella che avrebbe una banda circondata da un reggimento di truppe in un bosco italiano. [...] Forse anche ora i quartieri italiani di New York hanno le loro bande di briganti, e sentinelle armate di fucili con indosso il tradizionale costume [...] stanno sulle cime dei tetti di Mulberry Street pronti ad avvisare i compagni quando un passante si avventura in un passaggio solitario tra due mucchi di neve incombenti.»

(*New York Times*, Usa, 1-1-1884 – LaGumina, pp. 63-65)

Secchi di sangue e barbieri di nome Joe Vendetta

«[Eccoci] in un'alquanto strana terra, fra alquanto strane genti.»

(Viaggio a Little Italy di due giornalisti, che trovano sì un barbiere di nome «Joe Vendetta» ma restano delusi non trovando «secchi pieni di sangue, coltellacci, uomini mansueti che sgozzavano capre e tagliavano gole». Massima sorpresa: «Pensavo che tutte le donne in Italia avessero capelli come spaghetti». Titolo del reportage: «La terra della Mano Nera. L'ultima scoperta di Little Italy e l'osservazione di genti e scene bizzarre...», *New York Times*, Usa, 2-7-1905 – Serra, p. 257)

Madonnari e superstiziosi
«La Madonna fa parte della vita quotidiana dell'italiano. Le vengono rivolte preghiere ed è importunata in modo patetico e infantile per ottenere intercessioni; ma se le preghiere non vengono esaudite, allora la sua immagine è maledetta, fino a quando il suo soccorso non è di nuovo necessario. [...] C'è sempre qualche pellegrinaggio, se non a Roma, in qualche chiesa dove si trovano esposte le reliquie di qualche santo. Ci sono reliquiari ovunque, lungo le strade, in campagna e nei boschi...»
(Regina Armstrong, «Fatti allarmanti sui nostri poveri immigrati italiani», *Leslie's Illustrated*, Usa, 23-3-1901 – LaGumina, pp. 116-117)

Papisti arricchiti con le elemosine
«Non conta quanto sia bassa la percentuale di papisti in una comunità, il prete non può fare a meno di gestire la politica, direttamente o indirettamente, e la questua sfacciata degli ordini monastici mendicanti e papisti sta arricchendo i vescovi in tutto il paese e li sta rendendo immensamente potenti.»
(«Solo professori americani», «Corrupt New Orleans», *American Protective Association*, vol. 1, n. 1, Usa, 1895 – LaGumina, p. 165)

La loro fede religiosa è solo un'usanza
«Un'altra curiosa caratteristica della vita religiosa [degli italiani] è che la moralità non ha niente a che fare con la religione e un uomo può essere molto immorale e molto religioso allo stesso tempo. La parola religione non significa altro che cerimonie e riti. [...] In breve, la

religione è per loro in parte un'usanza e in parte una legge cui si sottomettono con riluttanza.»

(Albert Pecorino, «Il problema italiano», *First Annual Report of the Montclair Italian Missionary Society*, Usa, 1903 – LaGumina, pp. 175-176)

Difficili da inserire come gli slavi e gli unni
«Questi ultimi immigrati non conoscono la Bibbia né la sua morale. È compito nostro che siano educati gentilmente e pazientemente. Altrimenti, manterranno la loro ignoranza e le loro teorie e modi di vivere sbagliati e gradualmente abbasseranno il livello mentale, morale e spirituale della nostra gente col puro e semplice esempio. Il grave problema nazionale e sociale che il loro arrivo ci pone davanti si può riassumere in questa semplice forma: "Siamo riusciti ad assorbire i Sassoni e gli Scandinavi: siamo ora in grado di digerire Latini, Slavi e Unni?"»

(reverendo Otis Dwight, «Il tuo vicino immigrato», *Missionary Review of the World*, n. 12, Usa, dicembre 1904 – LaGumina, p. 178)

Hanno dietro i saloon e la Chiesa anti-americana
«La battaglia [per l'assimilazione] è cominciata. Il politico senza scrupoli, il saloon criminale e la Chiesa cattolica romana, anti-americana e ignara delle sacre scritture, stanno dietro a questi stranieri.»

(Austin H. Folly, «Chi è il mio vicino?», *Assembly Herald*, aprile 1913 – LaGumina, p. 179)

Si dicono cattolici ma sono immorali
«La maggior parte dei nuovi arrivati anche se si definiscono cattolici non sanno affatto cosa si intende per vita cristiana. Per loro la domenica è un giorno di festa, non un giorno sacro; il bere è un dato di fatto; la moralità sessuale ha scarsa considerazione tra gli uomini; e per quanto riguarda la loro opinione sul valore della verità, meno si dice meglio è.»

(Antonio Mangano, *Training Men for Foreign Work in America*, Usa – LaGumina, p. 234)

Indesiderabili da bloccare, firmato Ku Klux Klan

«Una grande percentuale degli immigrati stranieri che si sono riversati in questo paese negli ultimi anni sono cattolici, e una grande percentuale di loro vengono dagli strati più bassi dell'Italia. La politica del Klan è di fermare il flusso degli indesiderabili e così evitare la distruzione del mercato del lavoro americano.»

(*Principles and Purposes of the K. K. K.*, Usa – LaGumina, p. 236)

Rubano il lavoro ai protestanti

«Molti sono gli esempi che potrebbero essere citati e che mostrano come [gli immigrati cattolici] operino una sistematica occupazione dei posti di lavoro soppiantando in questi impieghi desiderabili i protestanti e gli americani coi loro metodi da clan.»

(A.O. Nash, «L'immigrazione italiana e irlandese», *American Protective Association*, Usa, 1896 – LaGumina, p. 169)

Parassiti, vogliono cacciare gli australiani

«Tutti sanno che l'italiano non è un colonizzatore; non va a tagliare e tracciare sentieri. Il suo scopo è di venire nelle comunità già costituite, dove l'insediamento e la colonizzazione sono già state effettuate da altre persone. Perciò noi, oggi, abbiamo tutta l'evidenza di un movimento progressivo verso gli antipodi da parte della razza latina che, col tempo, diventerà un esodo come fu in America. Qualcosa sta succedendo qui adesso e non c'è dubbio che determinate organizzazioni, attraverso i loro agenti sparsi ovunque in Australia, cercano, con i mezzi che le persone straniere sanno adottare, di cacciare via gli australiani e i britannici là dove è possibile convincere i proprietari originali a vendere.»

(«Invasione straniera – Penetrazione pacifica dal Mediterraneo, gli Stati Uniti trasferiscono i loro problemi all'Australia», *Murrumbidgee Irrigator*, Australia, 24-6-1927)

I meridionali vanno trattati come gli asiatici

«È ora che blocchiamo questo flusso con una legge che escluda gli indesiderabili o specificamente mirata sui meridionali italiani con qualcosa di simile alle nostre leggi contro gli asiatici.»

(*World's Work*, Australia, agosto 1914)

Sotto il 45° parallelo sono tutti malfattori

«Gli immigranti che vengono dalle province al di sotto del 45° parallelo sono, con poche eccezioni, dei malfattori. Quelli dalle provincie a nord di questo parellelo si sono dimostrati soddisfacenti lavoratori e timorosi della legge.»

(Lettera «scientifica» sugli italiani di un lettore, E.C.W., al *San Francisco Cronicle*, Usa, estate 1904 – Serra, p. 250)

Un misto di mori e di spagnoli

«La polizia ha iniziato ieri a perlustrare la zona delle fattorie, ma ha capito subito che non era necessario. Quasi tutte le fattorie sono nelle mani dei genovesi, che si dice abborriscano la vendetta dei siciliani, e specialmente il crimine di questo tipo, e loro stessi ucciderebbero Tortorici se cercasse rifugio fra loro: lo consegnerebbero nelle mani della Polizia, anche se lo dovessero uccidere catturandolo. I residenti italiani protestano e i loro giornali denunciano la stampa americana e il pubblico per una tale opinione. [...] Fra i siciliani, ammettono, ci sono faide e vendette, ma dicono che i siciliani non sono italiani. Asseriscono che i siciliani sono un misto di mori e spagnoli.»

(*San Francisco Cronicle*, Usa, 11-4-1905 – Serra, p. 271)

Che cantante! Odora di spaghetti

«Mi sembrava di poter respirare il delizioso profumo di zuppa genovese e di avere visioni di spaghetti con la salsa di funghi.»

(*San Francisco Cronicle*, Usa, 15-9-1907, commento del giornalista nell'intervista alla cantante Adelina Padovani – Serra, p. 251)

Colonne di fumo odorante aglio

«Little Italy: ci siete mai stati? Se no, vale veramente la pena andarci, perché [...] non c'è luogo più pittoresco in città. Può essere individuato immediatamente sulla cartina per il suo debole odore di aglio che pervade ogni cantuccio e ogni fessura, [...] parte essenziale della colonia. Perfino la fresca brezza del mare non può soffiarlo via, perché nelle migliaia di cucine italiane altrettante pentole piene del famoso pomodoro [...] spandono colonne di fumo odorante aglio e le cipolle sono come mele per le centinaia di piccoli Baccigalupi e Garibaldi che giocano [...]. È una Napoli di venti isolati [...]. Nelle basse vetrine dei negozi, ci sono pile di parmigiano e collane di salsicce appese con arte. [...] In un vicolo puoi passare accanto a un gruppo di donne chiacchierone, con dei pacchi sulla testa, una giovane casalinga con un cesto di verdure per il pranzo di mezzogiorno, o puoi fermarti un attimo a guardare un italiano, portato per la musica, che strimpella un vecchio violino con i suoi dolci occhi di velluto sempre aperti su un nickel che può arrivargli da qualche turista di passaggio.»
(*San Francisco Cronicle*, Usa, 6-7-1902 – Serra, p. 255)

Cervelli da bue: sono fratelli!

«La percentuale degli stranieri con un'età mentale inferiore a quella di un undicenne è del 45,6%. [...] L'immigrazione dall'Europa orientale e meridionale è più indesiderata di quella da altre parti del continente. Possiamo valutare la desiderabilità degli immigrati dalla proporzione relativa in ogni gruppo di quelli appartenenti alle classi A e B (i più intelligenti) e D e D inferiore (i meno intelligenti). Non possiamo seriamente opporci agli immigrati da Gran Bretagna, Olanda, Canada, Germania, Danimarca e Scandinavia, dove la proporzione dei gruppi di qualità è superiore al 4% e raggiunge un picco del 19% nel caso dell'Inghilterra. Ma piuttosto agli arrivi dall'Italia, con il suo 63,4% di immigrati catalogabili al gradino più basso della scala. [...] I paesi slavi e latini mostrano un evidente contrasto, nell'intelligen-

za, con il gruppo occidentale e nord europeo. È soprattutto da lì che viene l'inquinamento della cittadinanza intelligente. Finché continuerà questo riversarsi di indesiderati nel nostro paese, la speranza di migliorare lo standard di qualità dei nostri cittadini sarà sempre più bassa. [...] Non importa quanto valide siano le nostre scuole, dato che i due gruppi più bassi non possono essere alfabetizzati. Una tazza capiente una pinta non può contenere un quarto, né può una mente limitata assorbire più della sua quota di istruzione. [...] Non abbiamo spazio in questo paese per "l'uomo con la zappa", sporco della terra che scava e guidato da una mente minimamente superiore a quella del bue, di cui è fratello.»
(Arthur Sweeny, «Immigrati mentalmente inferiori – Test mentali per immigrati», *North American Revue*, Usa, vol. 215, maggio 1922 – LaGumina, pp. 195-196)

Ritardati mentali, abbassano lo standard americano
«Noi protestiamo contro l'ingresso nel nostro paese di persone i cui costumi e stili di vita abbassano gli standard di vita americani e il cui carattere, che appartiene a un ordine di intelligenza inferiore, rende impossibile conservare gli ideali più alti della moralità e civiltà americana.»
(*Reports of the Immigration Commission*, Usa, 1911 – LaGumina, p. 158)

Hanno quell'aria di stupidità animale
«Erano veri figli d'Italia, troppo veri, forse; dagli sguardi instupiditi, tranquilli, immersi nel cupo silenzio del loro vecchio Vesuvio che sputa fuoco e lava – distruttivi quando spinti all'azione. [...] C'era quell'aria di stupidità animale che si manifesta nelle pecore spinte di qua e di là quando sono troppo indolenzite e stanche per belare o protestare mentre vengono guidate verso il recinto che le porta al macello. [...] Non serve a nulla discutere con questa classe ignorante... [Le donne erano] a testa scoperta, con capelli neri unti e grassi che formavano un pittoresco completamento ai loro colorati scialli che coprivano spalle muscolose. [...] Questi *dagoes* [...]

sono i più grandi risparmiatori sulla terra. [...] Il denaro è il loro Dio. Puoi prendere loro tutto ciò che possiedono ma prendigli il denaro e gli prendi la vita.»

(Descrizione della folla accalcata per ritirare i soldi davanti alla Columbus Savings and Loans Society-Banca Italiana, una *dago bank*, *San Francisco Cronicle*, Usa, 10-6-1900 – Serra)

Povere bestie: potrà l'America darvi l'intelligenza?
«Oh, miei piccoli amici, voi, i figli dell'infortunio, povero bestiame muto e manipolato, sfruttati fino al limite della resistenza umana e a volte oltre, spinti dalla dura necessità al crimine e al furto, che vivete quasi nella miseria, che lavorate con la testa stoicamente china sotto il sole del quale non potete nemmeno godere i frutti; voi, gli operai senza qualifica dell'industria, voi, i bambini privi di educazione, in cui le emozioni e le passioni sono più forti del cervello e della volontà, come ve la caverete in America, terra di pionieri vivi, svegli, audaci e bravi a trarsi d'impaccio? Potrà l'America darvi l'intelligenza?»

(Elizabeth Frazer, «Le nostre città straniere», *Saturday Evening Post*, Usa, 16-6-1923)

APPENDICE DUE

«WOP, VEDI ALLA VOCE GUAPPO»
Piccolo dizionario dei nomignoli più insultanti

«Vu cumprà» no, ovviamente non ce l'ha mai detto nessuno. Ma in tutti i paesi in cui è stata forte la presenza dei nostri emigrati, sono nati sugli italiani soprannomi di ogni genere. Alcuni spiritosi, altri volgari, altri infamanti. Eccone una breve raccolta.

BABIS: *rospi* (Francia, fine Ottocento)
BACICHA: *baciccia* (Argentina, dal personaggio al centro della commedia e delle barzellette genovesi: allegro, divertente, sempliciotto ma capace anche di fare il furbetto)
BAT: *pipistrello* (diffuso in certe zone degli Stati Uniti alla fine dell'Ottocento e ripreso dal giornale *Harper's Weekly* per spiegare come molti americani vedessero gli italiani «mezzi bianchi e mezzi negri»)
BLACK DAGO: *dago negro* (Louisiana e stati confinanti, fine Ottocento, per sottolineare come più ancora degli altri *dagoes*, vedi definizione, gli italiani fossero simili ai negri)
BOLANDERSCHLUGGER: *inghiotti-polenta* (Basilea e Svizzera tedesca)
CARCAMANO: *furbone*, quello che calca la mano sul peso della bilancia (diffusissimo in Brasile)
CHIANTI: *ubriacone* (Usa, con un riferimento al vino toscano che per gli americani rappresentava tutti i vini rossi italiani, chiamati *dago red*)
CHRISTOS: *cristi* (Francia, fine Ottocento: probabilmente perché i nostri erano visti come dei gran bestemmiatori)
CINCALI: *cinquaioli* (dialetto svizzero tedesco, dalla fine

dell'Ottocento: *cincali* equivaleva a *tschingge*, dal suono che faceva alle orecchie elvetiche il grido *cinq*! lanciato dagli italiani quando giocavano alla morra, allora diffusissima. La variante *caiba cincali!*, luridi cinquaioli, fu quella urlata dagli assassini di Attilio Tonola)

CRISPY: *suddito di Crispi* (Francia, seconda metà dell'Ottocento, dovuto a Francesco Crispi, disprezzato dai francesi, ma il gioco di parole era con *grisbi*, ladro)

DAGO: è forse il più diffuso e insultante dei nomignoli ostili nei paesi anglosassoni, vale per tutti i latini ma soprattutto gli italiani e l'etimologia è varia. C'è chi dice venga da *they go*, finalmente se ne vanno. Chi da *until the day goes* (fin che il giorno se ne va), nel senso di «lavoratore a giornata». Chi da «diego», uno dei nomi più comuni tra spagnoli e messicani. Ma i più pensano che venga da *dagger*: coltello, accoltellatore, in linea con uno degli stereotipi più diffusi sull'italiano «popolo dello stiletto»

DING: *suonatore* di campanello, ma con un gioco di parole che richiama al dingo, il cane selvatico australiano (Australia)

FRANÇAIS DE CONI: *francesi di Cuneo* (Francia, fine Ottocento, con gli immigrati italiani che tentavano di spacciarsi per francesi)

GREASEBALL: *palla di grasso* o *testa unta* (per lo sporco più che per la brillantina, Usa)

GREEN HORNS: *germogli* (ultimi arrivati, matricole, sbarbine, Usa)

GUINEA: *africani* (Usa, soprattutto Louisiana, Alabama, Georgia, dove era più radicato il pregiudizio sulla «negritudine» degli italiani)

ITHAKER: *giramondi senza patria*, vagabondi come Ulisse (gioco di parole tra Italia e Itaca, Germania)

KATZELMACHER: *fabbricacucchiai* (Austria e Germania; nel senso di stagnaro, artigiano di poco conto ma anche «fabbricagattini» forse perché gli emigrati figliavano come gatti. Decenni di turismo tedesco in Italia hanno fatto sì che, negli ultimi anni, si sia aggiunto per

assonanza un terzo significato che gioca con la parola italiana «cazzo»)
MACCHERONI, MACARONI, MACARRONE: *mangia pasta* (in tutto il mondo e tutte le lingue, con qualche variante)
MAFIA-MANN: *mafioso* (Germania)
MAISDIIGER: *tigre di granturco* (solo Basilea)
MAISER: *polentone* (Basilea, nel senso di uomo di mais)
MESSERHELDEN: *eroi del coltello, guappi* (Svizzera tedesca, dalla seconda metà dell'Ottocento)
MODOK: *pellerossa* (Nevada, metà Ottocento, dal nome di una tribù di indiani d'America)
NAPOLITANO: *napoletano* (ma buono un po' per tutti gli italiani in Argentina: in particolare dopo la «conquista del deserto» del 1870 in cui l'esercito argentino che massacrò tutti gli indios aveva vivandieri in buona parte napoletani)
ORSO: in Francia, alla fine dell'Ottocento, con un preciso riferimento agli «orsanti», i mendicanti-circensi che giravano l'Europa partendo soprattutto dall'Appennino parmense con cammelli, scimmie e orsi ammaestrati
PAPOLITANO: storpiatura ironica di *napoletano*, valida per tutti i meridionali italiani (Argentina)
POLENTONE: *polentone* (così com'è in italiano, Baviera)
RITAL: *italiano di Francia* (spregiativo ma non troppo, era la contrazione di *franco-italien* e veniva usato per sottolineare come l'immigrato italiano oltralpe non riusciva neppure dopo molti anni a pronunciare correttamente la «r» francese. È il punto di partenza di Pierre Milza, lo storico francese autore di *Voyage in Ritalie*)
SALAMETTISCHELLEDE: *affetta salame* (solo Basilea)
SPAGHETTIFRESSER: *sbrana-spaghetti* (mondo tedesco)
TANO: abbreviativo di *napolitano* e di *papolitano* (gioco di parole argentino intorno a *napoletano*)
TSCHINGGE: *cinque* (vedi cincali)
WALSH: variante tirolese di *welsh* (vedi)
WELSH: *latino* (nei paesi di lingua tedesca ha due significati: se accoppiato con Tirol in «Welsh-Tirol» per de-

finire il Trentino vuol semplicemente dire «Tirolo italiano». Se viene usato da solo ha via via assunto un valore spregiativo, tipo «italiota» o «terrone»)

W<small>OG</small>: *wily oriental gentleman* («astuto gentiluomo orientale», detto con sarcasmo. Voce gergale, usata in Australia e buona anche per cinesi e altri emigrati poco amati)

W<small>OP</small>: *without passport* o *without papers* (in America e nei paesi di lingua anglosassone significa «senza passaporto» o «senza documenti», ma la pronuncia *uàp* si richiama a «guappo»)

Z<small>YDROONESCHITTLER</small>: *scrolla-limoni* (Basilea e dintorni, con un rimando a Wolfgang Goethe e alla celeberrima poesia che ha stimolato la «Sehnsucht», la nostalgia, di tanti artisti tedeschi verso l'Italia: «Conosci tu il paese dove fioriscono i limoni? / Nel verde fogliame splendono arance d'oro / Un vento lieve spira dal cielo azzurro / Tranquillo è il mirto, sereno l'alloro / Lo conosci tu bene? / Laggiù, laggiù / Vorrei con te, o mio amato, andare!». Un amore struggente, adagiato dolcissimo nella memoria. Ma che, al ritorno del grande scrittore nel suo secondo viaggio, sarebbe subito entrato in conflitto con le solite cose: «L'Italia è ancora come la lasciai / ancora polvere sulle strade, / ancora truffe al forestiero, / si presenti come vuole. / Onestà tedesca ovunque cercherai invano, / c'è vita e animazione qui, ma non ordine e disciplina; / ognuno pensa per sé, è vano, / dell'altro diffida, / e i capi dello stato, pure loro, / pensano solo per sé...»

APPENDICE TRE

FAME, ANALFABETISMO E VIOLENZA
I numeri che abbiamo voluto dimenticare

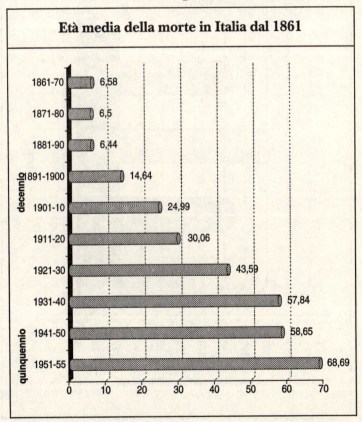

Fonte: Sommario statistiche storiche italiane 1861-1955, Roma 1958: la media bassissima dell'Ottocento dipendeva dalla spaventosa mortalità infantile.

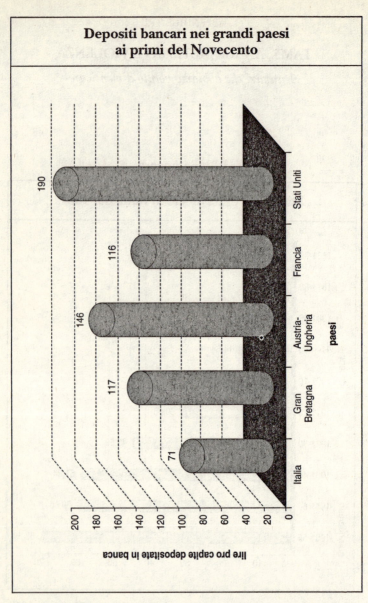

Fonte: Vent'anni di vita italiana attraverso all'Annuario di Ernesto Nathan, Roux, Roma-Torino 1906. L'anno di rilevamento, purtroppo, non è specificato.

Italia 1951: larghe sacche di drammatica povertà

Famiglie che non consumavano mai zucchero, vino e carne	869.000 (7,5%)
Famiglie che vivevano in case sovraffollate, tuguri o grotte	2.793.000 (24,1%)
Abitazioni senza latrina a Comacchio	95,0%
Vani a disposizione di ogni abitante del rione Monti a Roma	0,37
Gabinetti presenti alla borgata Giordani di Roma	uno ogni 200 persone
Suicidi per miseria a Napoli sul totale	49,0%
Abitanti in condizione di «estremo disagio» a Matera	94,5%
Famiglie che vivevano «in un solo vano o quasi» a Favara (Aq)	4.000 su 7.000

Fonte: "Commissione Parlamentare sulla miseria 1951".

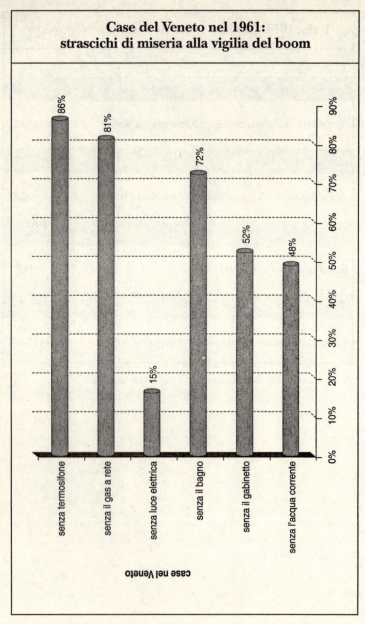

Fonte: Paese Veneto, di Ulderico Bernardi, Il Riccio, Firenze 1987.

L'emigrazione

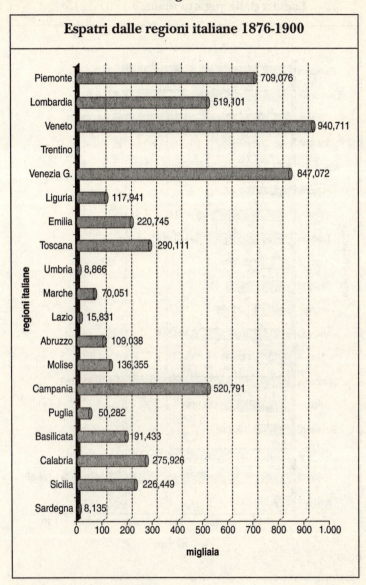

Totale espatriati = 5.257.830.
Fonte: Centro studi emigrazione – Roma 1978.

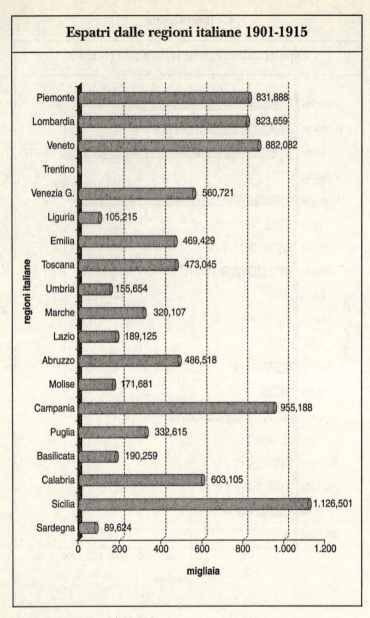

Totale espatriati = 8.768.680.
Fonte: Centro studi emigrazione – Roma 1978.

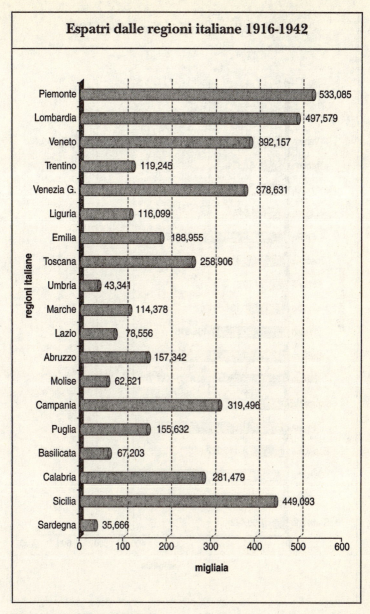

Totale espatriati = 4.355.240.
Fonte: Centro studi emigrazione – Roma 1978.

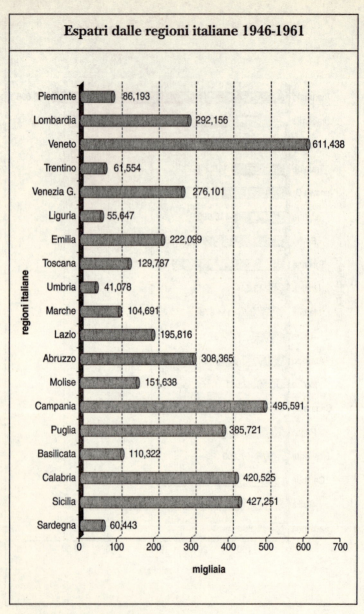

Totale espatriati = 4.452.200
Fonte: Centro studi emigrazione – Roma 1978.

L'istruzione

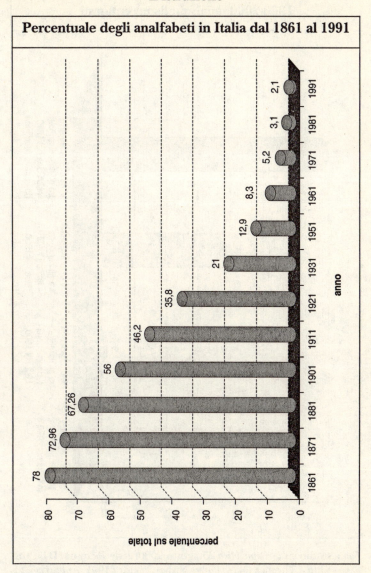

Fonte: sito www.bibliolab.it su dati tratti da *Storia della scuola in Italia dal Settecento ad oggi* di Giovanni Genovesi, Laterza, Roma-Bari 1998, e *La scuola in Italia* di Marcello Dei, il Mulino, Bologna 1998.

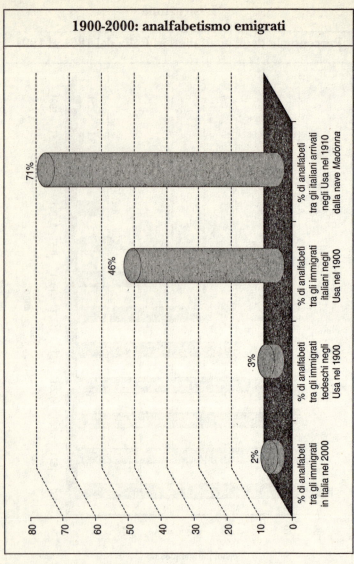

Fonti: studio su *la Repubblica* 25 agosto 2000; *Italy Today* di H. Bolton King e Thomas Okey, James Nisbet, Londra 1901; *Analisi comparata degli emigranti dall'Europa meridionale e orientale attraverso le liste passeggeri delle navi statunitensi*, "Altreitalie", n. 7, Torino 1992.

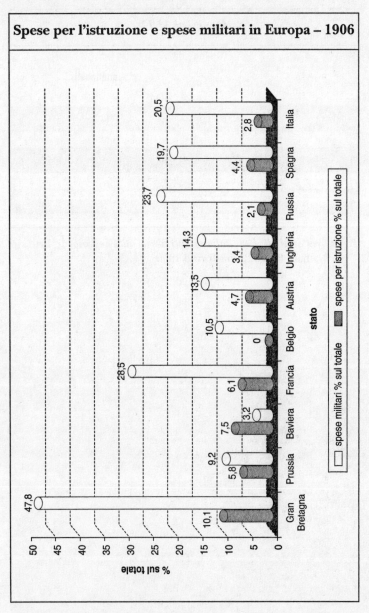

Fonte: *Vent'anni di vita italiana attraverso all'Annuario* di Ernesto Nathan, Roux, Roma-Torino 1906.

Coscritti 1877	
	% analfabeti
Francia	12,4
Germania	1,8
Italia	49,2

Fonte: Vent'anni di vita italiana attraverso all'Annuario di Ernesto Nathan, Roux, Roma-Torino 1906.

La devianza

Omicidi in Italia 1880-2001

	Omicidi	Uno ogni abitanti	Omicidi ogni 100.000 abitanti
1881	4.858	5.959	16,8
1891	3.944	7.857	12,7
1901	3.168	10.466	9,5
1911	3.061	11.734	8,5
1921	5.735	6.787	14,7
1931	2.260	18.509	5,4
1941	924	48.767	2,0
1951	2.380	19.983	5,0
1961	1.610	31.443	3,1
1971	1.497	36.163	2,7
1981	2.453	23.056	4,3
2001	771	75.024	1,3

Fonte: Istat.

Nota: praticamente 120 anni fa c'era un tasso di omicidi dodici volte superiore a oggi. Indice sicuro della violenza endemica della società da cui fuggivano i nostri immigrati. Quanto ai dati del 1941, vanno presi con le pinze non solo per la nota tentazione del regime di ritoccare sempre in senso positivo le cifre. La media degli omicidi nel secondo decennio fascista risulta essere stata comunque di 1.801 l'anno. Un numero che porterebbe il tasso medio di assassini, su una popolazione intorno ai 43 milioni di abitanti, a un delitto l'anno ogni 23.875 abitanti.

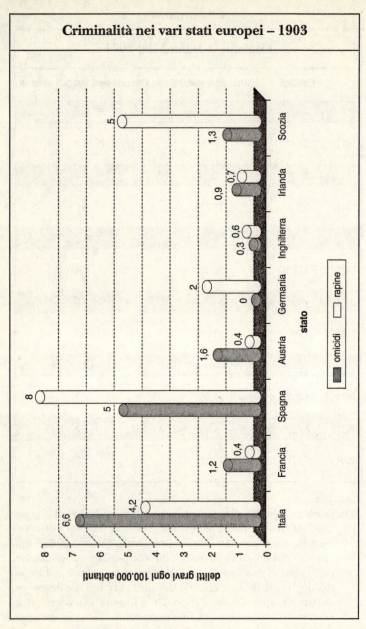

Fonte: sommario statistiche italiane 1861-1955.

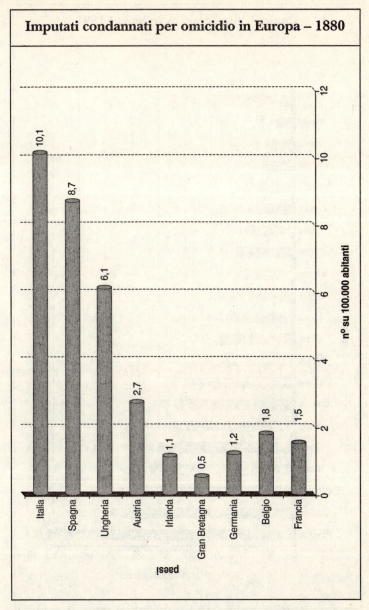

Fonte: annuario storico Istat. Il dato disponibile della Germania è del 1882.

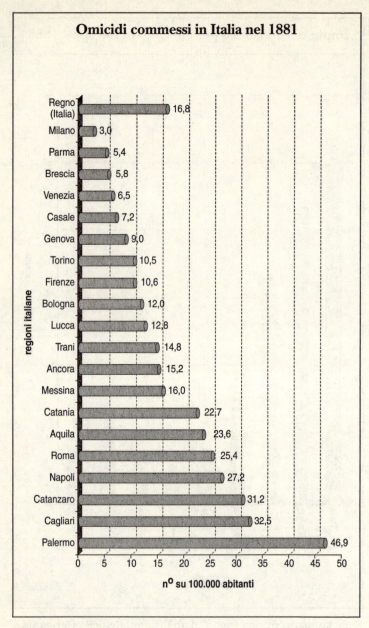

Fonte: annuario storico Istat. Tutti i dati sono per distretto giudiziario.

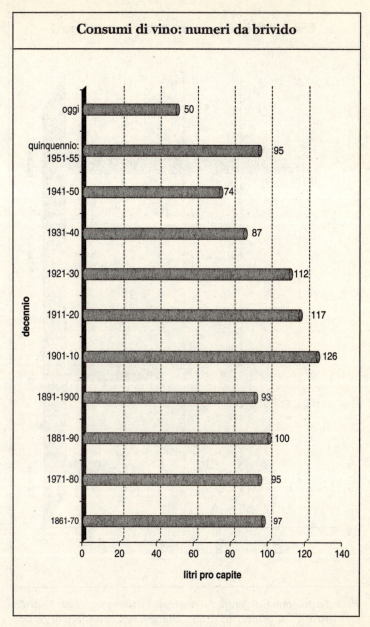

Fonte: sommario statistiche italiane 1861-1955.

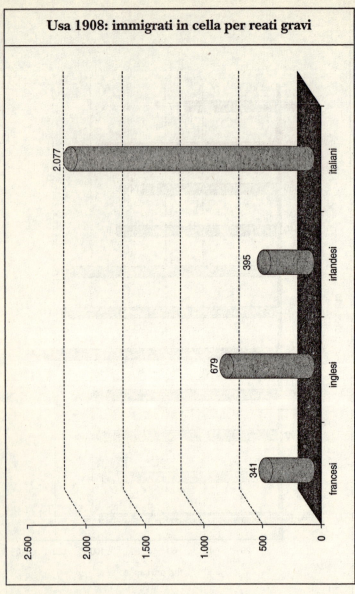

Fonte: Napoleone Colajanni, *La criminalità italiana negli Stati Uniti d'America*, «Bollettino dell'Emigrazione», n. 4, ministero degli Esteri, Roma 1910.

BIBLIOGRAFIA

- AA.VV., *Chi uccise Carlo Tresca?*, con la prefazione di Arturo Giovannitti e John Dos Passos, Tresca Memorial Committee, New York 1945
- AA.VV., *Le cortigiane di Venezia*, Berenice, Venezia 1990
- AA.VV., *Documenti diplomatici al parlamento italiano dal ministero degli Affari Esteri: Aigues-Mortes*, seduta 20 febbraio 1894
- AA.VV., *Emigrazione e colonie*, in *Raccolta di rapporti dei RR. Agenti diplomatici e consolari*, vol. 1, ministero degli Affari Esteri, Roma 1903
- AA.VV., *L'emigrazione italiana in Francia. I mestieri girovaghi ed i vetrai ambulanti*, «La Riforma sociale», anno IV, vol. VII, Torino 1897
- AA.VV., *Memoires et identité de la frontière: études des migrations de proximité entre les provinces ligures et les Alpes-Maritimes*, «Cahiers de la Méditerranée», n. 58, Centre de la Méditerranée moderne et contemporaine, Nizza giugno 1999
- AA.VV., *Il potere della terra*, Lesley Jenkins, Mollumbimby (Australia) 1993
- AA.VV., *La questione dell'immigrazione negli Stati Uniti*, a cura di Anna Maria Martellone, Il Mulino, Bologna 1980
- AA.VV., *Storia dell'emigrazione italiana*, Donzelli, Roma 2001
- AA.VV., *La via delle Americhe. L'emigrazione ligure tra evento e racconto*, Sagep, Genova 1989
- Alianello Carlo, *La conquista del Sud: il Risorgimento nell'Italia meridionale*, Rusconi, Milano 1972
- Amfitheatrof Erik, *I figli di Colombo*, Mursia, Milano 1975
- Augias Corrado, *I segreti di New York*, Mondadori, Milano 2000

- Balestracci Maria Serena, *Arandora Star, una tragedia dimenticata*, Il Corriere Apuano, Pontremoli 2002
- Barnabà Enzo, *Morte agli italiani. Il massacro di Aigues-Mortes*, Bucolo Editoriale, Giardini Naxos 2001
- Bayer Osvaldo, *Severino Di Giovanni*, Vallera, Pistoia 1973
- Beloch Karl jr., *Storia della popolazione d'Italia*, Le Lettere, Firenze 1994
- Bernabei Alfio, *Esuli ed emigranti italiani nel Regno Unito 1920-1940*, Mursia, Milano 1997
- Bernardi Ulderico, *Addio Patria*, Biblioteca delle Immagini, Pordenone 2002
- Bernardy Amy, *Sulle condizioni delle donne e dei fanciulli italiani negli Stati del Centro e dell'Ovest della confederazione del Nord-America*, «Bollettino dell'Emigrazione», n. 1, ministero degli Affari Esteri, Roma 1911
- Bernardy Amy, *L'Italia randagia attraverso gli Stati Uniti*, Bocca, Torino 1913
- Bianchi Bruna, Lotto Adriana, *Lavoro ed emigrazione minorile dall'Unità alla Grande Guerra*, Ateneo Veneto, Venezia 2000
- Borruso Paolo, *Note sull'emigrazione clandestina italiana*, su «Il giornale di storia contemporanea», IV, 1, Cosenza giugno 2001
- Bosi Pino, *Mandati da Dio. Missionari italiani in Australia*, Circ, Sydney 1989
- Brilli Attilio, *Un paese di romantici briganti*, il Mulino, Bologna 2003
- Cafiero Ugo, *La Tratta dei fanciulli italiani*, «La Riforma sociale», anno VIII, vol. XI, Torino 1901
- Casella Paola, *Hollywood Italian*, Baldini & Castoldi, Milano 1998
- Catalani Tommaso, *Fanciulli italiani in Inghilterra*, «Nuova Antologia», vol. VII, Firenze 1878
- Cecilia Tito, *Non siamo arrivati ieri*, The Sunnyland Press, Red Cliffs, Victoria (Australia) 1985
- Cecilia Tito, *Un giardino nel deserto*, Centro Studi Emigrazione, Roma 1993
- Chierici Maurizio, *Gli eredi dei gangsters*, Fabbri Editori, Milano 1973

- Colajanni Napoleone, *La criminalità italiana negli Stati Uniti d'America*, «Bollettino dell'Emigrazione», n. 4, ministero degli Affari Esteri, Roma 1910
- Cortes Carlos E., *Hollywood e gli italoamericani: evoluzione di un'icona dell'etnicità*, «Altreitalie», n. 10, Torino dicembre 1993
- Cresciani Gianfranco, *Australia, Italy and Italians, 1845-1945*, Centro Studi Emigrazione, Roma 1983
- Dall'Ongaro Giuseppe, *Francesca Cabrini, la suora che conquistò l'America*, Rusconi, Milano 1982
- De Amicis Edmondo, *Cuore*, Mondadori, Milano 1984
- De Michelis Giuseppe, *L'emigrazione italiana nella Svizzera*, Bollettino dell'Emigrazione, n. 12, Roma 1903
- De Rocco Noris, *Plagiati e contenti*, Mursia, Milano 1994
- De Sade Alphonse, *Viaggio in Italia*, Bollati Boringhieri, Torino 1996
- Deschamps Benedicte, *Le racisme anti-italien aux Etats-Unis*, in *Exclure au nom de la race*, Syllepse, Parigi 2000
- Dickens Charles, *Visioni d'Italia*, Ceschina, Milano 1971
- Einaudi Luigi, *La liberazione di 80 piccoli martiri*, «La Riforma sociale», anno VIII, vol. XI, Torino 1901
- Fait Francesco, *L'emigrazione giuliana in Australia*, Regione Autonoma Friuli-Venezia Giulia, ERMI, Udine 1999
- Florenzano Giovanni, *Della emigrazione italiana in America comparata alle altre emigrazioni europee*, Francesco Giannini, Napoli 1874
- Franzina Emilio, Sanfilippo Matteo, *Il fascismo e gli emigrati*, Laterza, Bari 2003
- Franzina Emilio, *La chiusura degli sbocchi migratori*, in *Storia della società italiana / La disgregazione dello stato liberale*, vol. 21, Teti Editore, Milano 1982
- Franzina Emilio, *Merica! Merica!: emigrazione e colonizzazione nelle lettere dei contadini veneti e friulani in America Latina 1876-1902*, Cierre, Verona 1994
- Franzina Emilio, *Un altro veneto*, Francisci, Abano Terme 1983
- Gambino Richard, *Vendetta*, Sperling & Kupfer, Milano 1978

- Gatterer Claus, *Italiani maledetti, maledetti austriaci*, Praxis, Bolzano 1986
- Gatterer Claus, *Bel paese, brutta gente*, edizioni Praxis, Bolzano 1989
- Gerritsen Rolf, *The 1934 Kalgoorlie Riots: a Western Australia Crowd*, in *University Studies in History*, vol. 5, n. 3, University of Western Australia Press, Crawley 1969
- Girola Stefano, *I Tre Santi*, Minerva E&S, Brisbane (Australia) 2000
- Glazier Ira A. e Kleiner Robert, *Analisi comparata degli emigranti dall'Europa meridionale e orientale attraverso le liste passeggeri delle navi statunitensi*, «Altreitalie», n. 7, Torino 1992
- Goethe J. Wolfgang, *Viaggio in Italia*, Rizzoli, Milano 1991
- Grosselli Renzo, *L'emigrazione dal Trentino*, Museo Usi Gente Trentina, Trento 1998
- Guerri Giordano Bruno, *Italo Balbo*, Vallardi, Milano 1984
- Guerzoni Giuseppe, *La tratta dei fanciulli*, tipografia Polizzi, Firenze 1868
- Guglielmo Thomas A., *White on arrival*, Oxford University Press, New York 2003
- Harney Robert F., *Dalla frontiera alle Little Italies*, Bonacci, Roma 1984
- Hazlitt William, *Il piacere dell'odio*, Fazi, Roma 1996
- Higham John, *Strangers in the Land*, Atheneum, New York 1963
- Incisa di Camerana Ludovico, *Il grande esodo*, Corbaccio, Milano 2003
- Kelikian Alice, Milza Pierre, Pingel Falk, *L'immagine dell'Italia nei manuali di storia negli Stati Uniti, in Francia e in Germania*, Fondazione Agnelli, Torino 1992
- LaGumina Salvatore, *Wop!*, Straight Arrow Books, San Francisco 1973
- Lever Charles, *The Dodd Family Abroad*, Chapman & Hall, Londra 1854
- Littlewood Ian, *Sultry Climates: Travel and Sex*, Da Capo Press, Cambridge 2002

- Looser Heinz, *Zwischen «Tschinggenhaß» und Rebellion: der «Italienerkrawall» von 1896*, Lücken im Panorama, Zurich 1986
- Lorini Alessandra, *Cartoline dall'inferno*, «Passato e presente», n. 55, gennaio-aprile, Franco Angeli, Milano 2002
- Lucchesi Flavio, *Cammina per me, Elsie*, Guerini e Associati, Milano 2002
- Luconi Stefano, *From Paesani to White Ethnics*, State University of New York Press, Albany 2001
- Magagnoli Maria Luisa, *Un caffè molto dolce*, Bollati Boringhieri, Torino 1996
- Maggiolo Barbara, *Il mercato delle rose*, tesi di laurea, Verona 1999
- Malafronte Lucia e Maturo Carmine, *Urbs sanguinum*, ed. Intra Moenia, Napoli 2000
- Mangione Jerre, Morreale Ben, *La storia. Five Centuries of the Italian American Experience*, Harper Perennial, New York 1993
- Manz Peter, *Emigrazione italiana a Basilea e nei suoi sobborghi 1890-1914*, Edizioni Alice, Milano 1988
- Manz Peter, *Zydrooneschittler, Maisdiiger und Bolateschlugger. Hitzkopfe und Messerhelden*, «Rivista storica svizzera», vol. 48, Basilea 1998
- Massarotto Raouik Franscesca, *Brasile per sempre*, A.N.E.A., stampa 2000, Padova
- Massarotto Raouik Francesca, *Oltre la nostalgia. L'emigrazione trentina al femminile*, Provincia Autonoma di Trento, Trento 1991
- Mazzi Benito, *Fam, fum, frecc, il grande romanzo degli spazzacamini*, Priuli e Verlucca, Ivrea 2000
- Mercuri Lambert, Tuzzi Carlo, *Canti politici italiani*, Editori Riuniti, Roma 1962
- Montesquieu Charles, *Viaggio in Italia*, Laterza, Bari 1995
- Moreno Mario, *El Petiso orejudo*, Planeta, Buenos Aires 1986
- Nathan Ernesto, *Vent'anni di vita italiana attraverso all'"Anuario"*, Roux, Roma-Torino 1906
- Negro Silvio, *Seconda Roma*, Neri Pozza, Vicenza 1966
- Nicaso Antonio, Lamothe Lee, *Bloodlines: the Rise and Fall of the Mafia's Royal Family*, Harper Collins, Canada 2001

- Paganoni Antonio, O'Connor Desmond, *Se la processione va bene*, Centro Studi Emigrazione, Roma 1999
- Paliotti Vittorio, *San Gennaro*, Bompiani, Milano 2001
- Paulucci de Calboli Raniero, *La tratta delle ragazze italiane*, «Nuova Antologia», vol. 98, marzo-aprile, Le Monnier, Firenze 1902
- Paulucci de Calboli Raniero, *Ancora la tratta delle ragazze italiane*, «Nuova Antologia», vol. 101, settembre-ottobre, Le Monnier, Firenze 1902
- Pertile Giacomo, *Gli italiani in Germania*, «Bollettino dell'Emigrazione», ministero degli Affari Esteri, Roma 15 novembre 1914
- Petacco Arrigo, *L'anarchico che venne dall'America*, Mondadori, Milano 2000
- Petacco Arrigo, *Joe Petrosino*, Mondadori, Milano 2001
- Petraccone Claudia, *Le due civiltà. Settentrionali e meridionali nella storia d'Italia*, Laterza, Roma-Bari 2000
- Pierini Franco, *L'Anarchico vestito di nero*, «Storia Illustrata», ottobre 1973
- Pistella Domenico, *La Madonna del Carmine e gli italiani d'America*, Shrine of Our Lady of Mt. Carmel, New York 1954
- Pittalis Edoardo, *Dalle Tre Venezie al Nordest*, Biblioteca dell'Immagine, Pordenone 2002
- Porcella Marco, *Con arte e con inganno*, Sagep, Genova 1998
- Prato Giuseppe, *Gli italiani in Inghilterra*, «La Riforma sociale», anno VIII, vol. XI, Torino 1901
- Prezzolini Giuseppe, *America in pantofole*, Vallecchi, Firenze 2002
- Raffaelli Sergio, *La lingua filmata*, Editrice Le Lettere, Firenze 1991
- Ragionieri Ernesto, *Italia giudicata*, Laterza, Bari 1969
- Revelli Nuto, *Il mondo dei vinti*, Einaudi, Torino 1977
- Revelli Nuto, *L'anello forte*, Einaudi, Torino 1985
- Rosati T., *L'assistenza sanitaria degli emigrati e dei marinai*, Vallardi, Milano 1908
- Rossetti Bartolomeo, *I bulli di Roma*, Newton Compton, Roma 1991
- Rossi Adolfo, *Un italiano in America*, Treves, Milano 1894

- Roux Jean-Paul, *Gli esploratori nel medioevo*, Garzanti, Milano 1990
- Salvetti Patrizia, *Corda e sapone*, Donzelli, Roma 2003
- Santini Claudio, *La Causa Longa*, in «Portici», anno IV, n. 3, Bologna, giugno 2000
- Scarzanella Eugenia, *Italiani malagente*, Franco Angeli, Milano 1999
- Scelsi Lionello, *I minorenni italiani e le vetrerie francesi*, Bollettino del Ministero degli Affari Esteri, Roma, dicembre 1900
- Seghetto Abramo, *Sopravvissuti per raccontare*, Cser, Roma 1993
- Sella Emanuele, *L'emigrazione italiana nella Svizzera*, «La Riforma sociale», anno VI, vol. IX, Torino 1899
- Serao Matilde, Scarfoglio Edoardo, *Napoli d'allora*, Longanesi, Milano 1976
- Serra Ilaria, *Immagini di un immaginario. L'emigrazione italiana negli Stati Uniti tra i due secoli (1890-1925)*, Cierre, Verona 1997
- Serra Ilaria, *L'immagine dell'immigrante italiano nella stampa del primo decennio del Novecento*, in Sebastiano Martelli (a cura di), *Il sogno italoamericano*, Cuen, Napoli 1998
- Serra Ilaria, *L'italiano nel cinema americano*, in Paolo A. Giordano, Anthony J. Tamburri (a cura di), *Esilio, migrazione, sogno americano*, Italiana X, Bordighera Press, Boca Raton 2002
- Sindaco Marina, *Lanterne rosse bolognesi*, in Giovanni Greco, *Canaglie, prostitute e poco di buono. Per una storia della criminalità contemporanea*, Il Ponte Vecchio, Cesena 2001
- Sponza Lucio, *Italian Immigrants in Nineteenth Century Britain: Realities and Images*, Leicester University Press, Leicester 1988
- Teti Vito, *La razza maledetta. Origini del pregiudizio antimeridionale*, il manifesto, Roma 1993
- Tirabassi Maddalena, *L'emigrazione italiana negli Stati Uniti. Pregiudizio, intolleranza, razzismo*, Cesedi, Torino 1991
- Tomasi Silvano M., *Piety and Power. The Role of Italian Parishes in the New York Metropolitan Area*, Center For Migration Studies, Staten Island 1975

- Tombaccini Simonetta, *La frontière bafouée*, «Cahiers de la Méditerranée», Centre de la Méditerranée moderne et contemporaine, Nizza 1998
- Trentini Giobatta, in Renzo Gubert, Aldo Gorfer, Umberto Beccaluva, *Emigrazione trentina*, Manfrini, Trento 1978
- Twain Mark, *Gli innocenti all'estero*, Rizzoli, Milano 2001
- Vanzetti Bartolomeo, *Il caso Sacco e Vanzetti*: *Lettere ai familiari*, Editori Riuniti, Roma 1971
- Vanzetti Bartolomeo, *Una vita proletaria*, Galzerano, Casalvelino Scalo 1987
- Venturini Fiorenza, *Nudi col passaporto*, Pan, Milano 1969
- Volpato Floriano, *New Italy*, Il Globo, Melbourne 1983
- Vuilleumier Marc, *Immigrati e profughi in Svizzera*, Fondazione svizzera per la cultura, Zurigo 1987
- Zucchi John E., *I piccoli schiavi dell'arpa*, Marietti, Genova 1999

INDICE

INTRODUZIONE
Bel paese, brutta gente
La rimozione di una storia di luci, ombre, vergogne Pag. 7

CAPITOLO 1
Corda e sapone: «Dagli al *dago*!»
Il linciaggio di Tallulah e i pogrom anti-italiani nel mondo 17

CAPITOLO 2
«Allarme: c'invade l'orda oliva!»
*Incubi, xenofobie e leggi restrittive dall'America
   all'Australia* 38

CAPITOLO 3
«Tribù di schiavi stupidi e vizzi»
La formazione degli stereotipi nella grande letteratura 55

CAPITOLO 4
«Defecano per terra come i maiali»
Miseria e degrado igienico, sanitario, morale 71

CAPITOLO 5
Donne perdute nei bordelli del Cairo
La tratta delle bianche e il business prostituzione 91

CAPITOLO 6
Troppi orchi nel paese della mamma
Il traffico di bambini, un secolo di lacrime e di orrori 100

CAPITOLO 7
Orecchie enormi: tipico assassino
*I delitti di Gaetano Godino e i niños di strada
 in Argentina* 115

CAPITOLO 8
Dinamitardi biondi e cattivelli
Quando erano i nostri anarchici a terrorizzare il mondo 125

CAPITOLO 9
Un'accusa in più: «spie del Duce»
*L'ecatombe sull'Arandora Star e la teoria della
«quinta colonna»* 141

CAPITOLO 10
Strage per un pugno di sale
Il massacro di Aigues-Mortes: «Ci rubano il lavoro» 154

CAPITOLO 11
Angeli caduti al passo del Diavolo
I nostri clandestini: via in massa oltre le Alpi e gli oceani 167

CAPITOLO 12
Che ritmo, il mitra maccheroni!
L'italiano di Hollywood: gangster, gangster, gangster 185

CAPITOLO 13
«Non ne trovi uno onesto»
*L'export di criminali: luoghi comuni e realtà
 imbarazzanti* 194

CAPITOLO 14
Colpevoli o innocenti, tutti impiccati
*La carneficina perbene della «brava gente
 di New Orleans»* 216

CAPITOLO 15
Cattolici, sozzi, creduloni
Le ostilità razziste contro la religiosità popolare «pagana» 231

CAPITOLO 16
Trentamila figli come Anna Frank
*Il caso svizzero: cent'anni di disprezzo, referendum,
sfruttamento* 245

APPENDICE 1
Aglio, coltello e peperoncino
*I nostri emigrati visti da giornali e libri dei paesi
d'accoglienza* 263

APPENDICE 2
«Wop, vedi alla voce guappo»
Piccolo dizionario dei nomignoli più insultanti 285

APPENDICE 3
Fame, analfabetismo e violenza
I numeri che abbiamo voluto dimenticare 289

BIBLIOGRAFIA 307

Periodico settimanale: 24 settembre 2003
Direttore responsabile: Rosaria Carpinelli
Registr. Trib. di Milano n. 68 del 1°-3-74
Spedizione in abbonamento postale TR edit.
Aut. N. 51804 del 30-7-46 della Direzione PP.TT. di Milano
Finito di stampare nell'agosto 2003 presso
il Nuovo Istituto Italiano d'Arti Grafiche - Bergamo
Printed in Italy

ISBN 88-17-10807-3